殷登國——著

中國古代情色文學和春宮祕戲圖

春

導讀

殷登國

在四、五十年前，也就是上個世紀六〇、七〇年代，台灣的風氣還是很閉塞的，不但中學施行男女分校，老師在上「生理衛生」課，講到「男女性器官」一節時，也是紅著臉叫同學們自己看。「性」是卑下齷齪、污穢骯髒的，情慾是傷風敗德、不可告人的，我們都天真的以為孔子應該沒有老婆、高高在上的女老師應該不會上廁所。正因為如此壓抑閉塞的環境，才更誘發了青春期的孩童如饑如渴、不擇手段地尋找一切與「性」有關的圖文資料，並且積習成癖，才成就了如今攤在讀者面前的這套《春——中國古代情色文學與春宮祕戲圖》和《色——中國古代情色文學與春宮祕戲圖》。

「情色文學」在我們那個年代不這樣稱呼，我們直指文本地稱它作「黃色小說」。那時能夠在牯嶺街舊書攤買到的，是張競生《性史》和《性史續集》，各有十來篇談個人性經驗的香豔文字，很晚之後才知道三〇年代的《性史》當初曾在上海出版了二十幾集，但都是不堪入目的糟粕之作，我個人後來也買到《性史》第六集，的確無足觀者，只是書商牟利之工具而已，一點保存的價值也沒有。

西洋方面的黃色小說，最著名的就是英國小說家D·H·勞倫斯在一九二九年寫的《查泰萊夫人的情人》了，這是真正具傳世價值的文學名著，但在英國、在台灣，起初都被列為禁書，說它誨淫傷風、下流敗德，一直到晚近才被世人予以公正的評價。因為被官方視為淫書，六〇年代它就以各種不同的開本、書名（如《查夫人》）

流傳於舊書攤的一隅，等識貨的客人紅著臉向老闆探詢購買。其實它真是一部文學名著，我手邊有饒述一在一九三六年的譯本，是相當流暢完美的一個譯本，書中色情的片段至今仍印象深刻，一檢即得，因為在青春期記憶力最強的時期翻閱過太多遍了。

我們就如此飢不擇食地找尋各種黃色小說來讀。在大學時代看了《肉蒲團》、《杏花天》，在唸研究所時看了《金瓶梅詞話》、《如意君傳》、《痴婆子傳》、《株林野史》，踏入社會的一九八〇年代，書賈杜潔祥出版《中國古稀豔品叢刊》，裡面有《隔簾花影》、《繡榻野史》、《閨豔秦聲》、《燈草和尚》……等二十幾部詩詞小說，雖然版本極差，但好過沒有，想要研究中國古代情色文學的人，總算有米可炊了；一直要等到一九九〇年代中期，由陳慶浩、王秋桂教授主編的《思無邪匯寶》出刊，我們才有比較完備、字跡清晰的中國古典色情小說可供研究。這一套叢書中最重要的是清人曹去晶所著的《姑妄言》，它的重要性決不在《金瓶梅詞話》之下。利用這一套「匯寶」，可以寫幾十篇博士論文，行家都知道我的話一點不誇張。從清朝以迄民國七〇年代，在這三百多年之間，政府一直以「誨淫」來看待黃色小說，一禁再禁、三禁四禁，然而野火燒不盡，春風吹又生，如今，中國古典情色文學終於像《查泰萊夫人的情人》一樣，被給予比較公正的對待和評價，讓學者可以從其中披沙揀金，讓一般人可以一窺我們的老祖宗都是怎麼折騰這檔事，真可謂皆大歡喜。

作為一個普通的讀者，如果粗粗具備閱讀文言文的能力，就可以從《姑妄言》下手，再接著看《金瓶梅詞話》，有了這兩部長篇情色文學打基礎，培養了好眼力，以後再看其他古典情色小說，就具備了品評優劣的能力，可以分辨孰優孰劣，再專注幾個自己感興趣的題目（如古人閨中的性玩具、古人偷情的伎倆、古人如何向異性搭訕、古人的性禁忌……），假以時日，就可以由讀者變學者了。

情詩豔詞等韻文是情色文學的另一塊園地，裡面也有賞玩不盡的瑰寶，從《詩經》、《六朝民歌》、唐人小說中的豔詩、宋人的豔詞、元曲中的豔曲，到明人馮夢龍的《山歌》、《掛枝兒》，到清人王廷紹的《霓裳續譜》、華廣生的《白雪遺音》，到清末民初的時調俗曲（商務印書館有出版中研院史語所珍藏的各種本子），幾千首質樸優美的詩詞歌曲，只看你從哪個角度切入研究它，拙著《春》、《色》書裡，有一些最粗淺的例子。我個人以為，讀古代中國的情詩，當從明人馮夢龍輯《掛枝兒》入手，而後讀清朝俗曲如《白雪遺音》等等，然後再讀六朝民歌、宋詞元曲，最後才讀《詩經》。因為《詩經》比較典奧，需要有點底子才好懂。

也許有人以為民歌俗曲，淺鄙不堪，有什麼好讀的？最近（二〇一四年十月）看到報載謝霆鋒與王菲離婚十一年後復合，兩人在王菲位於北京東三環亮馬橋的外交公寓恩恩愛愛地共度了四天四夜。記者架起望遠鏡頭拍到躺臥沙發上的王菲把頭枕在謝霆鋒腿上，與情郎喁喁細語。誰也不知道王菲對謝霆鋒說什麼，只有我知道。我知道王菲說的是：

宿昔不梳頭，絲髮被兩肩；
婉伸郎膝上，何處不可憐？

——晉人〈子夜歌〉

你說讀不讀中國古代的情詩豔詞，有沒有差別？

＊＊＊

其次再談祕戲圖。

我一直到一九六八年進大學以前，始終沒看過任何一幅中國春宮畫，甚至讀完四年大學，情況也沒有改變，只看過幾幅日本的浮世繪春宮而已，因此對春宮畫究竟是怎麼一回事，充滿了好奇心。那時看過一本三島由紀夫的小說《春雪》，裡面提到男主角松坂清顯的侯爵父親家藏了一幅（卷）浮世繪春宮，對女陰如惡靈的可怖描繪，至今仍記憶在心，只可惜手邊無書，無法具引。讀研究所以後，班上有外國年輕人旁聽，託他從國外帶回外國書商出版的中國色情藝術研究《雲雨》一書，從此才漸漸知道中國春宮畫究竟長得是怎麼樣，加上《金瓶梅詞話》有兩百幅木刻版畫，裡面有少部分是色情的，中國祕戲圖的輪廓逐漸變得清晰了。

讀完研究所當完兵，踏入社會工作之後，我開始在《民生報》開闢專欄「古典的浪漫」，寫了一系列介紹中國情色習俗的短文，文章必須附圖，我在報端所刊登的圖片，就有一部分是中國祕戲圖，這在當時可謂「驚世駭俗」。記得有一年過春節前，新聞局局長宋楚瑜先生託報館邀約了二十名作家，由他和副局長作東，席開兩桌喝歲末酒，以示犒勞。我記得宋局長笑談風聲地打趣說：「殷登國，你哪來的這麼多春宮畫刊登在報紙上？」新聞局是專管文藝界的黃黑尺度的，可見那時我是如何的招搖。可是因為寫作與興趣的關係，我始終對中國祕戲圖的畫刊保持高度的收藏興趣，隨著八〇年代、九〇年代的文網漸寬（與網路情色的沛然莫之能禦，印刷品的情色成了小巫中的小巫息息相關），還有西洋書商幾度刊印介紹中國春宮畫的彩色專書，我們才終於對中國春宮畫的來龍去脈有了粗淺的印象。

至今我看過數以百計的中國祕戲圖（複製品），大約同等數量的西洋春宮，和兩者相加起來的數量的日本春宮畫，綜合來說，中國春宮畫在人物描繪上，比不過西洋春宮畫的寫實立體；在題材情節上，比不過日本浮世繪的變化多端；但是，我們老祖宗留下的幾百幅春宮畫，仍是極可珍視的文化遺產，它讓後世子孫了解古代中國人的家具陳設、對纏足的迷惑、對女性的審美觀（比方不重視女性豐滿的胸脯）、衣飾髮式、性愛好尚（包括性姿勢的偏好、性道具的使用）……在幾百年之間（由元朝到清末民初）的演變，都留下可供研究的寶貴資料。

比方說，因為佛教傳入中國，印度的坐具也跟著傳入，唐朝以前席地而坐的中國人，到了宋朝以後漸漸開始坐椅子了，椅子在男女性愛中發揮了很重要的功能，它的高度使若干性姿勢（如老漢推車）成為可能，使男性在做愛時因為站立的關係，變得輕鬆省力，更容易取悅女性、讓女性達到高潮，中國春畫中出現的椅子，和坐在椅子上面的人用什麼姿勢雲雨交歡，就是個很有意思的研究題目，日本人承襲了大唐文化，至今仍堅持跪在榻榻米上，性愛以俯臥蹲跪為主，那種拘束辛勞、事倍功半，是在大量的性愛光碟中清晰可見的。

又比方說，漢魏六朝時的《素女經》，裡面只有「九法」——九種性愛姿勢，到了唐朝初年的《洞玄子》，就擴大為「洞玄子三十法」——包括二十七種性愛姿勢、男女組合（如一男兩女）和四種前戲；對擁吻愛撫的強調，和性姿勢的更複雜多變，似乎受到《印度愛經》的影響，《印度愛經》就強調各種嚙吻和愛撫的重要，印度 Khajuraho 在十世紀所建的 Kandariya Mahadeva 寺廟外的石刻男女裸交，其姿勢的扭曲顛倒，變化多端，一直予世人深刻的印象。性姿勢在中國祕戲圖中，始終是一個可以和文字描述相互印證的研究課題。

又比方說，祕戲圖中有許多女人三寸金蓮的描繪，如何利用這些實證來研究古代中國纏足的源起與演變、大陸南北方纏足形制的差異、纏足的方式變化，以及中國人如何迷戀女性的小腳（戀足癖）等等，都是很有意思的研究方向。

他如婦女髮飾的變化、衣飾的變化、化妝時尚的演變、家具陳設的演變……，都可藉祕戲圖中的實例，作為研究的佐證。

《春——中國古代情色文學與春宮祕戲圖》、《色——中國古代情色文學與春宮祕戲圖》是由筆者年輕時所著《千年綺夢》與《古典的浪漫》兩書匯集而成，文章有幾處稍加添改，圖片部分則有較多的補強，但它始終只是個「拋磚引玉」的作品，如今圖文資料更豐富齊備了，我們期待更精彩紛呈的研究問世。

是為序。

二〇一四年十月十八日於加拿大

目錄

文學篇

古典文學中的男歡女愛

圖中男子深信《素女經》所云「欲得大益，當御童女」。

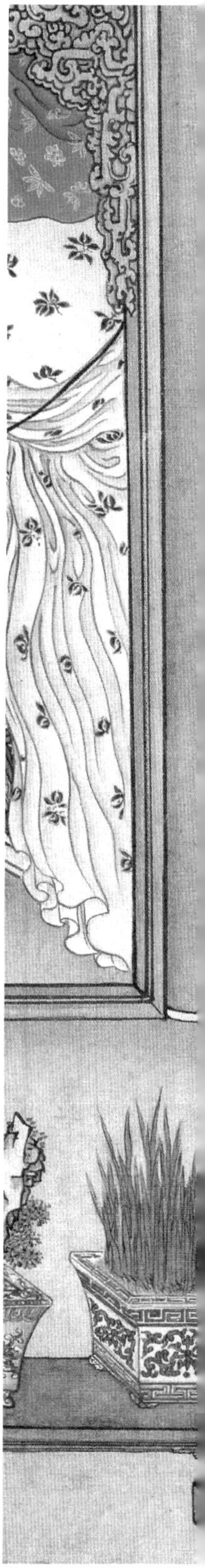

爺娘睡，暫出來，不教那人虛久待；
一見喜盈腮，芳心怎耐？
身驚顫，手亂揣，百忙裡解開了繡裙帶。

——元人沈任〈鎖南枝曲〉

遠古時代，男女關係原無任何約束，也就無所謂偷情或幽歡了，幽歡是人類歷史邁入文明的階段、制定了婚姻制度、女人喪失了性自由以後才有的事。在中國夏朝時，制定了一夫多妻的婚姻制度，女人成了男人的財產，和女人交歡，如果沒有事先徵求她「主子」的同意，便成了偷情；可惜迄今尚未發現夏朝的文字，更不用說記載當時人偷情的故事了。繼起的商朝，雖然有了甲骨文，可是甲骨文全記載戰爭、祭祀等國家大事，也從不提男女私情。直到三、四千年前周朝的《詩經》裡，才提到中國人的老祖先們偷情幽歡之事。

《詩經》已見偷情詩

在《詩經・召南》裡，有一篇〈野有死麕〉，就敘述少女在婚前偷嚐禁果的情形：

野有死麕，白茅包之；有女懷春，吉士誘之。
林有樸樕，野有死鹿；白茅純束，有女如玉。
舒而脫脫兮，無感我帨兮，無使尨也吠。

這首流行於陝西扶風縣一帶的民歌，翻譯成白話文是說：「死獐子撂在荒郊，白茅草把它來包；姑娘家啊心兒動了，小伙子把她來撩。森林裡砍倒小樹，野地裡躺著死鹿；茅草索一齊捆住，姑娘啊像塊美玉。慢慢兒來啊，輕輕地來啊，別弄縐了我的裙子，別惹得狗叫起來啊！」在林子裡玩，又怕狗叫，顯然是偷情幽歡之舉。

又如《詩經》裡另一篇流行於河南新鄭縣一帶，題為〈野有蔓草〉的民歌說：

野有蔓草，零露漙兮；有美一人，清揚婉兮。
邂逅相遇，適我願兮。
野有蔓草，零露瀼瀼；有美一人，婉如清揚，
邂逅相遇，與子偕臧。

翻譯成白話是說：「野地裡青草蔓延，露水珠顆顆滾圓。有個漂亮的人兒，水汪汪一雙大眼。意外地相遇相交，可真讓我心滿意足。野地裡青草蔓延，露水珠圓圓滾滾，有個漂亮的女人，大眼睛清水汪汪。想不到碰在一起，咱倆個一塊兒私奔。」從這些詩篇的描寫，可見當時未婚男女的戀愛交往極為自由。

歷代情詩各擅勝場

這類歌詠青年男女自由戀愛的民謠，在後世可謂俯拾皆是，像魏晉南北朝時的一首〈子夜歌〉說：

今夕已歡別，合會在何時？
明燈照空局，悠然未有期。

說熱戀的男女在幽會後臨別時，期盼著下一次的相聚。又如一首〈讀曲歌〉說：

歡但且還去，遣信相參伺；
契兒向高店，須臾儂自來。

說幽歡受阻的青年男女在分手時，少女對情郎說她待會兒伺機就來。又如另一首〈讀曲歌〉說：

打殺長鳴雞，彈去烏臼鳥。
願得連冥不復曙，一年都一曉。

男女在一起過夜卻怕天亮，天亮後就得分手，不是偷嚐禁果的戀人怎會如此？

《韓壽偷香》也是個膾炙人口的故事，說西晉武帝時權臣賈充在家大宴賓客時，他的女兒常在屏風後偷看少年郎，有一回她看中了年輕英俊、風流倜儻的司空椽韓壽，便差遣貼身女婢到韓壽家去表示愛慕之意，並告訴韓壽她家小姐如何光麗豔逸、端美絕倫。韓壽一聽之下，大為心動，便令婢女轉述他願意交好的旨意。經由婢女的居間奔走，韓壽得以利用暗夜潛入賈充女兒的香閨裡，恣意偷歡；如此夜來曉去，賈家的大人一點也不知情。賈充只覺自己女兒比以往更歡悅，卻不知這個改變因何而起。

當時西域進貢了一種奇香，它不但氣味芬馥，附在人身上以後，香氣更經月不散；晉武帝十分珍視它，只送了一些給賈充和大司馬陳騫兩人，沒想到賈充的女兒把它偷了些給韓壽。韓壽身上的異香經同僚的宣揚傳到了賈充的耳裡後，賈充才知道韓壽偷了她女兒的香，在一番逼問之下，她供出了實情，賈充便把女兒嫁給了韓壽。

賈充女兒為什麼不及時行樂呢？晉人〈子夜歌〉說得好：「年少當及時，磋跎日就老；若不信儂語，但看霜下草。」

又如六朝民歌裡的〈讀曲歌〉：「一夕就郎宿，通夜語不息；黃蘗萬里路，道苦真無極。」又如：「歡相憐，今去何時來？裲襠別去年，不忍見分題。」隋朝時丁六娘〈十索曲〉中的：「含嬌不自轉，送眼勞相望。無那關情伴，共入同心帳；欲防人眼多，從郎索錦幃。」唐朝時晁采的〈子夜歌〉：「繡房擬會郎，四窗日離離；手自施屏障，恐有女伴窺。」等等，都是吟詠幽歡的佳作。

即如標榜禮教的宋朝，即如一代儒學宗師的歐陽修，也曾有一首〈醉蓬萊詞〉詠男女私情：「見羞容斂翠，嫩臉勻紅，素腰裊娜。紅藥闌邊，惱不教伊過。半掩嬌羞，語聲低顫，問道有人知麼？強整羅裙，偷回波眼，佯行佯坐。更問假如，事還成後，亂了雲鬟，被娘猜破。我且歸家，你而今休呵，更為娘行，有些針線，誚未曾收囉，卻待更闌，庭花影下，重來則個。」刻劃偷歡少女又羞又怕的心境，也十分傳神。

元曲中，當然更不乏此類作品了，像元人鄭雲娘的一首〈鞋兒曲〉，就寫得極好：「朦朧月影，黯淡花蔭，獨立等多時；只怕冤家乖約，又恐他側畔人知，千回作念，萬般想思，心下暗猜疑，驀地得來廝見，風前語顫聲低。輕移蓮步，暗卸羅衣，攜手過廊西，正是更闌人靜，向粉

明朝佚名畫家描繪紅娘接應張生翻牆偷情的情景。

郎故意矜持。片時雲雨，幾多歡愛，依舊兩分離。喚道情郎且住，待奴兜上鞋兒。」描寫的則是一位少女和有婦之夫間的戀情。

元人關漢卿有一首散曲〈新水令〉，也是描述少男少女的偷情經過，刻劃得細膩傳神：

> 楚臺雲雨會巫峽，赴昨宵約來的期話，樓頭棲燕子，庭院已聞鴉，料想他家收針指晚粧罷。
>
> 【喬牌兒】款將花徑踏，獨立在紗窗下，顫欽欽把不定心頭怕，不敢將小名呼咱，則索等候他。
>
> 【雁兒落】怕別人瞧見咱，掩映在酴醾架，等多時不見來，則索獨立在花陰下。
>
> 【掛搭鈎】等候多時不見他，這的是約下佳期話，莫不是貪睡人兒忘了那？伏塚在藍橋下，意懊惱卻待將他罵，聽得呀的門開，驀見如花。

【豆葉黃】髻挽烏雲，蟬鬢堆鴉，粉膩酥胸，臉襯紅霞，裊娜腰肢更喜恰，堪講堪誇，比月裡嫦娥，媚媚孜孜，那更掙達。

【七弟兄】我這裡覓她，喚她，哎，女孩兒，果然道色膽天來大，懷兒裡摟抱著俏寃家，揾香腮悄語低低話。

【梅花酒】兩情濃，興轉佳，地權為床榻，月高燒銀蠟，夜深沈，人靜悄，低低的問如花，終是箇女兒家。

【收江南】好風吹綻牡丹花，半合兒揉損絳裙紗，伶丁舌尖上送香茶，都不到半霎，森森一向遍身麻。

【尾】整烏雲欲把金蓮屧，扭回身再說些兒話：你明夜箇早些兒來，我專聽著紗窗外芭蕉葉兒上打。

元人陶宗儀的《輟耕錄》卷二十八裡，有一則〈如夢令〉也很有意思：「一人娶妻無元，袁可潛贈之如夢令云：今夜盛排筵宴，准擬尋芳一遍，春去已多時，問甚紅深紅淺？不見不見，還你一方白絹。」初夜不落元紅，正是在未出嫁之前就被情郎把元紅盜走了。五百年後的客家山歌，與這首如夢令有異曲同工之妙：「新買鎖頭舊鎖鬚，外新內舊瞞人知，人人都說新鎖子（鎖諧音嫂，客家人稱媳婦曰嫂子），開後才知壞東西。」

明朝時的俗曲歌謠中，也有許多是描述此類婚前偷情的作品，像明人沈任散曲〈鎖南枝〉說：「爺娘睡，暫出來，不教那人虛久待；一見喜盈腮，芳心怎耐？身驚顫，手亂揣，百忙裡解開了繡裙帶。」又如明人王鑨樂府詩〈帶兒怨〉說：「愛歡好情懷，等我四更半；我去恐人知，歡來怕人見。」都把才子佳人的私情刻劃得赤裸淳樸而傳神。

在明中葉人馮夢龍輯集的蘇州民謠《山歌》裡，也有許多首是歌詠未婚男女的愛情，像卷一〈等〉說：「梔子花開六瓣頭，情哥郎約我黃昏頭；日長遙遙難得過，雙手扳窗看日頭。」

又〈看星〉說：「小阿奴奴推窗只做看箇天上星，阿娘就說道結私情；便是肚裡箇蛔蟲無介得知得快，想阿娘也是過來人。」

又〈娘打〉說：「喫娘打得哭哀哀，索性教郎夜夜來，汗衫累子鏖糟拚得洗，連底湖膠打弗開。」

又卷二〈偷〉：說「東南風起響愁愁，郎道十六、七歲箇嬌娘郙亨（怎麼）偷？百沸滾湯下弗得手，散線無針難入頭。姐兒聽得說道弗要愁，趁我後生（年少）正好偷，偆了弗捉滾湯侵杓水？拈線穿針便入頭。」

另一首〈偷〉也說：「姐兒梳箇頭來漆椀能介光（光亮似漆椀），眾人頭裡腳撩郎，當初只道郎偷姐，如今新泛頭世界姐偷郎。」

女孩為什麼主動地勾搭她心目中理想的白馬王子呢？《山歌》卷一〈做人情〉說得好：「二十去子廿一來，弗做得人情也是騃（癡呆）；三十過頭花易謝，雙手招郎郎弗來。」

在許多偷情幽歡的詩詞中，最別緻的一首是馮夢龍在其《山歌》卷一裡，提到他小時候聽來的〈十六不諧〉了，這首民歌分十六段，每段六句，第三句全是不相干的日常瑣事，卻巧妙地引出第五句的偷情主題，十六段合成一個幽歡的過程：

一不諧，一不諧，七月七夜裡妙人兒來；呀，正湊巧，心肝愛。

二不諧，二不諧，御史頭行肅靜牌；呀，莫側聲，心肝愛。

三不諧，三不諧，瞎眼貓兒拐雞來；呀，笊得緊，心肝愛。

四不諧，四不諧，姐在房中喫螃蟹；呀，縮縮腳，心肝愛。

五不諧，五不諧，三歲孩兒搔背來；呀，再上些，心肝愛。

六不諧，六不諧，珊瑚樹兒玉瓶裡栽，呀，輕輕放，心肝愛。

七不諧，七不諧，外科先生用著雞蛋來；呀，不要慌，心肝愛。

八不諧，八不諧，扳繒老兒上釣臺，呀，曲曲背，心肝愛。

九不諧，九不諧，叫化老兒上船偷木柴；呀，急急抽，心肝愛。

十不諧，十不諧，酒醉人兒坐險崖；呀，莫要動，心肝愛。

十一不諧，十一不諧，魂礧人兒上戲台；呀，耍得好，心肝愛。

十二不諧，十二不諧，算命先生叫怪哉；呀，死了罷，心肝愛。

十三不諧，十三不諧，搬碗碟的人兒慢慢來；
呀，不要丟，心肝愛。
十四不諧，十四不諧，郎在河邊等舡來；呀，
渡了罷，心肝愛。
十五不諧，十五不諧，耍孩兒撞落油瓶蓋；
呀，淌出來，心肝愛。
十六不諧，十六不諧，鸚哥兒飛上九層臺：
呀，下來罷，心肝愛。

其中，三不諧裡的「笊」字或為「抓」的諧音；七不諧中「朧」由「黃」字轉來，大概古代某種外科手術需要用蛋清，所以文中云「不要黃」；八不諧中的繒是古代的一種魚網，用竹竿撐著，漁夫扳繒收繩時需弓起身子，故文中云云，其他各句都淺顯易解。這首「十六不諧」鮮活地刻劃了幽歡做愛的情境。

小說作品　多見雲雨

筆記小說中，男女幽歡的故事也極為普遍，像《西廂記》裡，張生跟崔鶯鶯的私訂終身、西廂偷情，便是箇人盡皆知的例子；那一段「軟玉溫香抱滿懷，呀，阮肇到天台，春至人間花弄色，將柳腰款擺、花心輕折、露滴牡丹開……」的描寫，更是豔傳千古。

明人蘭陵笑笑生《金瓶梅詞話》一書裡的西門慶和潘金蓮、李瓶兒、林太太、王六兒、宋惠蓮……，陳經濟和潘金蓮、春梅等人，全都有偷情的經驗，整本書中的性愛描寫，幾乎有一半都屬於偷情，似乎暗示了作者對偷情頗有偏好，也顯示偷情是椿極為尋常的事情。

明刊《金瓶梅詞話》插畫，描述西門慶和花子虛老婆李瓶兒偷情情景。

清初人李百川的《綠野仙蹤》是一本描寫凡人修仙成道的長篇小說，共計八十回，可是作者卻在第六十回開始，插入了十回的色情故事，描寫書生周璉跟老貢生齊其家的女兒蕙娘偷情的經過。

周璉是童生，跟著齊貢生學作文，童生們在齊家上課時，蕙娘跑到書齋，挖破了紙窗偷看少年郎；結果跟周璉四目相接，一見鍾情。周璉家就在齊貢生家隔壁，後院對後院，只隔一道牆，貼牆堆著半人多高的炭堆。

這天齊蕙娘八歲大的弟弟可久到周家來玩，進了周璉的書齋，周璉就問東問西套情報，他帶齊可久到後院，指著東小牆問：「牆那邊的屋子可是你媽媽住的？」小娃子說：「那是毛（茅）房，不是我媽住的。」周璉又問：「毛房有沒有門？」小娃子說：「怎麼沒有，我媽進去不關門，我姐姐和我嫂嫂進去都關門的。」周璉又問：「你姐姐什麼時候出恭？」娃子說：「我姐姐天一明就出恭，我媽媽和我嫂嫂吃了飯出恭，我家老婆婆後晌出恭，我只在院裡出恭。」周璉聽後大喜，便在清晨時爬過牆去會出恭的齊蕙娘。

《綠野仙蹤》第六十二回裡描寫周璉定計私會蕙娘的情景說：「周璉……煖了一壺酒，獨自坐飲，等候天明。好大半晌，方聽得雞叫，只怕誤了好事，趴在棹子上，兩隻眼向那夾道門兒注視，直到天明大亮，方見牆中間門兒一響。周璉將身子縮下去，只留二目在墻這邊偷看；見一婦人走入來，烏雲亂挽，穿著一件藍布大棉襖，下身穿著一件紅布褲兒，走到毛房前，面朝南將褲兒一退，便蹲了下去。周璉看得清清白白是蕙娘，不由得心上跳了兩下，先將身子往墻上一探，咳嗽了一聲；蕙娘急抬頭一看，見墻上有人，吃一大驚，正要喊叫，看了一看是周璉，心中驚喜相半，急忙提起褲兒站起來，將褲兒拽上。只見周璉已跳在炭上面，一步步走了下來，到蕙娘面前，先是深深一揖，用兩手將蕙娘抱住，說道：『我的好親妹妹，今日才等著妳來。』蕙娘滿面通紅，說道：『這是甚麼地方？』話未完，早被周璉扳過粉項來，便親了兩個嘴，把舌頭狠命的填入蕙娘口中亂攪。蕙娘用雙手一推，道：『快些放手著，我爹娘看見還了得？』周璉道：『此時便千刀萬剮我也顧不得！』說著，把蕙娘放倒在地，兩手將褲兒亂拉。蕙娘道：『你就要如此，你也將門拴兒扣上著。』周璉如飛的起去，把門拴兒扣上，將蕙娘的褲兒從後拉開，將兩腿一分，用手摸著蕙娘□□，挺□□往內直入，蕙娘含著羞，忍著疼，只得讓周璉欺弄……。」

此後，周璉和蕙娘一直利用清晨時在後院毛房裡偷歡，直到蕙娘母親發覺姦情，才將蕙娘嫁到周家去。

清人曹雪芹的《紅樓夢》裡，男主角賈寶玉也曾和丫鬟花襲人偷嚐雲雨滋味；作者把他倆的初交安排在第六回裡賈寶玉的一次夢遺之後：「……彼時寶玉迷迷惑惑，若有所失；遂起身解懷整衣。襲人過來給他繫褲帶時，剛伸手至大腿處，只覺冰冷黏濕的一片，嚇的忙褪回手來，問：『是怎麼了？』寶玉紅了臉，把她的手一捻。襲人本是個聰明女子，年紀又比寶玉大兩歲，近來也漸省人事，今見寶玉如此光景，心中便覺察了一半，不覺把個粉臉羞的飛紅；遂不好再問，仍舊理好衣裳，隨至賈母處來，胡亂吃過晚飯，過這邊來，趁眾奶娘丫鬟不在旁時，另取出一件中衣，與寶玉換上。寶玉含羞央告道：『好姐姐，千萬別告訴人。』襲人也含著羞悄悄的笑問道：『你為什麼……』說到這裡，把眼又往四下裡瞧了瞧，才又問道：『那是那裡流出來的？』寶玉只管紅著臉，不言語。襲人卻只瞅著他笑。遲了一會，寶玉才把夢中之事細說與襲人聽。說到雲雨私情，羞的襲人掩面伏身而笑。寶玉亦素喜襲人柔媚嬌俏，遂強拉襲人同領警幻所訓（雲雨）之事。襲人自知賈母曾將她給了寶玉，也無可推托的，扭捏了半日，無奈何，只得和寶玉溫存了一番……。」

在《紅樓夢》一書裡，作者曹雪芹把賈寶玉「成人」的經過，安排得合情合理，寶玉和襲人的對話也敘述得鮮活而自然，但說到他倆雲雨之事時，卻只「虛晃一槍」便調轉了筆鋒，未免有些缺憾。清人仲振奎《紅樓夢傳奇》（序刊於道光九年）卷一裡，有一則〈試幻〉，便對此憾稍作彌補，細細述說了寶玉和襲人如何「溫存」：

……【寶玉看介】襲人姐姐，我與妳將幻中景趣，試演一番。【襲人羞介】清天白日，羞答答的，如何使得？【寶玉】不要作難，來噓。【攜手行介】【寶玉】

【前腔】（念奴嬌）眼底瞢騰如霧，想九曲銀潢者（這）番偷度。三六鴛鴦春水闊，只與妳注定風流仙簿。休阻繡枕頻敲、情絲細織，好風光與妳夢何如？這綺閣兒十分清靜，我與妳脫了裙子來噓。【同入帳介】【寶玉在帳內唱介】

【古輪台】上氈毺，腰肢瘦怯倩人扶，風番廿四今

近人戴敦邦「新繪全本紅樓夢」中的賈寶玉神遊太虛境。

初度。【襲人】哎喲，二爺溫存些。【寶玉】不怕的，這是第一遭兒。【寶玉】雲鬟低語，問何處尋春。一線桃花源路，似這風懷，兩歡娛，撩人情緒今番許。【寶玉】好不有趣呀！卿卿細數，貼酥胸，逐樣描摹粘花似水、裁雲如夢，芙蓉笑口，清露灌醍醐，真栩栩，那蝶兒微宿花房雨。【寶玉】襲人姐姐，妳可領略這般情味呀！【襲人唱】

【前腔】胡盧，這是天上放春圖，有這樣姐姐親親，朝朝暮暮，香夢難蘇，隨卻東風吹聚，訪到蘼蕪徑裡，疑來荳蔻梢頭，似春歸墻畔，海棠膚胭脂膩雨。二爺呵，笑奴奴已喚兒夫，似蜂鑽窗紙，柔腸縈

▎近人戴敦邦繪賈寶玉與丫環襲人初試雲雨情。

互，髻鴉旖旎，比你夢何如？也算是姻緣譜，問他年記取者番無？

【寶玉】呀，天色已晚，我扶妳起來。【寶玉與襲人勾肩起坐，揭起帳介】……。

這段文字裡：「清露灌醍醐」、「蜂鑽窗紙」，都是很鮮活傳神的比喻，較諸元人王實甫《西廂記》裡的「露滴牡丹開」也不遑多讓。

此外，在《紅樓夢》第二十一回裡，賈璉女兒出痘，家裡供著痘疹娘娘，賈璉也因醫生囑咐需要齋戒而搬出臥房，讓妻子鳳姐和丫環平兒在裡屋供奉娘娘。熬了幾天實在難受，賈璉先和小廝們「走後庭」，而後又勾上了廚子多官

（人稱「多渾蟲」）的老婆多姑娘兒：「……是夜，多渾蟲醉倒在炕，二鼓人定，賈璉便溜進來相會。進門一見其態，早已魄飛魂散，也不用談情款敘，便寬衣動作起來。誰知這媳婦（多姑娘兒）有天生的奇趣，一經男子挨身，便覺遍身筋骨癱軟，使男子如臥棉上；更兼淫態浪言、壓倒娼妓，諸男子至此，豈有惜命者哉？那賈璉恨不得連身子化在他身上，那媳婦故作浪語，在下說道：『你家女兒出花兒，供著娘娘，你也該忌兩日，到為我腌臢了身子，快離了我這裡罷！』賈璉一面大動，一面喘吁吁答道：『你就是娘娘，那裡還管什麼娘娘？』那媳婦越浪，賈璉越醜態畢露，一時事畢，兩個又海誓山盟，難分難捨……。」

偷情民謠　香豔大膽

清朝的民歌俗曲裡，描寫未婚男女偷情幽歡的作品亦復不少；如清中葉人華廣生的《白雪遺音》裡，有一首馬頭調〈大雪紛紛〉說：「大雪紛紛朝下蓋，可意的人兒你從那裡來？渾身上下凍的好似冰雪塊，慌得奴雙手拉被將你蓋。暖過你的人來，暖不過你的心來；總是貪戀著他人將奴耍，細想想誰人的性兒有我耐？」

又如同書另一首剪靛花〈採蓮苔〉說：「姐在園中採蓮苔，大膽的書生，撩進磚頭來，哎喲！撩進磚頭來。你要蓮苔奴房有，你要風流，風流晚上來，哎喲！風流晚上來。你家牆高門又大，鐵打門閂；叫我怎進來？哎喲！叫我怎進來？我家牆外有一棵梧桐樹，你手攀著梧桐，跳過粉牆來。你在園中裝一聲貓兒叫，奴在房中；情人進房來，哎喲！情人進房來。房門口一盆洗腳水，洗腳盆上，放著好撒鞋，哎喲！放著好撒鞋。梳妝台上一碗參湯在，你吃一口參湯，情人上床來，哎喲！情人上床來。青紗帳中掀起紅綾被，鴛鴦枕上，情人赴陽台。」一拍即合，連洗腳水、拖鞋和參湯都準備好了，真是設想週到。

此外，在中研院傅斯年圖書館珍藏的俗曲唱本中，有一本晚清上海刊印的剪靛花雜曲，題作〈姐兒南園去抱柴〉，也是個很好的例子：

姐兒南園去抱柴，漫牆跳過個學生（清人俗稱少年為學生）來，把奴推倒塵埃，哎喲！把奴推倒

清朝民歌〈大雪紛紛〉之插畫（近人胡平畫）。

塵埃。姐兒爬起破口罵，調戲你娘最不該；奴家是個女孩，哎喲！奴家是個女孩。好好出去撂開手，不然我就叫起來；立刻有禍災，哎喲！立刻有禍災。叫出東鄰和西舍，送你到當官把板子挨；臨期你悔不來，哎喲！你悔不來。

學生聞聽跪塵埃，尊聲姐姐聽明白；定要走章台，哎約！定要走章台。能（寧）可今日花下死，那怕就上望鄉台，做鬼也開懷，哎喲！做鬼也開懷。

姐兒聞聽紅了臉，手指狂生叫起來；奴是貞潔女裙釵，哎喲！奴是貞潔女裙釵。

學生急的乾搓手，拉住姐兒不放開；褲襠支起棚來，哎喲！褲襠支起棚來。清明上墳見一面，直到如今不開懷；腳步兒懶抬，哎喲！腳步兒懶抬。姐姐與我行方便，今生今世吃長齋；精神長起來；哎喲！精神長起來。千禮不堪銀十兩，願與姐姐兩和諧，咱兩明白，哎喲！咱兩明白。

姐兒見財春心動，杏眼乜斜看郎才；我給個乖乖（嘴），哎喲！我給個乖乖。

扳著脖子要個嘴，摸著金蓮紅繡鞋，仙女下凡來，哎喲，仙女下凡來。揪過姐兒褲腰帶，紅紬子褲兒褪下來；兩腿劈拉開，哎喲！兩腿劈拉開。無情活兒放進去，雙眉緊皺連聲哀；奴是女裙釵，哎喲！擔待俺是女孩。

學生聞聽真高興，摟住姐兒直望裡塞；急壞了女裙釵，哎喲！急壞女裙釵。火燒燎亂難禁受，戳戳掉了紅繡鞋；實在難挨，哎喲！實在難挨。渾身上下不得勁，受癢舒坦起不來；有情捨不開，哎喲！有情捨不開。二人彼此難割捨，郎君捨不得女裙釵；女貌貪郎才，哎喲！女貌貪郎才。

女為貪財失節志，兒背父母走章台；老夫人看出來，哎喲！老夫人看出來。夫人開口將女兒罵，罵聲丫頭小賤才；孕從那裡來？哎喲！孕從那裡來？說了實話饒過你，不說實話鞭子排；姐兒跪塵埃，哎喲！姐兒跪塵埃。

那日咱家來了客，叫我南園去抱柴；偶遇一秀才，哎喲！偶遇一秀才。把奴按在塵埃地，褲腰帶兒他解開；中衣褪下來，哎喲！中衣褪下來。三寸金蓮他攢（攥）住，兩條腿兒劈拉開；硬望裡頭塞，哎喲，硬望裡頭塞。疼的奴家剛要嚷，舌頭堵著嚷不出來，奴家好難挨，哎喲！奴家好難挨。

夫人聞聽長吁氣，手打胸膛自己拍；怨不得女孩，哎喲！怨不得女孩。從今不許出繡戶，醜名出去回不來；替另選郎才，哎喲！替另選郎才。

民初時，各地也流傳了一些歌詠私情的民謠；像有一首說：

姐妮生得搖來搖，好像風吹楊柳條；

別人猜道奴是胎裡病，勿得知奴十三歲偷郎閃痛腰。

又如另一首說：

郎若有心請進門，妹在房中等郎君；
不做褲子不做襖，何必要那穿針引線人？

民初上海歌謠〈貓兒要吃葷〉說得更大膽開放：

間間屋內有人死，間間屋上要起霜；
個個貓兒要吃葷，個個閨女要偷郎；
郎不偷姐癡呆漢，姐不偷郎枉為人；
蛇不咬人是黃鱔，蜂不刺人是蒼蠅。

未婚嚐禁果，尚且可說是一時好奇，像西門慶、陳經濟、賈璉這些已婚的人，為何又偷偷摸摸地和別人幽歡呢？明人江盈科《雪濤小說》說得好：「妻不如妾，妾不如妓，妓不如偷，偷著不如偷不著。」偷情原正是「別有一番滋味在心頭」的呢！

正因為偷情的滋味令人難忘，所以當事人常設法排除萬難，甘犯責罰也要偷，像民國初年時一首母女對唱的江陰船歌所說的：

村中狗咬惱乖乖，情哥流落在外頭；
我要開門又怕娘罵我，只說花鞋忘記在外頭。
賊花娘來怪丫頭，你那有花鞋在外頭？
你昨夜偷郎勿曾難為你，今夜偷郎要活切你格頭！
切落頭來碗大一個疤，你越打越罵越要偷；
人多那怕你千隻眼；屋多那怕你萬重門！

對「箭在弦上，不得不發」的情人來說，有時候真有「牡丹花下死，做鬼也風流」的勇氣。

歡娛嫌時短，幽歡時的時間彷彿也過得特別快，清朝時，一位偷情幽歡的少女便曾感慨地詠了一首馬頭調〈喜只喜的〉：「喜只喜的今宵夜，怕只怕的明日離別。離別後，相逢不知那一夜。聽了聽鼓打三更交半夜，月照紗窗，影兒西斜；恨不能雙手托住天邊月。怨老天：為何閏月不閏夜。」（清人華廣生《白雪遺音》）

幽歡常是即興之舉，有時候無法好整以暇地挑時間、挑地方，又怕人知道，只好膽戰心驚地草草了事，像元人無名氏的一首紅繡鞋散曲所形容的：「掐掐拈拈寒賤，偷偷抹抹姻緣，幕天席地枕頭磚，或是廚竈底、馬欄邊，忍些兒卻怕敢氣喘？」形容幽歡者真是歷歷如繪，入木三分。

正因為幽歡怕人知道，常是「夜半來、天明去」的「見光死」的勾當，所以聽見雞叫就得分手了；像民初時流行湖南的一首情歌說：「五更雞，叫喹喹，乖乖起來送乖乖，乖乖扯住乖乖手，手拿著門閂不肯開，乖乖一去幾時來？」更有時雞叫得早了，幽歡的情人半夜就匆匆逃走，像南北朝時宋人王義慶一曲〈烏夜啼〉所云：「可憐烏臼鳥，彊言知天曙，無故三更啼，歡子冒闇去。」若是尋常夫妻，何用如此緊張？

雖然陝西寧強一帶的一首民謠裡也說：「半夜夫妻不會甜」，為什麼詩詞歌賦、筆記小說裡，還是出現了這麼多偷情幽歡的故事？原來「偷」是人類從原始進入文明以後，無法擺脫的一種舊習慣，它埋藏在每個人內心的深處，看到令人心動的事物時，偷的慾望就自然興起了；理智強的人能克制得了自己，意志薄弱的人就禁不住手癢而下手偷竊了。

偷情幽歡　人之天性

對於遠古時代可以公然地「偷」，文明時代以後「偷」卻成了犯法之事，許多文明社會裡的人都覺得頗不習慣。正因為「偷」是天性之一，古代有些民族曾有「放偷」之俗，規定某日可偷，偷不犯法，以暫時滿足內心潛在的偷的慾望，不致積鬱成病。在放偷之日，大家可以偷任何東西——包括愛情。像宋人洪皓《松漠記聞》裡就說：「金國治盜甚嚴，每捕獲論罪外，皆七倍責償，唯正月十六日，則縱偷一日以為戲，妻女寶貨車馬，為人所竊，皆不加刑，是日，人皆嚴備，遇偷至，則笑遣之，既無所獲，雖畚钁微物亦攜去……。亦有先與室女私約，至期而竊去者，女願留則聽之。自契丹以來皆然，今燕（河北一帶）亦如此。」此外，宋人文惟簡《虜廷事實》裡，也有類似的記載，並稱正月十六為「放偷日」，這真是洞燭人心而又善於疏濬的變通之計。

偷情幽歡者不但偷得起勁、偷得酣然，還怪文明社會對人類「偷」的本性所加諸的約束呢！晚明時，馮夢龍的朋友蘇子忠曾有一首〈捉奸〉就說：「古人說話弗中聽，那了一個嬌娘只許嫁一個人？若得武則天娘娘改子（了）個本大明律，世間囉（那）敢捉姦情！」（《山歌》卷一），這可真是「強詞奪理」了。

婚前偷嚐禁果，固然是一件「樂事」，可是懷孕了怎麼辦？在避孕知識不發達，避孕藥物不普遍的古代中國，未婚媽媽只好偷偷把小孩生下來，再把小孩弄死丟掉，像明人馮夢龍《山歌》卷一〈孕〉所說的：「情哥傳下小風流，羅帳裡無郎教我那亭留？蒲蓆包來對子（了）荷花池裡只一丟，思量幾遍跌心頭。」如果女孩父母開通，私生子也有寄養在娘家，或送給兄嫂撫養的，這算是比較幸運的了。

清乾隆刊本《笑林廣記》卷六裡，有一則〈拜堂產兒〉的笑話，也是未婚少女偷情懷孕的故事，引述於下，作為本文的結尾：「有新婦拜堂，即產下一兒，婆愧甚，急取藏之；新婦曰：早知婆婆這等愛惜，快叫人把家中阿大、阿二都領了來罷！」

老祖宗的「私房書」

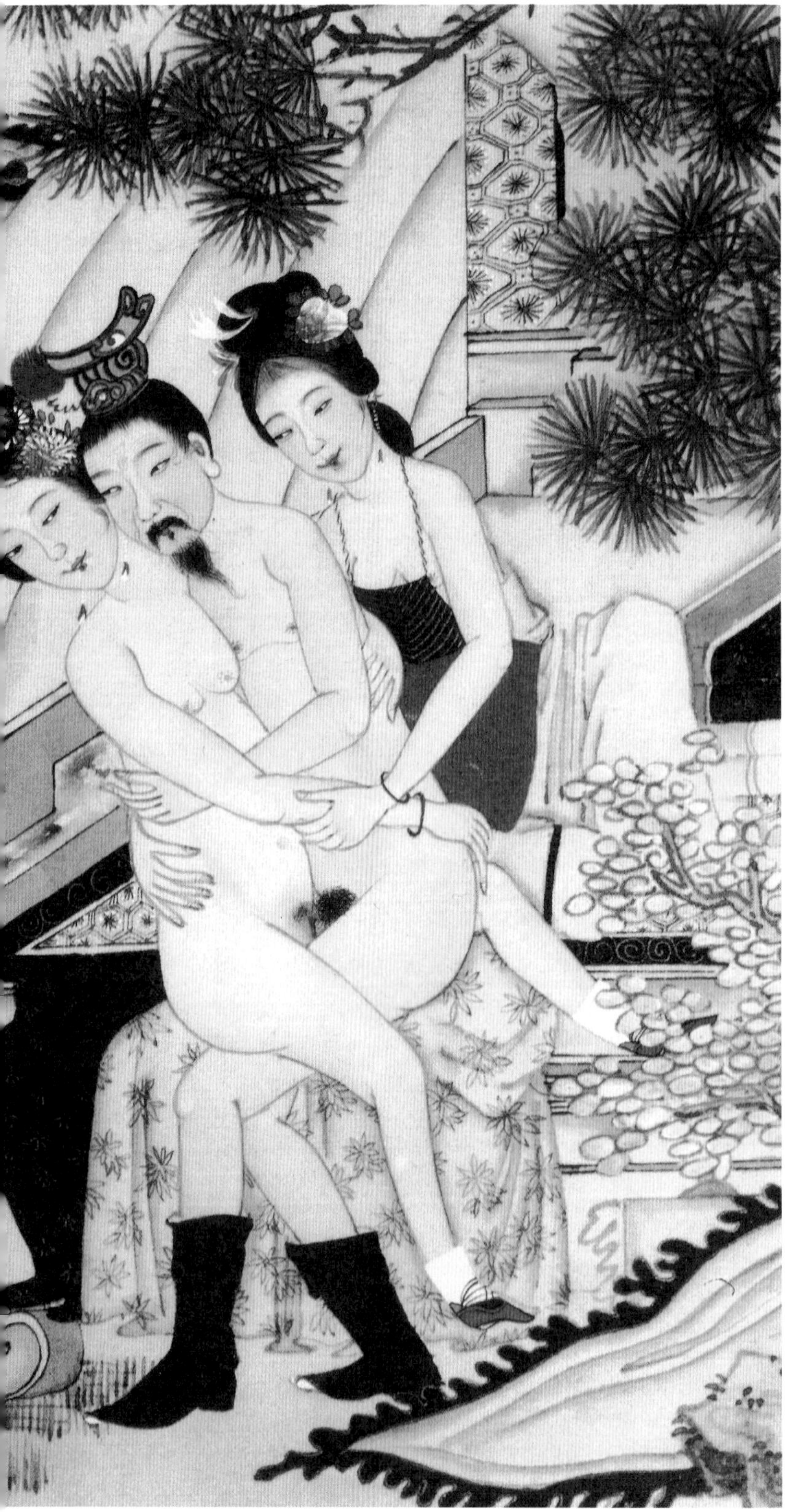

歷代帝王都奉行《玉房祕訣》上「數數易女」的主張（晚清設色絹畫）。

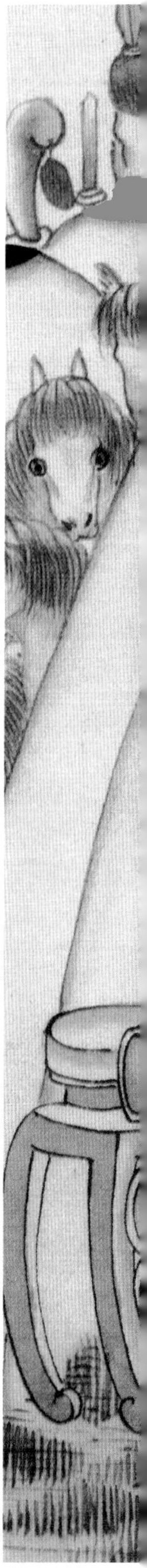

打從開天闢地有人類以來，就有男女性愛之事，「食色性也」，食是為了維持生命，色是用來綿衍種族，難怪孔老夫子要將二者相提並論、等量齊觀了。研究吃的藝術叫「烹飪學」，研究性的藝術叫「性學」；研究烹飪學的書籍叫「食譜」，研究性學的書籍，則叫「房術書」。

性學研究　由來已久

古代中國人為什麼要研究見不得人的「房中術」呢？東漢時的學者班固，在其《漢書・藝文志》裡有如下的一段話：「房中者，情理之極，至道之際，是以聖王制外樂以禁內情，而為之節文。傳曰：先王之作樂，所以節百事也；樂而有節，則和平壽考，及迷者弗顧，以生病而隕性命。」這是說男女性愛實乃情理之極，至道之際，如果行之有節，那麼當事人就可以因而長壽健康，如果漫無節制，就難免生病早夭，可見房中術是關係著生命健康的一樁大事。

南北朝時的性學醫籍《素女經》上也說：「愛精養神、服食眾藥，可得長生，然不知交接之道，雖服藥，無益也。男女相成猶天地相生也，天地得交會之道，故無終竟之限，人失交接之道，故有夭折之漸，能避漸傷之事，而得陰陽之術，則不死之道也。」竟主張「陰陽交接之道」是個人長生不死的關鍵。這麼重要的一件事，又跟我們日常生活息息相關，當然值得我們花精神心思去好好研究啦！

漢朝以前，中國就出現許多專門研究男女性愛之事的專家學者了，他們也寫了不少談論合理性生活的房中祕笈；《漢書・藝文志》裡〈醫經〉一欄，特別標明「房中」一類的典籍有：《容成陰道》二十六卷、《務成子陰道》三十六卷、《堯舜陰道》二十三卷、《湯盤庚陰道》二十卷、《天老雜子陰道》二十五卷、《天一陰道》二十四卷、《黃帝三王養陽方》二十卷、《三家內房有子方》十七卷，總共有八種，一百八十六卷。

當然，這些書很可能全是春秋戰國時，江湖術士假託上古聖賢之名所寫的「偽書」，但是它們對中國性學研究的貢獻，並不因此而有任何貶損。

可惜的是，這些上古的房中祕笈全都隨著戰亂而佚失淨盡了。至今我們可以看到的中國最早的房術書，要算六朝時方士所寫的《素女經》。

註：民國六〇年代，湖南長沙漢墓出土了大批先秦竹簡帛書，內有不少與房術有關，年代早於《素女經》，參見拙作《性林廣記》（台北，元氣齋出版社出版）。

素女祕道　立論精闢

《素女經》一書見載於《隋書・經籍志》，稱《素女祕道經》。五代戰亂時，此書已為兵火所燬，所以新舊唐書上都未曾提到它；今本《素女經》是晚清學者葉德輝由日本古籍《醫心方》中抄錄彙輯而成的，收入葉氏《雙梅景闇叢書》中。

《素女經》一書的作者立論精闢周詳，他對女人的情慾和性高潮的過程觀察入微，提出了「五徵」、「五欲」、「十動」之說。

夫五徵之候：一曰面赤，則徐徐合之；二曰乳堅鼻汗，則徐徐內之；三曰嗌乾咽唾，則徐徐搖之；四曰陰滑，則徐徐深之；五曰尻傳液，則徐徐引之。

素女曰：五欲者，以知其應：一曰意欲得之，則屏息屏氣；二曰陰欲得之，則鼻口兩張；三曰精欲煩者，則振掉而抱男；四曰心欲滿者，則汗流濕衣裳；五曰其快欲之甚者，身直目眠。

素女曰：十動之效，一曰兩手抱人者，欲體相薄、陰相當也；二曰伸其兩肶者，切磨其上方也；三曰張腹者，欲其洩也；四曰尻動者，快善也；五曰舉兩腳拘人者，欲其深也；六曰交其兩股者，內癢淫淫也；七曰側搖者，欲深切左右也；八曰舉身迫人，淫樂甚也；九曰身布縱者，支體快也；十曰陰液滑者，精已洩也，見其效，以知女之快也。

說得這樣詳盡而細緻，讓人懷疑《素女經》的作者是個女性，這些「五徵」、「五欲」和「十動」全是她個人性生活體驗的心得報告。

素女還主張以龍翻、虎步、猿搏、蟬附、龜騰、鳳翔、兔吮毫、魚接鱗，鶴交頸等九種性交姿勢來治療疾病，並且認為男人要「多御少女而莫數瀉精」才是長生之道。有關這九種性姿勢的專門研究，參見拙作《素女九法》（台北，大辣出版社）。

敦倫禁忌　告誡諄諄

對於不同年齡、不同身體狀況的男女，素女還制定了一個「房事頻率表」，規定多久行房一次最合乎健康：

這個姿勢是《素女經》九法中的「鶴交頸」（清康熙年間色情絹畫）。

《素女經》提到多御少女而莫數瀉精乃是長生之道。

《素女經》上說一男數女有益健康（明萬曆年間設色絹畫）。

> 素女曰：人有強弱，年有老壯，各隨其氣力，不欲強快，強快即有所損。故男年十五，盛者可一日再施，瘦者可一日一施；年二十，盛者日再施，羸者可日一施；年三十，盛者可一日施，劣者二日一施；四十，盛者三日一施，虛者四日一施；五十，盛者可五日一施，虛者可十日一施；六十，盛者十日一施，虛者二十日一施；七十，盛者可三十日一施，虛者不寫（瀉）。

《素女經》上還提到了胎教和產經，規定了房事的禁忌，像日月晦朔、上下弦望、日蝕月蝕、大風甚雨、大寒大暑、雷電霹靂之時不可行房，犯忌之人，懷孕生子必然有各種殘疾，又說新沐頭、新遠行、疲倦，大喜怒時，不可行房，犯忌者傷身。

《素女經》裡還有一段妙文，對男人的「命根子」作了無以復加的歌頌（從這一點更可證明本書的作者可能是女性）：

> 素女曰：玉莖實有五常之道，深居隱處，執節自守，內懷至德，施行無已。夫玉莖意欲施與者，仁也；中有空者，義也；端有節者，禮也；意欲即起，不欲即止者，信也；臨事低仰者，智也。

這樣的妙論，虧素女這位天才想得出來。

綜而言之，《素女經》一書的作者，在撰述本書時，必然參考了許多上古典籍對房事的主張，像《呂氏春秋・仲春紀》說：「是月也……雷且發聲，有不戒其容止（指房事）者，生子不備，必有凶災。」又如《淮南子・原道訓》說：「人大怒破陰、大喜墜陽」等等。但更多的是作者個人對男女之事的體驗報告。雖然這本書上有些觀念，至今看來已是錯誤而荒謬的（像說房事可治療各種疾病、女人月經來後三日內行房，必然得子等），但大部份的主張，在一千多年後的今天看來，仍是放諸四海而皆準的金玉良言。

從前面所引「五常」、「五徵」之論，可見本書作者曾受西漢以後陰陽五行學說的影響，那麼《素女經》就不可能是漢朝以前的書籍。全書採黃帝向素女請教房術，兩人一問一答的方式寫成，術士以它作為向皇帝干進祿的用心是很明顯的——黃帝開始時對男女之事也一無所知，後來卻「御千二百女而登仙」，這是何等的誘惑！皇帝擁有三宮六院、無數嬪妃，怎樣才能把她們全部「擺平」，甚而像黃帝一樣，藉男女交歡而達到長生不老的目的呢？當然只有看《素女經》上是怎麼說啦！

《玉房祕訣》承襲《素女經》

《玉房祕訣》一書是隋朝以前中國方士所寫的一本性學醫籍，因為唐人長孫無忌的《隋書・經籍志》裡，已經提到它了。

《隋書・經籍志》所載的《玉房祕訣》有兩種本子，一種八卷、一種十卷，都未舉出作者姓名；而《新唐書・經籍志》裡，則作「沖和子玉房祕訣十卷，張鼎撰」。如此看來，《玉房祕訣》一書是外號「沖和子」的張鼎所著的了。此書和《素女經》一樣，五代以後就在中國佚失了；從日本上野帝國圖書館藏《醫心方》一書內抄回的今本《玉房祕訣》，只剩下一卷數十則而已。

這本引述沖和子、彭祖、青牛道士、黃帝、素女、采女等上古房術大師的「性語錄」而成的房中祕笈，大體上仍承襲《素女經》一書的理論，沒有什麼創見。像「男子欲得大益者，……當御童女」、「數數易女則益多，一夕易十人以上尤佳，常御一女，女精氣轉弱，不能大益人，亦使女瘦瘠也。」這是說男人要選擇年輕的少女來行房、行房的對象經常更換，才對自己的身體有益。又說「夫陰陽之道，精液為珍，即能愛之，性命可保。」也和《素女經》一樣，強調男人要多交少瀉才可長生。《玉房祕訣》上還敘述了行房之忌、求子之法、相女法等，也多是因襲《素女經》之論。

值得注意的是，《玉房祕訣》對男女行房頻率的規定，比《素女經》要低：「年二十，常二日一施；三十，三日一施；四十，四日一施；五十，五日一施；年過六十以去，勿復施寫（瀉）。」難道是因為《素女經》是女人寫的，只圖自己舒服，所以對房事採「多多益善」的態度；而《玉房祕訣》的作者是男人，比較愛惜自己的身體性命，所以行房的次數訂得少些嗎？

《玉房祕訣》不但強調男人要少瀉，更舉出了控制「流速」的辦法：「臨動欲施（瀉）時，仰頭閉氣、大呼瞋目，左右視，縮腹還精氣，令入百脈中也。」這對讀者來說，可就實用多了。

書中還開列了「治男子陰痿不起方」、「欲令男子陰大方」、「治婦人初交傷痛方」等，是此書較《素女經》「實用」的地方，亦可見男人對自己的「本錢」嫌這嫌那的，是件「古已有之」的事。

《洞玄子》強調入戲與調情

《洞玄子》一書未見載於隋唐史志，但文字古樸，應該是唐朝初年道家方士所寫的一本性學醫籍。

這本書較《素女經》、《玉房祕訣》更具特色，它強調男女在「鴛鴦戲水」之前，雙方都要「入戲」才能有益身心：

> 夫天左旋而地右迴，春夏謝而秋冬襲，男唱而女和，上為而下從，此物事之常理也；若男搖而女不應，女動而男不從，非直損於男子，亦乃害於女人。

又強調交歡前調情的重要，並說明調情的技巧：

這個姿勢即是《洞玄子》一書中所說的「蠶纏綿」。

> 凡初交會之時，……（男女）勒纖腰、撫玉體、申嬿婉、敘綢繆，同心同意、乍抱乍勒，兩形相搏，兩口相嗚。男含女下唇、女含男上唇，一時相吮、茹其津液，或緩嚙其舌、或微齘其唇。……女感陽氣，則丹穴津流，其狀也，涓然下逝，若幽泉之吐深谷，……勢至於此，乃可交接。或男不感振，女無淫津，皆緣病發於內，疾形於外矣。

書中更列舉了三十種男女交合姿勢（其中前四種是前戲調情），每種都取了一個別緻的名稱：敘綢繆、申繾綣，曝鰓魚、麒麟角、蠶纏綿、龍宛轉、魚比目、燕同心、翡翠交、鴛鴦合、空翻蝶、背飛鳧、偃蓋松，臨壇竹、鸞雙舞、鳳將雛、海鷗翔、野馬躍、驥騁足、馬搖蹄、白虎騰、玄蟬附、山羊對樹、鵾雞臨場、丹穴鳳遊、玄溟鵬翥、吟猿抱樹、貓鼠同穴、三春驢、秋狗。各種姿勢下面也都附載了詳細的說明，供讀者行房時作為參考。

值得注意的是《洞玄子》一書和印度古典性學祕笈《愛經》（Kama-Sutra）內容有不少雷同之處，《愛經》也強調實用的技巧，說明接吻、愛撫的方法，也列舉了許多性姿勢，替它們各取一個別緻的名稱。把這兩本書加以比較研究、並探討它們之間可能的影響關係，是一件頗有意義的工作。

屢經戰火　春風吹又生

唐末五代的戰亂，和繼起的遼金南侵，使得大唐盛世的文化受到相當程度的毀滅，許多文物典籍被戰火焚燬，前述《素女經》、《玉房祕訣》、《洞玄子》諸書，就是這樣失傳於中土的。

一同被燬的還有《素女方》和《玉房指要》，前是藥方集，後者至今只殘存九則，比較沒有特色，這裡就不再介紹了。

唐五代以前的房中祕笈雖然失傳，但在當時的醫籍（如唐人王燾《外臺祕要》、孫思邈《千金要方》）裡，還是保存了部份關於性愛衛生的知識。而且「江山代有才人出」，宋朝方術之士自有他們的見地，像蘇東坡就有煉丹辟穀的養生之論和房術長生的精妙見解，《蘇東坡全集》卷一〈修養〉，卷六〈搬運法〉、卷十三〈答王敏仲〉詩和卷十九〈養生偈〉，都是這位北宋大儒對性愛和養生所發表的高見。此外，曾慥在其《道樞》卷三〈容成篇〉裡，也大談性愛的衛生。「道藏」裡的《雲笈七籤》、《素女妙論》、《羅浮吟》、《鍾呂傳道集》、《中和集》和《析疑指述論》等書中，均有專談房術的篇章。

《明史》卷三〇七上有個故事頗值得我們注意：明世宗晚年時，因為龍體欠佳而「屢戰屢敗」，但他又愛「玩」，要「屢敗屢戰」，因此對房術的尋求就萬分迫切了。在嘉靖四十一年（西元一五六二）的冬天，明世宗特派御史姜儆、王大任兩人，遍行天下，訪求方士和符籙祕書。姜儆到了山東、江蘇、浙江、江西、福建、廣東、廣西等省，王大任走過河北、河南、湖廣、四川、山西、陝西、雲南、貴州等地，兩人在嘉靖四十三年十月還抵北京，一共搜得了千冊祕笈和方士唐秩、劉文彬等數人。

如果千冊祕笈當中有十分之一是談論房術的，明朝時大江南北就有上百冊的房術書，這數量可真是驚人，亦可見房中祕笈在古代中國是「戰火燒不盡，春風吹又生」了。

古代禁書與淫書掃描

清朝絹本春畫，描繪男子以黃色小說挑逗佳人之春心。

《金瓶梅詞話》一直是一本大家耳熟能詳，卻乏人閱讀的「淫書」，耳熟能詳的原因是官方對它一禁再禁，義務宣傳，乏人閱讀的原因則是它太長、太多蕪雜瑣碎的描寫，又很少有完善的未刪本刊印售賣，誰有耐心從頭讀到尾呢？

明朝印行淫書　多達一二五〇種

一直到民國六十二年，這種情形才稍稍有了改變，書商從日本引進明萬曆刊本《金瓶梅詞話》並加以翻印出售，價格在五百元左右，漸漸有人得窺此書的全貌了，民國六十三、四年坊間又出現其他版本，售價不到前者的一半，於是擁有《金瓶梅詞話》的人稍稍多了起來。民國六十七年底，又出現了附圖的線裝本，由於價格昂貴，買的人並不很多，但六十九年市面上又出現了插圖線裝本的翻印本，並且價格低廉，只需三、五百元，這本書才真正地開始普及起來。

普及歸普及，但除了少數研究「金學」的人外，相信把這本書從頭看到尾的人百中無一；大多數人只是好奇地翻看其中的色情描寫就把書丟開了。他們失望地發現，這些赤裸裸的描寫不過爾爾，實在不值得大驚小怪；真要找「刺激」的話，還不如看現代人寫的三、五十元一本的黃色小說，或看錄放影機裡有聲有色有動作的黃色電影。

色情小說大量出現，是明中葉以迄清中葉這兩百年之間的事，長篇小說如《金瓶梅詞話》、《肉蒲團》、《隋煬帝豔史》、《如意君傳》、《癡婆子傳》、《繡榻野史》、《株林野史》、《杏花天》、《燈草和尚》、《禪真逸史》、《禪真後史》、《品花寶鑑》……，短

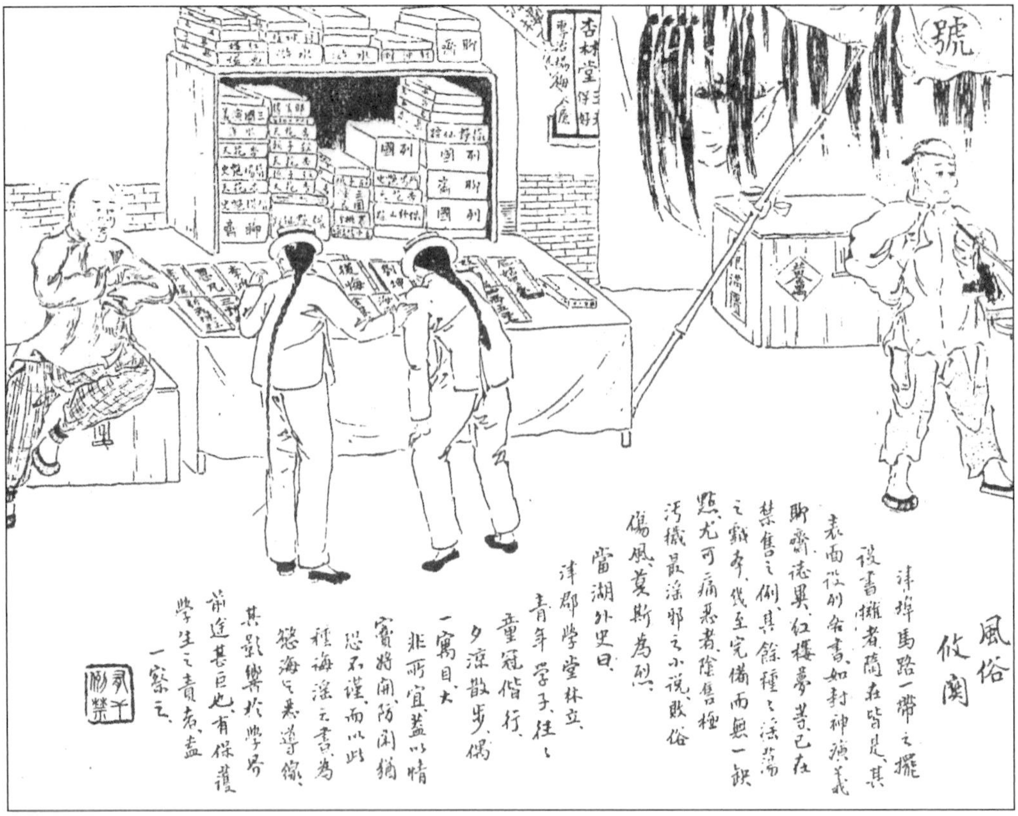

晚清天津《人鏡畫報》描寫小販售賣色情小說情景。

篇小說集如《拍案驚奇》、《古今小說》、《警世通言》、《醒世恆言》、《僧尼孽海》、《歡喜冤家》……數目總在兩百五十種以上。它們誨淫的程度雖有輕重之別，但全遭到官方查禁的命運。

清朝一再查禁　淫書依然存在

光是清朝兩百六十八年裡，清政府就曾頒佈十八次法令，嚴禁坊間刊印售賣淫詞小說；各地方政府對淫書的查禁更是不遺餘力。這十幾次的禁燬，使得晚明或清初刊本的色情小說幾乎絕版，研究版本學或古典文學的人，只有跑到日本或美國的圖書館去了。

在中國本土，雖然大部份的色情文學都燒光了，但還有一小部份在晚清與光緒年間以石印本流傳於世；到了民國三十幾年，上海廣益書局編輯部又把倖存的一小部份此類作品加以刪改，而後以鉛印發行；如今一般市面流通的，就是根據廣益書局刪節本所重新排印的本子。

這種任意禁燬刪改的作法在古代中國或有其

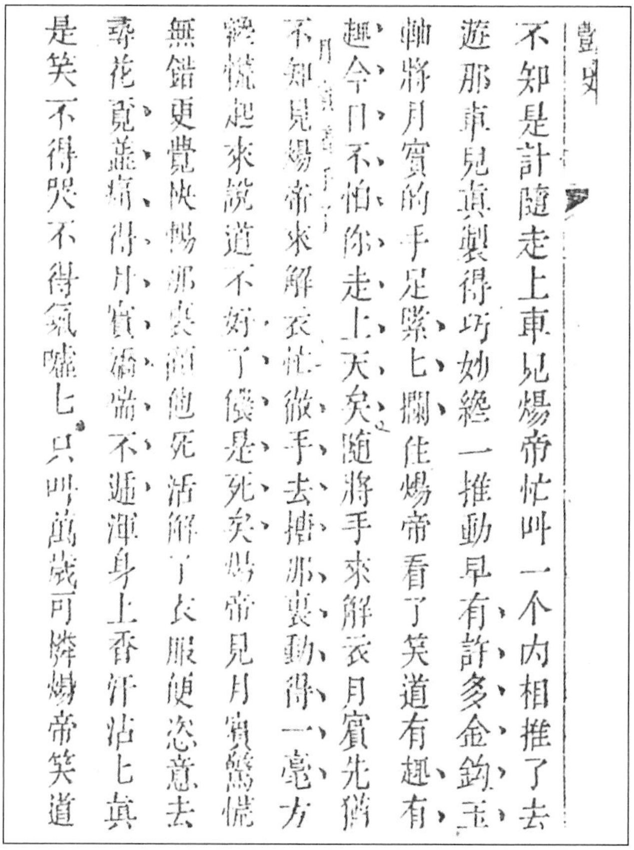
豔史
不知是許隨走上車見煬帝忙叫一个内相推了去
遊那車兒真製得巧妙絕一推動早有許多金鉤玉
軸將月賓的手足緊緊攔住煬帝看了笑道有趣有
趣今日不怕你走上天矣隨將手來解衣月賓先猶
不知見煬帝來解衣裙做手去摸那裏動得一毫方
纔慌起來說道不好了儂是死矣煬帝見月賓驚慌
無錯更覺快暢那裏顧他死活解了衣服便恣意去
尋花覓蕊痛得月賓嬌啼不迭渾身上香汗沾沾真
是笑不得哭不得氣噓噓只叫萬歲可憐煬帝笑道

《隋煬帝豔史》明崇禎四年刊本，描寫煬帝在「任意車」行幸童女。

必要，但把這種作法搬到今日，就值得商榷了；因為在小電影、黃色錄影帶、歐美色情雜誌和黃色小說充斥全球的今日，《金瓶梅詞話》一類的古典色情文學已失去了「誨淫」的實質功能。對大多數的成年人來說，這些書不會勾引他們去做出有傷風化的事。對中學生來說，《金瓶梅詞話》一類的「淫書」，它們也艱深得不容易閱讀，能從其中讀出心得、讀出趣味，讀得心領神會的人，更是少之又少。今天再去查禁它，早已失去了意義。

衛道之士一向談「性」色變，他們尤其害怕色情文學；其實，廣大的老百姓是不怕的，他們把「性」當作一件健康的娛樂，正因為許多人愛看它，所以在清朝時，官方一禁再禁地嚴禁了十幾次，「淫書」還是禁不完。「淫」的標準永遠在變，今人打開清朝禁燬淫書的書目，發現連《紅樓夢》、《西廂記》、《百美圖》、《十二樓》、《一夕話》等書也被列為查禁的淫書，必然感到疑惑不解，想再過幾年以後，人們再回頭看今天的這一場「金瓶梅風波」，也一定會啞然失笑吧！

清朝絹本春畫，描繪女子看了淫書後春心大動，對男子的求歡半推半就。

繪畫篇

引人遐思的祕戲圖（一）

——從壁畫到油紙燈籠

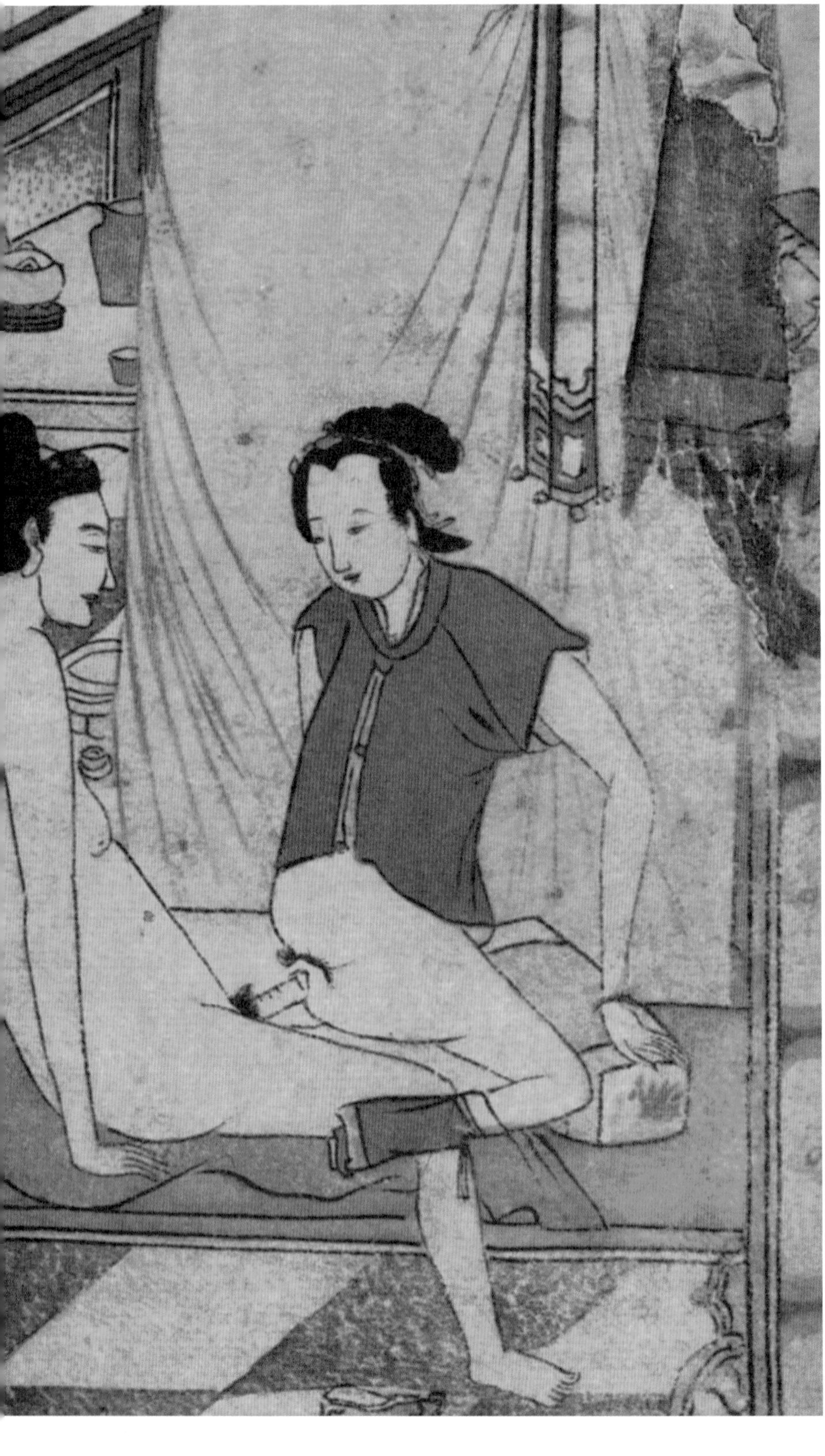

元人「四時行樂圖」的冬景。

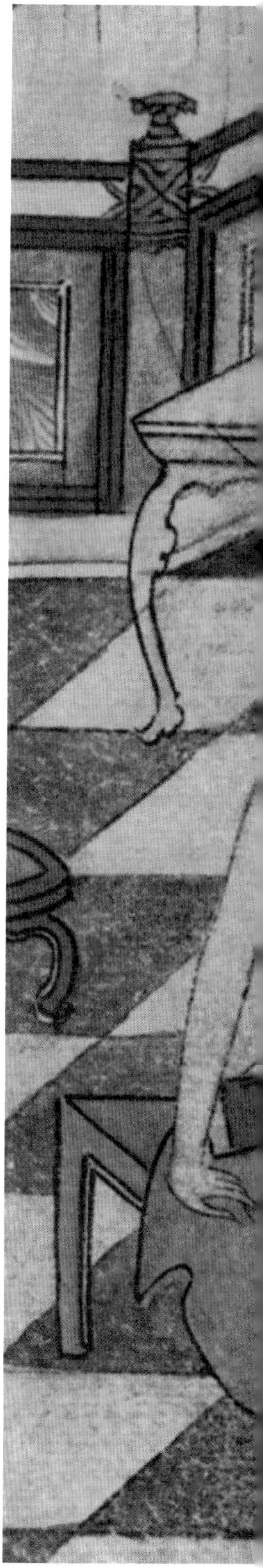

婉轉花陰解繡襦，柔情一片未能無；
小姑漸長應防覺，潛勸郎收素女圖。

——明人茅玉昇〈閨情〉

前引這首〈閨情〉詩很有意思，說丈夫在花園裡興致勃勃地想要跟老婆玩，作妻子的只好半推半就地寬衣解帶，讓丈夫在花叢樹蔭下玩她；沒想到丈夫還掏出隨身攜帶的「素女圖」（就是我們所習稱的「春畫」或「妖精打架圖」），作為「敦倫」時的參考；妻子勸他說：「你妹妹年紀已經不小了，甚麼都懂了，你這些見不得人的素女圖，以後不要亂放了，還是好好收藏起來吧！」

以春畫來平添閨中情趣，這類例子在古代中國可謂不勝枚舉；上自帝王諸侯、下至販夫走卒，很多人都愛在「玩」的時候；用祕戲圖來刺激情慾或「依樣畫葫蘆」；明人蘭陵笑笑生《金瓶梅詞話》第八十三回裡，就說西門慶死後，潘金蓮跟丫環春梅雙雙成為女婿陳經濟的情婦，有一回「三人……吃得酒濃上來，婦人（潘金蓮）……便赤身露體，仰臥在一張醉翁椅兒上，經濟亦脫的上下沒條絲，也對坐一椅，拏春意二十四解本兒（二十四開春畫冊頁），在燈下照著樣兒行事；婦人便叫春梅：妳在後邊推著妳姐夫，只怕他身子乏了。那春梅真個在身後推送……。」

春畫在中國有多久的歷史了？歷代有那些著名的畫家和作品；春畫的表現素材有那些？除了供男女交歡時助興之具外還有那些功能？中國人對春畫又抱持著怎樣的觀感和心態？

在談上述問題之前，讓我們先來看看「春畫」有哪些不同的名稱？這些名稱語出何典？

春畫別稱多巧妙各不同

在古代中國，描繪男女交歡祕戲的圖畫有「春畫」、「春宮圖」、「春意圖」、「士女會合圖」、「男女私褻圖」、「妖精打架圖」、「素女圖」、「避火圖」等等不同的別稱，以下一一舉例加以說明：

春畫

這是使用得最廣泛的一個名稱，天地萬物都在春天交歡做愛，描寫這種行徑的圖畫，便被人們冠以「春畫」之名了。在明人馮夢龍輯集的蘇州歌謠《山歌》卷二裡，有一則〈春畫〉說：「姐兒房裡眼摩矬，偶然看見子介本春畫了滿身酥；箇樣出套風流家數儕來奴肚裡，惹得我郎來依樣做介箇活春圖。」說有個大姑娘本來在房中無聊地打盹，忽然翻到一本春畫集，不禁看得渾身發癢，各種風流把戲、玩耍招式都牢記在心，只盼情郎快來好依樣畫葫蘆。清初刊本《笑林廣記》卷四，也有一則〈呵凍筆〉說：「人見春意一冊，曰：『此非『春畫』，乃『夏畫』也，不然何以赤身露體？想是怕熱。又一人曰：亦非『夏畫』，乃『冬畫』也。問曰：何故？答曰：你不見每幅上個個鬍子在那裡呵凍筆。」笑話是不可以解釋的，只供人發出會心微笑，否則就成了「嚼飯哺人」，所以春畫裡怎會有「鬍子呵凍筆」？筆者只好不作解釋了。

祕戲圖

男歡女愛之遊戲，泰半是關起房門來祕密行之，所以又稱之為「祕戲」，描繪這種行徑的圖畫當然就叫作「祕戲圖」了；有時也多加兩字的形容詞，稱之為「春宮祕戲圖」或「春宵祕戲圖」。清人張丑在《清河書畫舫》一書裡跋〈春宵祕戲圖〉說：「祕戲之稱，不知始於何代，自太史公（司馬遷）撰列傳：周仁以得幸景帝入大內，後宮祕戲而仁常在旁（說西漢景帝玩宮妃時，佞臣周仁常在一旁逗趣助興）。杜子美（杜甫）製宮詞，亦有『宮中行樂祕，料得少人知』之句，則祕戲名目其來已久。」張丑的這段考證，說明了西漢時代已有「祕戲」的名稱，唐朝時人們也愛用「祕戲」來形容男女之事。「祕戲圖」一詞則見載於清無名氏的情詩中：「粉翅雙雙宛遞扶，花為衾枕

葉流蘇；誰能寫出輕憨態，點綴春宮祕戲圖？」（見日人編著《支那情詩選》）

士女會合圖

士是男人，女是女人，「士女會合圖」是隋唐時代所創的名詞，描寫得既寫實，又含蓄；唐人韓偓《迷樓記》說：「（隋煬）帝令畫工繪士女會合之圖數十幅，懸於閣中。」可見此一名詞之用法。

男女私褻圖

明人謝肇淛《五雜俎》卷三說：「東昏（南北朝時齊東昏侯蕭寶卷）為芳樂苑，山石皆塗采色，諸樓壁悉畫男女私褻之像。」男女私褻圖的取意，與士女會合圖相同。

素女圖

詩例已見前引明人茅玉昇〈閨情〉詩，此一名稱的由來，是因為上古時代性學醫籍《素女經》一書曾有輔助說明的色情插圖。明人楊慎《藝林伐山》卷十二〈春宵祕戲圖〉說：「徐陵與周宏讓書：歸來天目，得肆閒居，差有弄玉之俱仙，非無孟光之同隱。優遊俯仰，極素女之經文，升降盈虛，畫軒皇之圖勢……。」也主張春宵祕戲圖最早是闡釋《素女經》經文的一種圖畫。

妖精打架圖

妖精是不穿衣服的，男女敦倫常脫得一絲不掛，像「妖精」一樣；相摟作愛，激情時有似「打架」，是此一名稱的由來。清人曹雪芹《紅樓夢》第七十三回說：「（傻大姐）正往山石背後掏促織（蟋蟀）去，忽見一個五彩繡香囊，上面繡的並非花鳥等物，一面卻是兩個人赤條條的相抱，一面是幾個字，這癡丫頭原不認得是春意兒，心下打諒（量），敢是兩個妖精打架，不，就是兩個人打架呢！」稱「男女交歡」為「打架」，讓人想起《笑林廣記》裡的一則笑話：某少婦攜子進城，途中見野狗交媾，子甫四齡，問曰：「彼欲何為？」母答稱：「打架。」一旁適有登徒子插嘴道：「非也。」少婦正顏厲色叱曰：「不是打架是什麼？」登徒子曰：「莫非娘子也想與我打架不成？」

四川漢代畫像磚拓片「桑林野合圖」是中國最早的祕戲圖。

避火圖

清中葉時民間流行的剪靛花雜曲〈母女頂嘴〉裡，有一段歌詞描寫已屆婚齡卻仍未出閣的少女在夢中嫁夫，見夫家「綢緞被窩床上擺，床後暗藏避火圖……。」為何把春畫叫作「避火圖」，是因為中國人相信春畫可以辟邪辟火，箇中原因下面另有詳細的說明，此處暫且略過。

開朗健康性觀念促進春畫發展

中國人對「性」一直抱持著一種開朗健康的觀念和態度，認為男女交歡就像春臨大地時草木繁滋、萬物化育一樣，是一件最自然不過的事了。這種健康的性愛觀放諸四海而皆準、垂俟百世而不惑，正是先秦大儒心目中的「道」啊！

正由於「性交」是自開天闢地以來，天下萬物所共有的自然現象，所以在禮教的羞恥觀念還沒有給它覆蓋上一層嚴密的面紗之前，中國人對「性」的態度是正大光明而無絲毫羞慚之感的。

雖然如此，打開中國的繪畫史，要尋找風俗畫中的祕戲圖的淵源，也就是探究春宮畫的最原始資料，卻是一件不可能的事；在畫史或著錄上所提到的此類作品，只能上溯到唐朝。不過，在浩瀚的典籍史料中，還是有若干零星的記載足以彌補資料的欠缺，把中國春畫的歷史再往前推。

有關中國春宮畫起源的最早記錄，是漢朝時劉向的《列女傳》一書，說殷商末期（紀元前一〇四〇年左右），豪奢貪淫的紂王，曾在宏偉的宮殿中舉行酒池肉林的饗宴，紂王則抱著寵妃妲己恣意尋歡，在他們的床榻四周，則用繪滿了春宮圖畫的屏風圍起來，兩人一面欣賞屏風上的祕戲圖，一面盡情享受閨房之樂。

屏風在中國出現得很早，《禮記》說周天子在門窗之間設「斧依」，漢儒鄭玄解釋「依」是用素色的綈蒙在木框上製成的屏風，綈上還繡了象徵威猛的斧形圖案，所以稱作「斧依」；如此看來，在殷商末期中國人極可能已發明了屏風。《尚書》記載：商朝開國賢君子天乙（尊稱「湯」或「成湯」）夢見天賜良弼，便圖畫其姿容，遍求於天下，終於找到良相伊尹。可見人物畫在殷商時代也頗為精妙；如此看來，殷紂王在屏風上欣賞春宮圖畫，絕不是件毫無可能的事。

此外，東漢人班固在其《前漢書》卷五十三裡，提到西漢景帝子惠王劉越的後裔劉海陽（在位時間西元前六十四至五十年），於其世襲的封邑廣川郡（今河北省棗強縣東）的宮室中「畫屋為男女贏（裸）交接，置酒請父姐妹飲，令仰觀圖。」

此外，清人趙翼《廿二史箚記》卷十一上，也提到南北朝時齊明帝次子東昏侯蕭寶卷在金陵（南京）皇宮「諸樓壁上，畫男女私褻之狀。」把男女交歡做愛的情景畫在牆上，請自家兄弟姊妹、伯伯叔叔來一同觀賞，獨樂樂不如眾樂樂，這是何等健康開朗的性愛觀哪！而廣川郡和金陵城中宮殿樓壁上的春畫，讓人也想起了約略同時在羅馬龐貝城中的色情壁畫，一中一西，不約而同的行逕，說明了當年孔老夫子的感嘆「吾未見好德如好色者也」實有至理。中國的古代色情壁畫今已湮沒，羅馬龐貝的色情壁畫卻因全城被火山掩埋而僥倖保存至今，隨考古學家的發掘而重現於世，幸與不幸就差別得太大了。

隋朝時的煬帝楊廣奢靡荒淫，晚年曾在江蘇江都（揚州）西北邊大興土木，令工匠項昇建造華麗的迷樓；樓中千門萬牖，設計精巧，如果生人誤入其中，摸索了一天也走不出來，煬帝大喜說：「使真仙遊此，亦當自迷，可目之曰『迷樓』。」他把臣子自全國各地徵募的美女全安頓在迷樓中，又「令畫工繪士女會合之圖數十幅，懸於閣中」，以挑逗不解人事的美女們的春心，時時思盼與他這位風流天子交歡。這是唐人韓偓〈迷樓記〉一文中的記載，諒非虛構。推測煬帝命畫工所繪之春畫，應該是畫在絹上，裱好之後再懸掛在牆壁上；這與南北朝時直接在牆上繪春畫的方式，已大不相同。

唐人春畫精品——春宵祕戲圖

當然，並非只有帝王公侯才特別好色，會在牆壁上畫春宮祕戲圖，而是他們有權有勢，更能隨心所欲地表現人性；也並非只有如廣川王、齊東昏侯和隋煬帝這些聲名欠佳的君王才這般「不知羞恥」地「公然猥褻」，事實上，古代中國荒淫好色、風流出奇的賢君英主，可多得很哪；像晉武帝司馬炎羊車行幸、唐太宗李世民殺弟納媳、清高宗乾隆皇帝南遊狎妓……，說明了好色與賢明昏庸實在是不可混為一談、彼此毫不相干的兩碼事。

唐朝時，隨著造紙和紡織技術的改進，紙和絹都比以前更便宜了；另一方面，中國人物畫在六朝時顧愷之、陸探微、展子虔等大畫家的努力耕耘下，到了唐朝以後，技法也更趨純熟，這兩個有利的條件，使得唐朝的人物畫大放異彩，出現了吳道子、周昉等曠絕古今的人物畫大家；而以繪仕女圖見長的周昉，就曾畫過一些絹本彩色的祕戲圖。

根據記載，周昉畫過「貴妃出浴圖」（見明人謝肇淛《五雜俎》卷三）和「春宵祕戲圖」（見明人顧復《平生壯觀》卷六）等比較綺豔浪漫的作品；本文既專談春畫，以下就只介紹周昉的「春宵祕戲圖」。

明朝末年的藝術鑑賞家顧復，在看過周昉的「春宵祕戲圖」之後，曾加以描述說：這幅「春宵祕戲圖」是畫在絹上的，絹高尺餘（約四十公分）、長兩尺餘（約七十公分），是個橫幅，畫面上的人物約有五寸大小（不到二十公分），圖中畫了一男五女，其中一個白晰豐潤的女人，正玉體橫陳地躺在矮榻上，身旁有兩個眉眼含春的侍女，托起了她的頸臂和大腿，迎著坐在四輪方車上「衝鋒陷陣」的男人；另一侍女立於方車之後，往來推送，極盡香豔之能事。而此畫衣紋古簡，絕對是唐朝人物畫的作風，畫的可能是武則天皇后與情夫薛敖曹幽歡的情景，也有人說男主角是唐玄宗、女主角是楊貴妃。

雖然這幅畫上沒有宋、元人的收藏印，但是受宋明禮教束縛的中國人，一向沒有在自己收藏的春畫上，蓋真名真姓的收藏印的勇氣，頂多也只是蓋些不具姓名的閒章而已。「春宵祕戲圖」上面沒有宋、元人的收藏印章，並不能證明它一定是明朝以後的假畫，而另據明中葉時大畫家文徵明在這幅「春宵祕戲圖」上的跋語，他倒是主張這幅畫至少也應該是模仿周昉畫風的唐人精品。可惜，周昉的這幅「春宵祕戲圖」至今已下落不明了。

宋朝畫工傑作——熙陵幸小周后圖

宋朝人在理學教條的規範約束下，雖然比較諱談淫穢之事，但是當時畫家照樣繪有祕戲圖，宋人畫「熙陵幸小周后圖」就是個例子，描寫宋太宗趙匡義強姦南唐小周后的刺激情景。

原來在北宋太祖趙匡胤滅了南唐之後，南唐後主李煜和繼妻小周后雙雙北上入汴京，成為宋朝之臣虜。小周后是李後主原配昭惠后的妹妹，在少女時代便曾跟姐夫李後主私通，李後主的〈菩薩蠻〉詞：「花明月暗飛輕霧，今宵好向郎邊去，衩襪步香階，手提金縷鞋，畫堂南畔見，一向偎人顫。奴為出來難，教君恣意憐。」就是描寫這位小姨子來跟姐夫幽歡的情景。才貌雙絕的昭惠后死後四年，李後主正式冊封小姨為后，史稱其姐為大周后、妹為小周后。又過了十年（西元九七四年），南唐亡於宋將曹彬之手，後主偕小周后降宋。美麗的小周后便被好色的趙匡義（宋太祖趙匡胤之弟，後來即位為宋太宗）強行姦污了。

宋人王銍〈默記〉說：「李國主小周后，隨後主歸朝，封鄭國夫人，例隨命婦入宮，每一入輒數日，而出必大泣，罵後主，聲聞於外，後主多宛轉避之。」這真是不忍聽聞的人間悲劇，發生在風流瀟灑的一代詞壇才子李煜的身上，更是令人同情。

這件事曾被當時好事的畫工畫了下來，就是「熙陵幸小周后圖」；熙陵是指宋太宗趙匡義，因為他死後葬在河南鞏縣的永熙陵，從畫題避諱皇帝的姓名而只稱廟號來看，這也絕對是一幅宋人的作品。

明人沈德符《萬曆野獲篇》形容這幅作品說：「宋人畫熙陵幸小周后圖，太宗戴幞頭，面黔黑而體肥，周后肢體纖弱，數宮女抱持之，周后有蹙額不勝之態。」把被強暴的小周后「蹙額不勝之態」都畫出來了，宋無名氏的這幅祕戲圖畫風可謂相當寫實而細膩。

這幅「熙陵幸小周后圖」上，還有元人馮海粟的題詩：「江南剩得李花開，也被君王強折來；怪底金風衝地起，御園紅紫滿龍堆。」意思是說：宋太宗你強姦別人的老婆，難怪你的後代（宋徽宗、欽宗和宗室嬪妃公主三千人）也被金人強姦得一塌胡塗，這是報應哪！

可惜的是，這幅精彩生動兼具史料價值的「熙陵幸小周后圖」，在明朝中葉以後就下落不明了，後人的著錄裡再也沒有提到它。

金人滅北宋，恣意強姦北宋后妃宗室，後來南宋聯合蒙古人滅金朝時，南宋人也向金后報復，並且將宋人強姦金后的畫面描繪下來，題為「嘗后圖」，也就是「嚐嚐金朝皇后滋味之圖」的意思。

在佚名作家的《樵書》中，曾提到這幅南宋末年所繪的春畫「嘗后圖」說：「……又有宋人『嘗后圖』，一婦人裸跣，為數人擡舁，人皆甲胄帶刀，有嚙唇與乳及臂

疑為「熙陵幸小周后圖」之明人摹本。

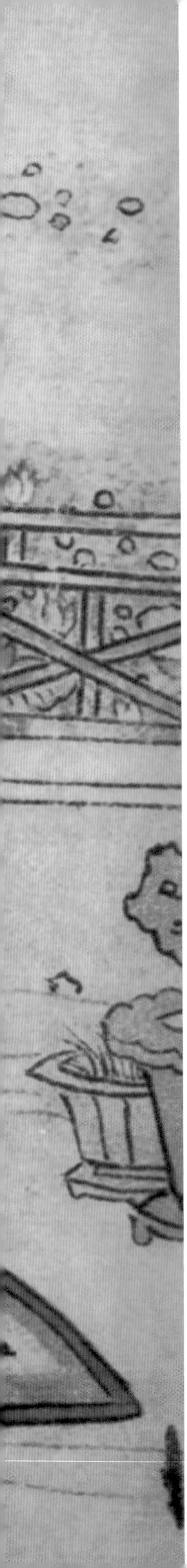

股者，至有以口銜其足者。惟一大將露形近之，更一人掣之不就。又有持足帛履襪袒衣相追逐者，計有十九人。上有題云：『南叱驚風，汴城吹動。吹出鮮花紅薰薰，潑蝶攢蜂不珍重。棄雪拚香，無處著這面孔，一綜兒是清風鎮的樣子，那將軍是報粘罕的孟珙。』此指宋、元滅金事也……。」

畫裡露出陽具準備強姦全裸金后的將軍到底是不是孟珙，有人提出質疑，但金國滅亡時，此情此景想必有之，就算孟珙不屑做這種事，也必有別的將軍做，《樵書》上所記的這幅春畫，為宋朝的祕戲圖再添了一則珍貴的資料。

元人祕畫反映時代背景

元朝初年的人物畫家趙孟頫（子昂），據說也曾畫過男女祕戲之圖。

在明末的風流小說《肉蒲團》第三回裡，就說男主角未央生因為妻子玉香不解風情、不喜房事，特地到畫舖裡買了一套傳為趙孟頫所畫的春宮圖冊，好帶回家去打動妻子的春心。

> 卻說玉香小姐，姿容雖然無雙，風情未免不足，……未央生極喜日間幹事，好看□□以助淫興，有幾次扯她脫褲，她就大喊起來，卻像強姦她的一般，只得罷了。夜間幹事雖然承當，都是無可奈何的光景……。未央生見她沒有一毫生動之趣，甚以為苦，……明日就畫舖中，買一副絕巧的春宮冊子，是學士趙子昂的手筆，共有三十六幅，取唐詩「三十六宮都是春」的意思，拿回去與玉香小姐一同翻閱。

當然，書畫舖裡賣的春宮冊子究竟是不是趙孟頫畫的真蹟，還是個疑問；但就算它是後人冒名頂替的假畫，也可以間接證明趙孟頫是春畫高手，在一般人的心目中，認

元人「四時行樂圖」的夏景。

為他曾畫過此類作品，後人才會假冒他的名字畫祕戲圖。

而在明天啟五年（西元一六二四年）刊行的祕戲圖冊《鴛鴦祕譜》的序文裡，也提到趙孟頫畫春畫的事；雖然這些記載都缺乏實物來證明它是真確可信的，但趙孟頫既然不惜以漢人貴冑（他是宋朝皇帝宗室）而入仕元朝，那麼他以自己純熟的人物畫技法畫一些祕戲圖，來籠絡好色的韃靼權貴，實在是極為可能的事情。

雖然傳為趙孟頫所畫的祕戲圖如今已不可復見，但是至今我們還有幸能欣賞到四幅元人所繪的春畫。

在《雲雨》（Chinese Erotic Art）一書裡，作者告訴我們：在法國的兩位收藏家查理拉東（Charles Ratton）和杜勃克（Dubosc）手中，各珍藏了兩幅元朝末年的祕戲圖。這四張一組的作品，原本是畫在油紙上，從一盞油紙燈籠上揭下來的，描寫當時達官貴人四時行樂的情景。

杜勃克收藏的兩幅，全是在室內做愛的描寫，男女坐擁，在一張矮榻上交歡的那幅可能是冬景，女坐男跪，在地毯上敦倫的一幅則可能是春景。

查理拉東收藏的兩幅則全是在室外的故事，男女相擁坐在庭前的那幅是夏景，欄干外池塘裡的荷花正盛開著呢。另一幅男的一絲不掛，女的僅穿著棗紅色兜肚和裹腳布，坐在虎皮上雲雨的畫則是秋景，背後花架上的葡萄已結實纍纍了。

這四幅作品中的男子可看出是同一個人，女的則冬景、春景行樂圖裡的是同一女子，與夏景、秋景兩幅中的女人容貌各異。

雖然這一組四幅作品的人物造型或運筆的功力，前不如周昉、後不如仇英，但是出自元代無名氏手中的這幾幅畫，也畫得相當精緻；尤其是稍帶稚拙的線條，洋溢著質樸而生動的趣味。更難得的是，經過了六百多年，畫上的顏色還十分鮮豔，就像剛完成不久的作品一樣。

這盞透露出無限春情的燈籠，原是掛在當時某個達官貴人家的花園或臥房裡的，它反映出元朝時上流社會生活的奢華淫靡。元人以異族而入主中原，對漢人予取予求而極盡酒食聲色之享受，再加上元人信奉喇嘛教、膜拜歡喜佛，也難怪連油紙燈籠上都會出現這類色情的祕戲圖了。

元朝時，還有些畫家專門描繪韃靼男子與漢族婦女交歡的春畫，這類春畫作品有兩大特徵，其一是畫中的男子多半生得老醜多髯、皮膚黑皺，與白嫩嬌弱、貌美如花的漢族婦女形成了強烈的對比與刺激；其二是畫中男女多半在馬背上或馬身旁交歡，形狀有如馬戲特技表演，畫面上至少也有一匹靜立旁觀的駿馬作為背景。

很可惜，元朝時這類春畫作品至今也已極為罕見了，現在我們所能看到的，多半是明、清時人根據元代這種春畫所作的摹本。

傑克・魏澤福在《成吉思汗的女兒們》一書第二部「黃龍的女兒」一章中說：明朝宮中太監以春宮圖送給蒙古使節團作為厚禮；「番人馬上雲雨圖」就是在此需求下所繪製完成的。

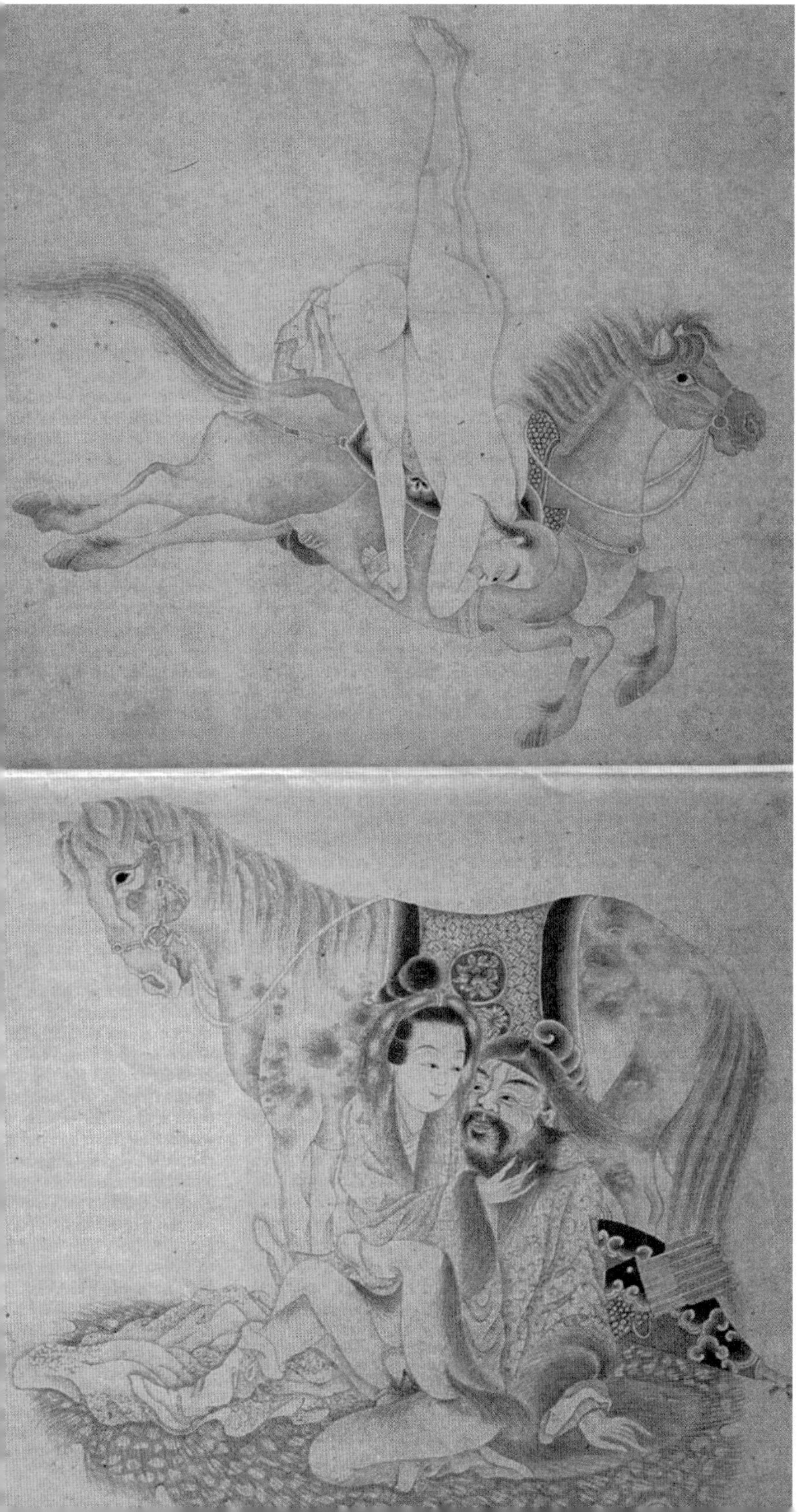

引人遐思的祕戲圖(二)
——明朝的絹畫與版畫

明朝萬曆年間之春宮畫。

明太祖朱元璋從韃靼異族的手中奪回漢人的江山後，一方面致力改善因元末戰亂而更加殘破的經濟，另一方面也企圖用道德規範來約束民心、端正風氣，努力提倡宋儒理學。到了明太祖晚年，法令尤其嚴苛，賭博的人要砍掉手、踢毬的人要砍掉腳；在這種情形下，人們無暇也不敢去追求太奢靡、太放浪形骸的性樂享受。

但是經過百餘年的調養生息後，這種形勢在明朝中葉時已逐漸改觀。隨著經濟日益繁榮，人們的思想也變得更開放活潑。聖人不是說過嗎：「飽暖思淫慾」，明中葉以後的豪富之家，就是如此而開始徵逐酒色耳目之娛。

消費市場需要春畫，而且要精緻高水準的春畫，消費者有充裕的閒錢來購買奢昂考究的春畫，當時的人物畫家在重利的引誘下，自然便也孜孜從事於春畫的繪製生產。其中最為有名的，自然首推唐寅（伯虎）和仇英（十洲）兩人了。

小姑窺春圖

唐伯虎是個狂放不羈而又才情橫溢的畫家，活躍於明孝宗、明武宗之世（生卒年為西元一四七〇至一五二

傳為明代唐伯虎所繪「小姑窺春圖」。

三），關於他生平的軼聞趣事，稗官野史上頗多記述，像「唐伯虎點秋香」就是個婦孺皆知的故事。而從唐伯虎曾為自己刻了一方閒章「江南第一風流才子」，亦可見其玩世不恭的瀟洒態度了。

唐伯虎的仕女畫以用筆細密秀潤、設色妍麗典雅而見長，至今仍有「孟宮蜀妓圖」、「班姬團扇圖」、「嫦娥奔月圖」等作品傳世。但其大幅絹本的祕戲圖，至今已不可復見了。只在古籍裡留下幾首清朝時人題唐伯虎春畫的詩作，像「雞頭（乳房）嫩如何？蓮船（三寸金蓮）僅盈握；鴛鴦不足羨，深閨樂正多。」「清風明月無從覓，且探桃源洞底春」等，讓後人自己去想像追摹。

唐伯虎小幅的春畫作品也很少傳世，據說，有一幅「小姑窺春圖」（今藏日本）是他畫的；畫幅左邊，描寫閨房床帳中有一對男女正在纏綿追歡、雲雨巫山，帳子遮住了癡纏男女的身子，只從抖動的帳隙探出一隻高翹的、穿著大紅繡鞋的小腳，畫面右邊畫著一道門，門外有一個少女正從門縫往裡邊窺看，還情不自禁地把右手伸進自己的裙子裡……。

正因為唐伯虎的這幅「小姑窺春圖」意思超拔，落筆精妙，許多風流名士紛紛題詞其上；像清初的陳其年就題了一首〈菩薩蠻〉詞說：「桃笙小擁樓東玉，紅蕤濃染春鬟綠，寶帳縝垂垂，珊瑚鈎響時，花陰搖屈戌（開闔窗戶之鐵環紐），小妹潛偷窺，故意纏屏中，瞬他銀燭紅。」

而以「博學鴻詞第一」著稱的清初名儒彭羨門，也有兩首和作，其中一首是：「玄女搗罷明於雪，搴帷人似嬋娟月；何必鴛鸝雌，有人簾外窺，嬌羞生不慣，驚遲檀郎看，香汗玉膚潮，無聲落鳳翹。」則在詠畫之外，更多所發揮了。

唐伯虎還畫了一套《風流絕暢圖》，共有二十四幅，這套冊頁至今雖已佚失無存了，但明神宗萬曆三十四年（西元一六〇六），徽派刻工黃一明卻曾根據唐伯虎的原作摹刻為版畫，並且印行於世，至今日本收藏家手中，還有木刻版的《風流絕暢圖》，讓我們可以略窺唐伯虎祕戲圖人物造型、繪畫風格的一斑。

由於唐伯虎的名氣太大，當時和後世都有不少畫家仿照他的畫風畫一些假畫，簽上他的名字，當成唐伯虎的真蹟來出售圖利。至今傳世的一些標名為唐寅的春畫，大多是畫技較劣、格調不高的贗品。

燕寢怡情圖

比唐伯虎稍晚的仇英（十洲），活躍於明武宗、世宗時（生卒年約為西元一四九四至一五五二），他雖然原本只是個漆工，但是卻很熱愛繪畫又能夠發憤苦學，從臨摹

《燕寢怡情圖》之「驚夢」。

傳為明仇英的作品「花園」。

古人名作下手，兼取各家之長熔於一爐，從而創出自己精麗秀雅的繪畫風格，終於能和沈周、文徵明、唐伯虎齊名，合為明朝的四大畫家。

仇十洲的春宮畫以工細見長，較為世人熟知的是今藏於北平故宮博物院的《燕寢怡情圖》冊。

這套畫冊共十二幅，描寫一位擁有三妻四妾的達官貴人香豔旖旎、充滿情趣的家居生活情景。

第一幅描寫妻子的裙襬被庭前的玫瑰花勾住了，露出一雙勾人魂魄的三寸金蓮來（在古代中國，女人雙足比乳房或私處還要性感而充滿誘惑），身後的丈夫正躬身上前，準備幫她把裙擺從花枝間解下來。

第二幅圖描寫在芙蓉花盛開的花園裡，一男四女坐在華麗的地毯上，傳花行令、飲酒為歡，旁邊站著擊鼓為節的丫頭。這種酒令的玩法是鼓聲一停；花在誰的手中，就罰誰喝酒。

第三幅描寫夫妻倆在花園的涼亭裡坐著，妻子戲謔地要替丈夫塗脣膏。面露微笑的丈夫心中雖然忸怩不肯，卻不敢亂動，生怕妻子在他臉上塗成了一團糟。昔日張敞為妻畫眉，千古傳為美談，而今仇十洲畫妻子替丈夫塗脣施朱，則又充滿了另一種新鮮的情趣。

第四幅描寫丈夫在畫房裡看書看累了，躺在醉翁椅上小憩，兩個女人卻進房來攪擾，一人持筆吮墨準備替他畫個大花臉，另一人則手持草莖要探搔他的鼻孔；假寐中的男人如果鼻孔發癢打噴嚏，臉豈不要撞上墨筆而被塗成了小丑？

第五圖則是丈夫跟妻子開玩笑，妻子正在臥房裡裹小腳，丈夫卻闖進來，抓了繡花鞋就往外走，坐在床沿的妻子一把拉住丈夫的衣袖不放，彷彿說：「你不還我繡花鞋，待會兒我裹好小腳怎麼往外走？」

第六圖是丈夫拉起了一個正在繡花的女人，拖她朝臥房走，女人左手握緊了欄杆，像是不依的樣子；她為什麼不依？是昨夜的疲倦還沒恢復？是怕大白天裡被丫鬟老媽子們撞見？還是單純的故作嬌羞？讓讀畫的人不禁好奇地想追問。而欄杆外的芙蓉花正盛開著呢。

第七圖則是描寫一個女人在門外悄悄地側耳傾聽臥房裡的雲雨聲，房裡床帳低垂，只見床前地下擺著一雙男人的緞鞋和一雙女人的小繡花鞋。

第八圖是描寫作丈夫的從臥房裡出來，正對著鏡子整理頭上的巾帽，身後門檻邊站著一個女人，充滿情意地看著他。單單一個男人整理巾帽的小動作，就明顯地暗示了剛才曾經發生過的事情。

除此而外，《燕寢怡情圖》冊還包括丈夫替妻子簪花、夫妻倆花園賞菊、丈夫在臥房替妻子寬衣解帶等圖，這套作品是仇十洲含蓄雋永畫風的典型代表作。

另外，據說有兩幅仇十洲的春畫小品流傳於世：一幅的背景是一片江岸，蘆荻孤舟，秋風瑟瑟，而舟中則有一男一女；男的立起求歡，坐著的女人正推拒著，而舟旁水面浮出一隻野鴨，仰首愕然，神韻生動。描寫男女在江畔舟中敦倫的春畫，在清朝時也有好幾位佚名畫家畫過，但是多半只畫舟中行樂的男女，仇十洲在水面上安排一隻仰首愕然的野鴨，確實是高明的手法。

《燕寢怡情圖》之「簪花」。

另一幅斗方小品則描繪臥室之中雲屏半掩，涼床之前有一個披著斗篷的男子，雙足立於踏凳之上，向床邊的女人面露出「興奮的笑」，女人躬身床側，背後卻探出一個穿著肚兜的小孩作吵擾之狀，女人一臉的無可奈何，背轉身來遞給小孩一隻玩具；床底下有一隻大木盆，盆中之水半滿，上面還放著一條大巾，像是正要給小孩洗澡的樣子。這種家居生活的即景素描，讓人看了發出會心之微笑。

唐伯虎、仇十洲兩人都擅長於精緻的工筆人物，且能在寫實之外，兼顧繪畫的神韻和詩境。他們傳世的春畫作品，在當時、在後世，都給一些技巧較差、缺乏創意卻靠繪製春宮畫來餬口的職業畫家，提供了最佳的模擬範本，明朝中末葉時出現了許多無名氏繪製的高水準的祕戲圖，原因在此。

萬曆年間　春宮冊頁

在日本私人收藏家的手中，就有幾套明中葉時佚名畫家畫製的高水準的春宮冊頁。

有一套明萬曆年間（西元一五七三至一六二〇年）繪製的絹本冊頁，畫富貴人家的生活情趣。

第一張是夫妻倆正在客廳裡下棋，衣飾華麗的妻子，頭簪鮮花、腰繫珮玉，正手持黑棋準備落子，對桌的丈夫右手伸進棋盒裡抓子，左手卻伸到背後去調戲在旁觀棋的小姨妹。

第二張畫小姨子跟這位男主人來到內室屏風裡，坐在矮榻上的姊夫右手摟緊了小姨的腰，左手伸進她的裙子裡愛撫著，小姨子站著，舉起兩手來，像是宣佈投降的樣子，任憑姊夫輕薄。她幹麼如此順從呢？矮榻後的橫桌上，有一卷春宮圖軸正攤開一半，原來作小姨的看了姊夫私藏的春畫，春心蕩漾起來了，而畫幅右下角有一隻貓，正在玩男子已解下的腰帶。

明萬曆年間春冊《情挑》。

第三圖則是姊夫跟小姨倆全脫得一絲不掛、站立在窗前，倆人脫下的衣服就晾擱在窗上。姊夫右手托起小姨的左腳、左手扳著她的臀部，貼身向前，把靠一隻腳站立的小姨壓到窗前牆壁上，小姨兩手摟著姊夫的腰，保持身體的平衡。他倆身後是一扇屏風，屏風前有一個供投壺遊戲用的壺，壺裡插滿了箭，一個丫鬟正抬著一隻鑲嵌大理石的圓木椅朝他倆走來。

以下的幾幅全是在室外，姊夫跟小姨或在舖著華麗的織花地毯上雲雨，或斜倚著太湖石做愛，還有一幅是小姨四肢著地，把臀部聳得高高的，姊夫則位於她身後，丫鬟跪在弓起的小姨子的身下，忙著用巾帕揩抹。最後一幅是姊夫跟小姨在屋外窗下舖了紅毯，男下女上地在毯子上顛鸞倒鳳，屋裡窗旁坐著兩個婦人，正目不轉睛地默默欣賞，她們該是屋外男子的妻妾吧！

這套絹本冊頁的繪畫水準很高，不但人物造型生動自然，家具陳設也描繪細緻，一筆不苟地舖陳堆砌出明朝中葉時一個豪富之家的富麗堂皇來，是中國春畫史上年代較早的相當優秀的作品。它的繪製年代比唐伯虎稍晚，極可能是摹仿唐伯虎畫風而完成的作品。

明朝中葉　色情繡像

在古代中國，由於手繪的絹本、紙本春畫價格昂貴，因此絕非一般人家所能擁有；明人蘭陵笑笑生《金瓶梅詞話》第十三回裡有個故事說：山東清河縣的土財主西門慶，勾引了友人花子虛的老婆李瓶兒；瓶兒為了討好情夫，便把丈夫得自淨身為宦的伯父從皇宮內取出的春宮圖冊，在幽會時取出來助興。西門慶看了之後，愛不忍釋，還特地向瓶兒借了回去，在愛妾潘金蓮面前獻寶。

以豪富如西門慶者，平素尚且不易得見這類春畫，看到了就捨不得放手，就更不用說一般的老百姓了。

但是，隨著宋元以來木刻版印刷技術的逐漸改進，到了明朝中葉以後，上述情形已大為改變。由於版畫可以大量複印，所以價格低廉，使得更多的市井小民能夠欣賞，甚而擁有一些木刻版印的春宮圖。

明朝中葉的色情版畫，大致可分兩類：一是附屬於戲曲小說中的繡像（插畫），一是獨立於文學作品之外，為色情而色情的祕戲圖冊。以下分別加以介紹。

明崇禎刊本《隋煬帝豔史》木刻插畫。

隨著經濟的繁榮和物質生活水準的提高，作為休閒娛樂的戲曲小說，在明中葉以後大為風行；為了迎合大眾的口味，其中便常出現豔情的描寫，於是作為其書的插圖，也自然而然地色情起來。

像明弘治十一年（西元一四九八）北京金臺岳家刊印的《奇妙全相註釋西廂記》，在正文敘述到張生和鶯鶯雲雨偷情時，附圖便描寫兩人坐在床前，相偎相擁，張生伸手去愛撫鶯鶯的畫面。張生和鶯鶯的造型是是胖臉胖身子，一看即知是明朝中葉以前的作品，與明朝中末葉時瘦身窄臉的造型大異其趣。

又如明崇禎四年（西元一六三一）人瑞堂刊印的，《新鐫全像通俗演義隋煬帝豔史》一書正文的前面，也附了十幾幅木版繡像，其中描寫煬帝在迷樓裡跟宮女邊玩邊看烏銅屏裡的「活春宮」，在任意車上行幸處女幾幅，也都是充滿了煽情意味的色情版畫。

▌上：明末清初無名氏絹本春畫。
▌下：明代木刻版畫《風流絕暢圖》。

又如明崇禎年間刊印的《金瓶梅詞話》裡的兩百幅木刻繡像，配合原書情節而描寫祕戲的版畫，竟也不下數十幅之多。這些戲曲小說中的祕戲繡像，全都充滿了古樸拙稚的趣味。

木刻本祕戲連環圖冊

和上述戲曲小說中的色情繡像比起來，獨立於文學作品之外的木刻本祕戲圖冊，就更大膽而精緻了；現今所知明中葉以後刊印的這類作品，至少有下列數種：

風流絕暢圖，一冊廿四開，彩色套印，萬曆卅四年刊本。

花營錦陣圖，一冊廿四開，彩色套印，萬曆間刊本。

鴛鴦祕譜圖，一冊卅六開，彩色套印，天啟四年刊本。

除了上述幾種外，這類木刻本祕戲連環圖冊還有明萬曆年間刊印的《素娥篇》、崇禎三年刊印的《繁華麗錦》、明末清初朱色單色印的《江南銷夏》，和《家隱祕傳》、《洞房春意》等，荷蘭人高羅佩（Van Gulik）的估計，一共約還有二十餘冊，為中日收藏家所珍藏。

在西元一九五〇年前後，高羅佩還在日本的一家古董店裡，買到了《花營錦陣》初印時所使用的二十四片木版，並在其《祕戲圖說》（Erotic Colour Prints of the Ming Period）一書第三冊中，以手工印出。

《祕戲圖說》一書是西元一九五一年在日本東京出版的，全書共分三冊。

第一冊是介紹中國人對性所抱持的觀念態度，和古代中國所出版的一些色情小說，附了二十張插圖，分別採自中國及日本公私收藏的春畫，包括了前述明人仇十洲《燕寢怡情圖》冊中的兩幅。第二冊是祕書十種，高羅佩摘錄了十本明朝和清朝時出版的淫書中的重要部份加以英譯，共約數萬言。第三冊則是把他所購得的明代祕戲圖冊《花營錦陣》的二十四片木版，以黑色刷印出來。

這套書在當時只印了五十本，分贈世界各大圖書館和私人收藏後，就把書版銷燬了，所以分外珍貴。

高羅佩今已作古（西元一九一〇至一九六七年），這批珍貴的明代祕戲圖木版，大約也和他其餘的藏品（包括了一些罕見的中國房內醫書、道教祕典和色情文學），一同從他寓居日本的「尊明閣」書齋漂洋渡海，運往高氏在荷蘭海牙的老家中了吧！

上述這些明中葉以來的祕戲圖冊，或單色刷印、有圖無文，或彩色套印，半頁圖畫、半頁詩文，以詩文解圖以貫串成一個完整的故事。

在春畫上題詩，原自有著悠久的傳統，像前述元人馮海粟題宋人畫「熙陵幸小周后圖」等，都是例子。古人詩話裡也提到一些春畫的題詩，像「行不得也哥哥，奴家今年才十五，花蕊瘦小豈堪容？行不得也哥哥。」把一幅男女拉拉扯扯的平淡無奇的春畫立刻點活了。又一幅春畫上的題詩是「一陰一陽謂之道，此時此景難為情。」短短十四個字就把男歡女愛形容得淋漓盡致，並且一點也不纖佻，把春畫的格調立刻提升了許多，都說明了春畫上題詩的宏大功效。而明中葉祕戲圖冊上的詩文，在敘述劇情之外，還兼具了紅花綠葉，相輔相成的效果。

更值得注意的是，這種連環圖冊的設計，打破了單幅作品的靜態感，串連成一個有情節發展的故事，其間的首尾始末，起承轉合，帶給觀者最高的視覺滿足，充分發揮了春畫的觸媒效果。

而這些彩色套印、刻繪精美的連環圖冊，集當時全國首富江南區的繪、刻、印的最高技巧於一堂，即視為中國版畫史上黃金時代（明萬曆以後至清朝初年）的代表傑作，亦可當之無愧吧！

晚明畫家模倣仇英的作品，法國私人收藏。

引人遐思的祕戲圖(三)
——清朝祕畫高人

石濂和尚的春宮作品。

清朝以後的祕戲圖，無論紙本、絹本或木刻版印，都有大量的作品傳世，著錄上提到春畫的作家和其生平事蹟，也比前朝更多，容許我們作比較詳細的介紹。

從文獻記載來看，清朝時的祕畫能手，至少有以下數位：明末清初浙西的石濂和尚、太倉的王式（無倪）、大同的馬相舜（聖治、舜治）、清中葉時關中的馬振和蘇州的顧畹香（？）等人。此外，日本私人收藏的一套彩色春宮精品上，署名為松江的改琦（七薌）所繪，其真偽如何，也值得在此作一番探討。

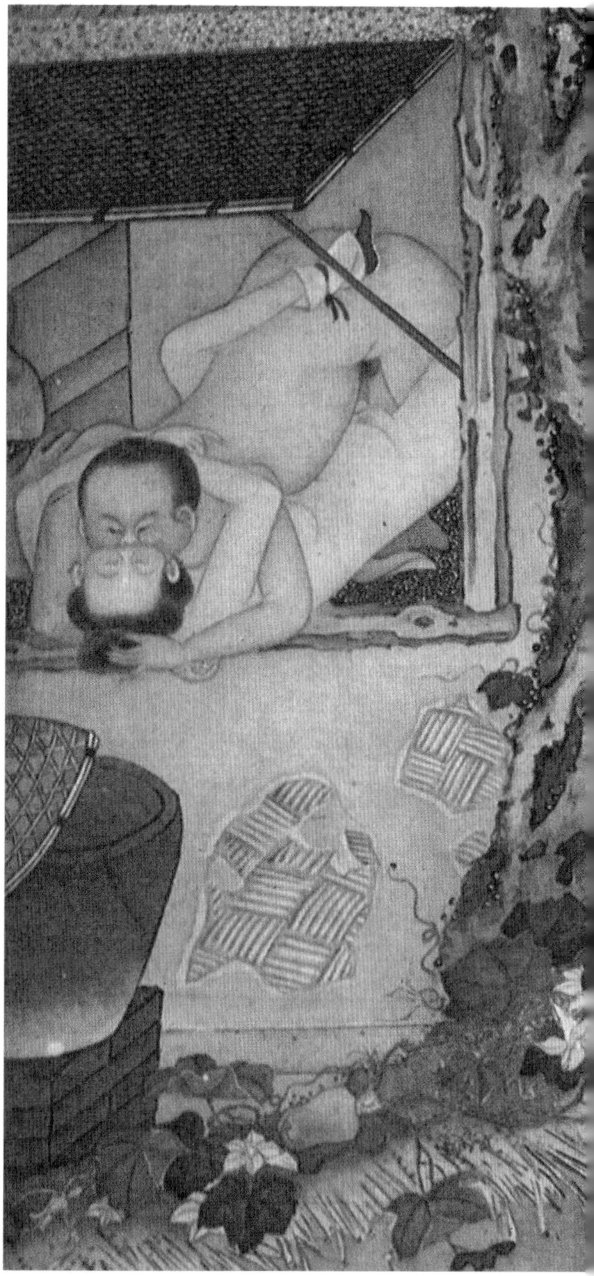

石濂和尚春宮圖精采絕妙

石濂和尚俗姓徐，明末清初人，本籍浙西，後來南下定居於廣州的長春菴。他本來就擅長工筆人物，因為跟政壇權貴、社會賢達過從甚密，靈機一動，便作祕戲圖以巴結這些生活荒淫、好色縱慾的上流社會人物。

石濂和尚最初跟名士屈大均（翁山）是好朋友，後來兩人因故反目成仇，屈某便寫文章攻訐石濂和尚偷詩及畫春宮圖妨礙風化等等不法之事。

屈大均在〈花怪〉一篇文章裡說：「吾聞禪者（指石濂和尚）工繪事，每為當路士大夫作春圖，舉閨房之祕戲曲折，一一得其精微……。即至好色人不能擬諸形容者，而禪者乃能無微不顯、無幽不出，盡其神而窮其變……。」

另外，屈大均在回覆石濂和尚的信〈屈翁山復石濂書〉裡，也一再譏諷石濂和尚說：「兄應酬之暇，即以淡繪蛾眉、濃描黛綠為事，作金釵之十二行、備房中之二十四法，素女仰伏之態，極其形容；牡丹採戰之神，窮其鉤索……。」

「素女仰伏之態」是借《素女經》一書的典故前面已經解釋過了，此處不贅；要說明的是「牡丹採戰之神」。

據明刊《四遊記全傳》裡的《東遊記》說：有一天，呂洞賓雲遊至洛陽，看到一位年方二八、窈窕妖嬈，卻頗有慧根的女子，便上前打聽，才知道她是洛陽的歌舞名妓白牡丹。呂洞賓動了凡心，便化身為翩翩公子，到白牡丹家去買醉尋歡。白牡丹見呂洞賓年少英俊，囊裡多金，便嬌態畢露地加意奉承。呂洞賓喝得醉醺醺的。當晚便和白牡丹參起「歡喜禪」來。

《東遊記》第二十七回說：「……牡丹媚態百端，洞賓溫存萬狀，魚水相歡不為過也。雲雨之際，各逞威風，女欲罷而男不休，男欲止而女又不願；且洞賓本是純陽，豈肯為此一泄？牡丹正當陰盛，終無求免之心。自夜達旦，兩相採戰，皆至倦而始息。」這段故事便是屈大均信裡「牡丹採戰」一語的出典。

若非屈大均的攻訐文字，後人也許只知道石濂和尚寫過《海外紀事》、《五燈會元》等書，是個飽學的出家人，未必會知道他居然還是個祕戲圖的繪製能手吧！

關於石濂和尚春畫的風格和作品，因為存世的祕戲圖上沒有他的簽名，所以不得而知。但是從屈大均在〈花怪〉一文中所形容的「無微不顯、無幽不出，盡其神而窮其變」來看，石濂和尚的畫風是寫實而細膩的、精緻而富創意的。而從屈大均在〈屈翁山復石濂書〉中所形容的「屢貌『蕃夫人觀書』之影與『周小史割袖』之圖，觀想精微，通神入妙，使人驚以為老蓮復出、仇英重來」看來，石濂和尚繪製春畫的題材甚廣，男色、女色都畫，並且有陳洪綬、仇英等晚明大家精麗典雅的畫風，他的祕戲圖水準應該相當地高。

石濂和尚作品釋疑

在西班牙人Marc de Smedt所著，一九八〇年出版的《中國的色情主義》（Chinese Erotism）一書裡，第四十六頁、五十二頁和八十九頁上，有三幅未標明年代、作者、畫幅上也無落款署名的春畫，從畫風上推斷，應屬同一個人所畫，並且頗有可能是石濂和尚的作品。

第四十六頁畫一個挑水的菜農，把水桶桶底朝天地擱在架著扁擔的井緣上，而後站在水桶上踮起腳跟來，趴在土牆上偷看牆裡屋內床榻上正在雲雨的一對男女；土牆上爬滿花葉茂盛的南瓜藤，有幾顆南瓜已半熟或全熟了，點出了初秋的時序。

第五十二頁上的這一幅，在中央以兩棵梧桐樹和一座太湖石把畫面分割成兩半，右邊是一個童子手持扇子替在太師椅上打瞌睡的男主人搧涼；童子邊搧扇、邊從太湖石隙縫中向左邊堂屋裡窺看，屋裡有兩個女人正在洗澡戲耍，幾乎全裸的女人坐在椅子上，站著的另一個女人只披了一件藍布單褂，腰間還綁了一個成人玩具，她們應是打瞌睡男子的妻妾吧。

第八十九頁上的這幅，畫牙床上有一雙男女脫得幾乎一絲不掛——只穿紅繡鞋的女子在腰間繫著一條綠絲巾，她坐在藍色的方枕上，劈腿接受俯伏近前的男子的「服務」，男子笑瞇瞇一臉色相地仰望著媚眼如絲的女子，女子伸右手去抓扶著床柱。方桌上瓶插的繡球、牡丹花說明了時方暮春，桌上、床前的紅燭則表示此時正當夜晚，畫面右下方床尾薰籠上蹲踞的白貓仰首回顧，引人把視線拉到畫幅右上角的屏風外，屏風外正有一個童子在窺春呢！

說這三幅畫可能是石濂和尚的作品，至少有以下幾點理由：

一、從繪畫風格來看。它們正是明末清初時完成的作品，仕女的造型柔媚蘊藉、耐人品味，與明朝的仕女畫相吻合，人體身上出現了濃淡光影，更顯立體感，則是受到了明末清初西洋畫法傳入的影響。

二、太湖石、土牆和床榻等背景畫得典雅而不俗、細膩而不板，與清朝乾隆年間的俗豔匠麗大異其趣，說明了它的下限在乾隆以前，而把它放在明中葉，這三幅畫給人的印象又嫌太新。

石濂和尚的春宮畫。

三、尤其重要的是菜農和床榻上俯臥男子的臉部造型生動有致，極富個性，顯然是受了晚明陳洪綬變形畫風的影響，而陳設之精雅、仕女之嬌麗，依稀透出了仇英的風格，這與屈大均在文章中所形容石濂和尚的畫風完全吻合。

當然，只憑複製的三張圖片就要把它歸入某人的畫風下，實為大膽之假設，尤其我們尚無石濂和尚可靠之真蹟可供對比，這樣的推論對謹慎的學者來說也略嫌武斷，但是這三幅無名氏的作品，硬要找一個畫家來「栽贓」的話，還有誰比石濂和尚更合適呢？

石濂和尚雖然沒被屈大均攻擊得沒法在廣州立腳存身，後來卻因得罪了遊粵的潘耒（曾任翰林院檢討，纂修明史），潘向當道揭發石濂和尚諸般不法之事（包括出家人犯淫、私通安南等），於是廣東廉使吳興祚（留邨）將石濂和尚逮捕下獄。石濂和尚在被押還原籍浙西的途中，死於常山（今浙江省常山縣東），這大約是清康熙四十一年至四十四年（西元一七〇二至一七〇五年）間的事。

王式的仿宋祕戲圖

江蘇省太倉縣的王式也是明末清初時的春宮畫家。

晚明人藍瑛與清人謝彬合纂的《圖繪寶鑑續纂》卷二裡，介紹王式說：「王式，字無倪，太倉人，善畫宮妝美女，春宮尤妙。」

清人張庚在《國朝畫徵錄》一書中，也提到王式和另一位山西省大同縣的春畫名家馬相舜說：「祕戲圖，不知作俑於何人……，大同馬相舜，字聖治；太倉王式，字無倪，其最著者也。」

關於王式和馬相舜春宮圖的繪畫風格，張庚說：「嘗見一小冊八頁，人身僅三寸許，眉睫瑟瑟然欲動，眷戀燕昵之態，如喃喃作聲。至其布置種種，鈎勒點染，悉本宋人法，有嫣媚古雅之趣、無刻劃板實之習。又見手卷一，人身長八、九寸，多畫西番、北狄之狀，最動蕩人心目，其手筆均不與仇英類，其王、馬之徒之作歟？」

藍瑛和張庚的兩段描寫，說明了生長在江南魚米之鄉的王式的畫風是仿宋朝的人物畫法，喜歡畫宮妝美女，畫風充滿了柔媚古雅之趣；生長在山西北部的馬相舜則因習見塞外胡人的生活情形，喜歡以番胡做愛的情景為祕戲圖的題材，並且畫得很傳神、很挑逗人。

馬相舜的番人雲雨圖

在荷蘭出版的一本《中圖春宮畫》裡，刊出了四張清朝時沒有署名的「番人雲雨圖」，描寫深目大鼻、滿腮鬍鬚的番人，在馬背上以各種姿勢和漢族、番族女子作愛的情景；這四張作品畫風的確「不與仇英類」，但是技巧實在不高明，更不足以「動蕩人心目」，所以絕非馬相舜的手筆，殆可斷言。

比較有可能是馬相舜的春畫真蹟，出現在前引《中國的色情主義》一書第六頁和第九十至九十三頁上的「番騎雲雨圖」，圖中的女子不論在馬上或馬下均不纏足、穿皮裘（也有一絲不掛者），顯然為番女（前引荷蘭出版的《中國春宮畫》裡，四幅中至少有兩幅女子是明顯地纏足的漢族婦女），而男子的髮式（腦後留兩綹長髮，餘皆剃光）和穿著，也必非漢人，而是西番、北狄之屬，並且這是一個橫幅手卷，手卷中至少可分六段，有六對番族男女以各種不同的姿勢在做愛。

這個手卷比較新，應該是清朝以後的作品，但是也不會晚到清中葉以後；它的繪畫技法並不算高明。關於此畫的作者，有兩種可能的推測：一、它是馬相舜水準比較差的作品（一個畫家一生中作品的水準絕不可能整齊畫一）。二、它是清中葉以前另一位佚名畫家摹仿馬相舜真蹟所繪的較拙劣的摹本。

由於目前尚無馬相舜可靠的真蹟作為對比，這兩種推測究竟那一種對，還沒有答案。

另外，在香港一九八三年出版的Signature雜誌創刊號第三十四、三十五頁上，也有三幅「番人雲雨圖」（參見前文：引人遐思的祕戲圖㈠），它的繪畫技巧在同類的三組作品中最高（馬的造型雄偉生動、男子有個性、婦女則柔美）、畫得也最細膩（馬鞍、馬鬃、馬尾、衣紋、織毯均一筆不苟），並且它們給人的印象是三組作品中年代最

番人雲雨圖。

早的，是明末清初時完成的作品，所以這三幅畫才最有可能是明末清初人馬相舜的真蹟。

清朝中葉時，擅畫春宮的能手，據說至少有關中的馬振和蘇州的顧畹香（此人存疑），此外可能還包括了祖籍河北（一說西域）、落籍松江，以畫《紅樓夢圖詠》著稱於世的改琦；以下先說馬振。

荷蘭出版的《中國春宮畫》封面。

關中馬振春宮圖

馬振畫祕戲圖的記載，見於清人庸訥居士之《咫聞錄》一書卷六，書中說關中人馬振是道光年間（西元一八二一至一八五〇年）著名的工筆畫家；當時官場在餽贈大官的禮物中，一定會包括了祕戲圖，而這些祕戲圖以馬振畫得最好、最受人歡迎。庸訥居士說：「關中馬振，近時畫家之著名者也；善工筆，一時風氣凡餽大憲禮，必有祕戲圖冊，而馬振之所畫者，……其值增至六六之數。」

在法國人羅傑・培瑞費迪（Roger Peyrefitte）的藏品中，有一套中國佚名畫家在十九世紀完成的絹本彩色祕戲圖冊，筆者推測它頗有可能是馬振所畫的作品。

這套絹本彩色祕戲圖冊的開數不詳，但是筆者在不同的畫冊上，至少看到七幅不同的畫屬於此一冊頁。這七幅絹畫中的男子面孔相同——十分標準的身材、圓圓的臉、大鼻小眼一字眉、明顯的一道人中、留著清人標準的辮髮，把頭髮一直剃光到頭頂中央，使臉看起來好大，其餘的頭髮在腦後紮一條長辮子，盤在後腦勺上。女子則有纏

繪製在瓷瓶上的「番人雲雨圖」。

《中國色情主義》一書中的「番騎雲雨圖」。

足的漢族女子、有天足的滿族女子，也多半是圓圓的臉、小巧的嘴，明顯的一道人中和豐滿健碩的身材。

七幅祕戲圖情境各異

這七幅祕戲圖情境各異，第一幅畫一對男女坐在嵌大理石片的靠背大椅榻上調情，下半身一絲不掛的纏足少女坐在男人懷裡，媚眼如絲地任男子愛撫。

第二幅畫一個僅著肚兜的纏足少女倚坐在窗檯上，與男子敦倫，脫掉了褲子的男子躬身向前，雙手愛撫著女人的乳房，還探頭探腦打算親吻對方；女子左手倚著窗檯，右手搭伏著男人的左肩，左腳高舉、右腳勾住了男人的背臀，像在幫著使力，兩人脫下的衣褲全散擱在窗檯邊。

第三幅畫一個全裸的男子坐在竹椅上，身上僅穿著繡花抹胸的纏足婦女，正劈開雙腿跨坐在男人身上。

第四幅畫一對全裸的男女，男下女上在檀木躺椅上交歡。

第五幅畫三位半裸的旗女，拉拉扯扯地在爭奪一位全

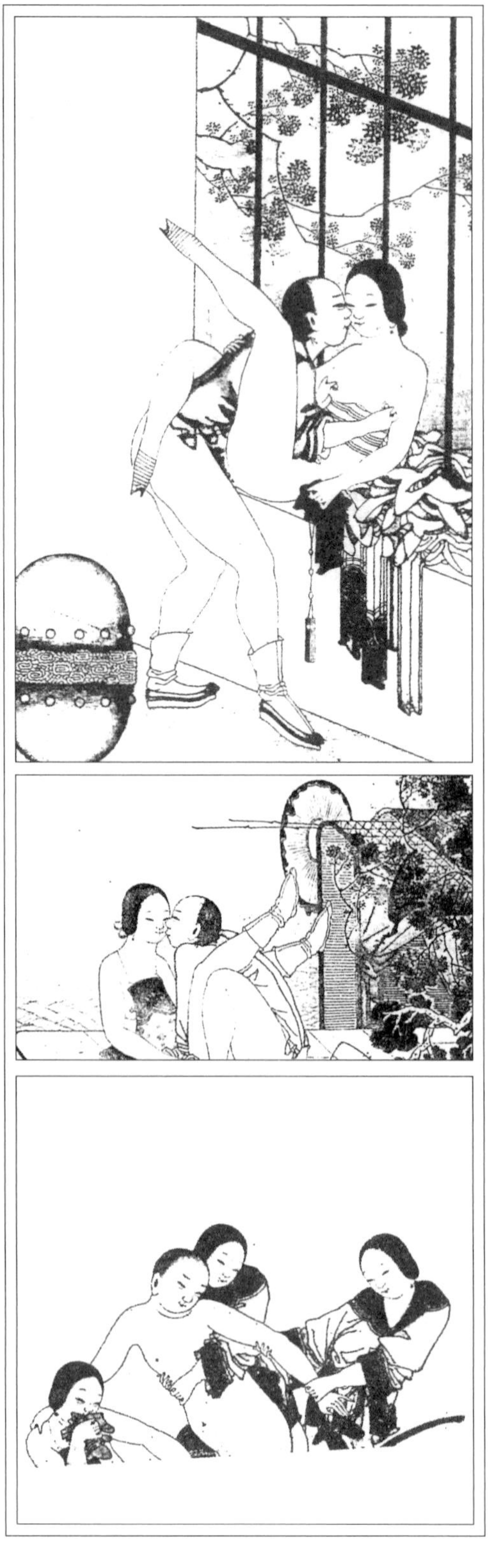

馬振的祕戲圖。

裸的男子，有的抱胸、有的拽手、有的乾脆一把抓住男人的命根子不放，一旁的四腳圓凳子都被擠倒了，男人的平底睡鞋也被擠掉了一隻，脫下的衣褲則散了一地都是。旗女全是天足，有一個穿著平底睡鞋，另外兩人則穿著高底鞋。

第六幅畫一位旗女和男子在一艘停泊於江邊的船上敦倫。兩人在船艄擺開陣勢：女的斜靠方枕，兩腿高舉；男的半跪半坐，忙進忙出。

第七幅畫一位天足旗女和一位纏足漢女在涼蓆上摟摟抱抱地搞女同性戀的把戲。

可能出自馬振手筆

推測這七幅沒有署名的作品可能出自關中馬振手筆的理由有以下幾點：

一、庸訥居士說馬振的祕戲圖是工筆畫，畫得頗為精緻；而這七幅作品的水準也頗高，除了畫中男女的人體比例全都把握得無懈可擊外，所有的布景也全都畫得既合透視原理，兼又一筆不苟。

二、馬振是關中人，習見大陸北方高大健壯的男女，他筆下的人物，應該也是高大而健壯的；而這套冊頁中的男子固然高大壯實，充滿了陽剛之美，所有的婦女也都畫得豐滿健美，迥異於江南畫家的祕戲圖裡，那種強調男女嬌柔纖弱的病態美作風。

三、清朝時，一般以富商大賈為銷售對象的春畫，大多只畫漢族婦女而不畫旗人，因為富商大賈大多是漢人，祕戲圖以漢族婦女為對象比較能迎合他們的口味；只有馬振畫祕戲圖是供官場中人巴結上司的禮物，而官場中多半是旗人，所以馬振的春畫作品才可能出現滿族婦女。這套冊頁中有多幅作品畫的是滿族婦女，更強烈暗示了它們是出自馬振的手筆。

是耶？非耶？上述推論還有待異日更多、更堅強的證據來支持。

清朝畫家改琦與春宮圖

蘇州的顧畹香，畫史上不見其名，其人之真偽待考，關於顧畹香畫春畫的故事，只見載於晚清時上海刊印的《點石齋畫報》。這份畫報上有不少「新聞」是炒古籍中的冷飯、或者是編輯先生為了教化人倫、敦厚風俗而自己編造的，卻也言之鑿鑿，彷彿真有其事，還繪圖以為證，所以常充滿了迷信的色彩；如果沒有其他有力的證據，有時候刊載的事情算不得準的。《點石齋畫報》說顧畹香畫春畫，就頗值懷疑，因其故事涉及因果報應，筆者將報上所載的內容，留到最後談中國人對春畫的態度時再說。以下先談以《紅樓夢圖詠》著稱於世的清中葉大畫家改琦。

關於改琦的生平，在序刊於道光五年（西元一八二五）冬的《履園叢話》卷十一說：「改琦號七薌，其祖本北直隸人。官松江遊擊，遂占籍華亭。工山水人物，有聲蘇、松間。小楷亦精，天然豐秀。」按《履園叢話》一書的作者錢泳生於清乾隆廿四年（西元一七五九）、卒於道光廿四年（西元一八四四），其書卷十一裡說：「余生平遊歷不過六、七省，見有一才一藝者，無不默識其人，而於書畫一道，尤為留心。」如此看來，改琦應該是清中葉乾隆、嘉慶以迄道光初年的大畫家。

另外，在序刊於道光十五年（西元一八三五）的《谿山臥遊錄》卷三裡，作者盛大士也說：「改七薌山人琦，松江人，工填詞，畫花卉神似南田（惲壽平），山水學十州（仇英）、六如（唐寅），其妙處直入北宋人之室。余所見工細山水多矣，求其吐棄凡近，未有過於七薌者。其為……余作橫舍課經圖，如香霧滿身，萬花齊發，而古色黝然，迥非俗豔。七薌於余畫有嗜痂之癖，然余直粗枝大葉，信乎塗抹耳，若早遇七薌數年，得其指授，或者稍有寸進乎？……余因雷君（雷瑩字存齋）得交於七薌，……別後郵筒往還，幾無虛日。……既而……七薌……歸道山……。」

這段記載說明了幾件事：

一、改琦花卉、山水、人物皆十分擅長，花卉學惲南田，山水學唐伯虎、仇十洲。

二、改琦與盛大士是至交，彼此有畫作贈酬，但盛大士認識改琦時，改琦年紀已很大了，所以他說改琦是松江人，比錢泳說改琦祖籍北平、占籍松江要簡略些。

三、盛大士作此書時，改琦已經去世，所以改琦是道光十五年以前去世的。

另據近人俞劍華《中國繪畫史》第十四章裡的介紹，認為改琦的人物佛像仕女畫，是融合了李公麟、趙孟頫、唐伯虎、陳洪綬各大家而成，卻能獨創出自己跌宕秀麗的風格來。

改琦最膾炙人口的人物畫是《紅樓夢圖詠》，畫中

清中葉改琦繪《紅樓夢》的「金陵十二金釵」之一李紈自慰。

的人物俊美、運筆婉麗，從當時名人的題詠看來，這五十一幅紅樓夢人物圖大約完成於嘉慶二十一年（西元一八一六）左右。

除了前引的《履園叢話》和《谿山臥遊錄》之外，他如《墨香居畫識》、《桐陰論畫》、《墨林今話》、《海上墨林》等談及改琦的著錄中，全都沒有提到改琦曾畫過祕戲圖；但是在日人福田和彥編著的《中國春宮畫》一書裡，卻收錄了日本私人收藏、署名「臣改琦恭繪」的一套設色紙本春宮畫冊。

這套冊頁共有十開，每幅都有四字的題句，人物造型和《紅樓夢圖詠》一樣纖美，設色也極為雅麗，山石花木等背景雖稍嫌呆板，但是也還可以勉強歸入改琦早年較不成熟的作品之列。

改琦曾做過官，好色的乾隆皇帝當然有可能命令擅長仕女人物畫的改琦，畫幾套祕戲圖來供他「養眼」；但是「臣改琦恭繪」的題記太突兀了，改琦真有勇氣打破傳統、甘冒大不韙，破天荒地在自己的春畫作品上簽名嗎？尤其令人懷疑的是這一行簽字下蓋了一個朱文的「臣」字印，使得上面的署名的可信度也因此大打折扣。《紅樓夢圖詠》中改琦所鈐蓋的印有白文的「改琦畫印」、「改琦之印」、「玉壺山人」和朱文的「改琦」、「玉壺」、「改香白」、「七香」等等，但是就沒有一方朱文的「臣」字，「臣」既非改琦之姓名、又非改琦之字號，它出現的唯一原因可能是不懂中文的日本收藏家，誤以為這套作品是「臣改琦」所畫，而偽造鈐蓋了這一方印。

印雖然必假，但題字卻可能是真的；就算不合慣例的題字也是假的，但是這套春畫還是可能出於改琦之手。

它應該是年輕的改琦在乾隆晚年時奉詔完成的作品吧，卻不幸在八年中日抗戰時被日人掠奪而去。

清中葉人改琦所繪的《紅樓夢圖詠》。

引人遐思的祕戲圖(四)

——清代作品賞鑑

康熙年間的設色絹畫冊（局部）。

現存的清朝祕畫，數量甚多，至少也有上千幅的作品傳世；這裡只能依時間的先後順序，挑幾組水準較高，較具代表性的作品加以介紹。

康熙年間的絹本冊頁

首先讓我們來看看美國紐約收藏家法蘭克・卡羅（Frank Caro）得自已故的民初中國收藏家盧芹齋（C. T. Loo）的一套絹本設色春畫冊頁。

這套清康熙年間（西元一六六二至一七二二年）完成的冊頁共計八開，畫中之男女不一，男的有老有少、女的年輕貌美，個個衣飾鮮麗，顯然是富貴人家。他們或敦倫於庭園假山之前、或燕好於密室牙床之內，或斜倚涼蓆之上觀春圖以調情，或俯仰暖衾之中扮鴛鴦而戲水，甚而有夫妻歡合、丫鬟墊背助興的旖豔描寫。

這套作品的繪畫技巧相當傑出，無論是人物線條或背景點染，全都畫得一筆不苟，考究萬分。畫家對於圖畫中季節時序的表達，也十分細心地加以留意；像用手中的扇子表示在夏季行樂，用果盆裡的西瓜、菱角和鮮藕來表示初秋時節，用窗外梅花和牙床前火盆裡的熊熊炭火來表示冬季等，都很成功地傳達了祕戲登場的時節。

這位佚名畫家在背景點染上更花了最大的耐心和毅力，把每一幅畫都烘托得富麗堂皇，像繁瑣細緻的織花涼蓆、印花薄紗，仕女頭上細如芒毫的髮絲等，都一筆一筆地仔細描繪出來。美中不足的是，這套作品工細有餘，靈氣不足，缺乏畫家個人的風格，也缺乏了煽情的魅力，像是一位性冷感的畫匠冷眼旁觀一對對沒有感情的男女做色情表演的忠實紀錄而已。

這樣精緻華麗的春畫，該是清康熙時宮廷畫院裡的御用畫師繪呈給皇帝欣賞的作品吧，可惜他的名字已經不可考了。

乾隆年間的色情絹畫

很可能也是出於宮廷畫院畫家之手，卻更為精緻的兩幅絹本設色春畫，如今為法國巴黎佛蘭考士•杜班•伯祿（Francois Duban de Bērux）所珍藏，它們是清乾隆年間（西元一七三六至一七九五年）完成的作品。

其中一幅畫著一對全裸男女，在半開半掩的透明紗帳中交歡。女的跨坐在仰臥於蓆枕上的男人身上，坐穩之後俯身向前，兩手擄蓆去親吻身下男子。男的左手摟到女人背上，右手卻扶住女人的屁股，像怕她亂動的樣子。從紗帳上精緻無比的刺繡和雕鏤細巧的床欄裡，透露出華麗富貴的氣息。

另一幅作品相信與前者出自同一畫家之手，畫兩女一男做愛的場面。在畫幅的右邊是一個半裸女子，仰臥在華麗的地毯上，下半身光溜溜的，右腳被跪立於身旁的另一

日本私人收藏清人改琦繪「金陵十二釵」。

乾隆年間色情絹畫。

位全裸的婦女抓著，舉得高高的，左腳則被跪立於地毯的全裸男子用右臂夾起，像被迫似地劈開了雙腿，接納著躍躍欲試的男子。全裸婦女用右手按住半裸女子的左手，壓下她用右手欲撐起的上身，也像是幫著男人「霸王硬上弓」。

而一旁矮几上的瓶花香爐，和牆壁上掛著的山水畫，雖然著墨不多，卻也透出了富麗堂皇的氣氛，告訴人這是發生在富貴人家裡的風流故事。被強暴的半裸少女是全裸女子的妹妹？閨中密友？還是她丈夫垂涎已久的別人家的姨太太？就留給看畫者自己去猜想了。

值得注意的是這位佚名畫家已經注意到利用設色的深淺濃淡，來區分男女肌膚不同的質感了；尤其是第一幅作品，讓人想起了清朝時流傳於蘇州一帶的一首歌謠：

雪白姐妮結識墨黑個郎，
好像戰場上白馬騎個黑周倉；
白鳥飛勒（在）烏雲裡，
泥蓬塵落勒小粉缸。

只不過這首江南情歌描寫是皮膚粗黑的男子在上，皮膚白嫩的女孩在下，而這幅畫裡描寫的卻是女上男下的「顛鸞倒鳳」，但藉由黑白對比所造成的強烈刺激，詩和畫的效果卻是一樣的。

十八世紀注重設色技巧

今為法國巴黎羅傑・培瑞費特（Roger Peyrefitte）所珍藏的兩幅十八世紀的絹本設色春畫，繪畫技巧也和前述乾隆年間的祕戲圖一樣高明，但是作畫風格卻和清宮院畫那種強調富貴華麗的調調兒迥然不同。

其中的一幅絹畫「秋林春色」，描寫行走江湖靠耍猴兒賣藝的男女，來到山泉淙淙、紅葉滿天的秋林裡，由於一時興起，不暇擇地，便在林間半道上野合起來。兩人只褪出下半身，女的散懷倚樹，把一雙小腳翹擱在以手撐地，俯身向前猛下力氣的男人的雙肩上，一邊抿嘴凝視著男人仰起的臉，一派「藝高人膽大」的悠閒模樣。脫下的裙褲和賣藝用的花鼓籠箱、刀戟棍棒等物，就四散在腳邊。而拴在一旁的猴子，正回首凝視著興不可遏的主人，還伸出後腳企圖去攪局，構成了全圖趣味性的焦點。整張圖畫用色蒼茫，線條古簡，裝飾性趣味十分濃厚。

也有學者認為，畫中的婦女並非耍猴人的老婆，而是他勾引到手的村婦人妻，因為這類賣藝人通常都是打光棍的單身漢，討不起老婆；那在林間野合就更富刺激了。

另一幅「桃園秋千」相信也是出於同一畫家的作品，畫一男四女在花園「打秋千」。在桃花盛開、春光明媚的花園裡，矗起了一架秋千；一位全身赤裸，只披一件紅色披風的貴婦人，把手臂腳彎套入支撐著全身重量的秋千軟索環套裡，雙手抓緊軟索，劈開兩腿在盪秋千。貴婦的腰

明末清初佚名畫家「秋林春色」圖。

間繫著一條彩帶，由背後的一個丫鬟拉回旁邊另一個丫鬟平伸雙手使勁推出的秋千，使秋千來回擺盪地迎著站在秋千前方、光著下身的男子。為了瞄準方位，男的正俯首凝視，嚴陣以待哩；一旁還站著另一個拍手助興的丫鬟。

這兩幅作品保存的情況較差，絹面已有多處破損，幸好並未損及主題部份。其流暢生動的線條、典雅古樸的設色，在在顯示這兩幅畫的創作者高明的繪畫技巧。而前一幅畫裡圖案化的紅葉和後一幅畫裡略帶變形意味的人物造型，依稀可見晚明畫風的影響。

郎世寧引進西洋畫法

清乾隆年間，也就是十八世紀

明末清初佚名畫家「桃園秋千」圖。

中、末葉，宮廷中的畫院畫家流行西洋畫法，也就是重視透視、強調物體光線明暗的立體感，這種畫法也表現在十八世紀末葉的春宮畫上；在介紹這種畫風的祕戲圖之前，我們得先介紹把這種西洋畫法引介給中國人的義大利傳教士畫家郎世寧。

在郎世寧來華之前，強調質感的西洋畫已傳入中國了；晚明時，基督新教的傳教士利瑪竇就曾把西洋畫帶到中國來；明人姜紹書在《無聲詩史》一書裡說：「利瑪竇攜來西域天王像，乃一女人抱一嬰兒，眉目衣紋，如明鏡涵影，踽踽欲動。」

但是西洋畫的影響，在晚明乃至清初，都不是很明顯的；除了一位運用西洋畫法畫肖像的曾鯨（西元一五六八至一六五〇年）外，其他畫家很少採用西洋透視學、光學的原理來作

十八世紀末葉受郎世寧畫風影響的中國春宮畫。

畫。直到郎世寧來華以後，西畫才對中國畫壇產生了重大的影響。

郎世寧早期的身世不詳，僅知他在西元一六八八年生於義大利的米蘭。十九歲時，入熱那亞耶穌會為會員，這位青年的畫技很早就鋒芒畢露了，這可由他來華前為熱那亞一所教堂所作的兩幅油畫中看出。

宮廷畫家爭相摹仿學習

郎世寧在西元一七一五年（清康熙五十四年）來華，這位二十八歲的青年先到澳門學習中國風俗習慣和衣食方式；同年十一月，跟另一位精研醫學的義大利傳教士抵達北京，住在東華門外的東堂，不久就被引入宮廷晉見康熙皇帝。

康熙皇帝似乎並未特別賞識郎世寧，因為傳世的郎世寧作品，並沒有康熙時代的，大概在這一段時間裡，郎世寧在宮廷中跟御用畫師學習了國畫的技巧，把國畫和西洋畫熔於一爐，使郎世寧的藝術造詣又大為提升了。

康熙在位六十一年後去世，繼位的雍正（西元一七二三至一七三五年在位），只一心忙著誅除異己、鞏固政權，對藝術根本毫無興趣。直到乾隆皇帝登基（西元一七三六至一七九五年在位），郎世寧才漸漸受到重視。

乾隆皇帝常常駕臨畫院觀賞郎世寧作畫，這位洋教士也常奉命到不同的宮殿裡為皇室貴族畫肖像畫，或描摹他們的駿馬愛犬等等寵物。

乾隆皇帝很欣賞郎世寧的畫風，還命宮廷畫家如金昆、丁觀鵬、吳桂、程志道、程梁、盧湛、丁觀鶴、陳永價、佘熙章、李慧林等人與郎世寧合作繪製寫實的巨幅長卷，如「木蘭狩獵圖」、「親蠶圖」等等。由於郎世寧備受皇帝的重視，他的西洋畫技巧也因而成為當時宮廷畫家爭相摹仿的對象；在一同合作繪製巨幅長卷的過程中，宮廷畫家更很快地學會了西洋畫的訣竅。

皇帝有時也充當模特兒

當時的宮廷畫家也負責畫一些祕戲圖，供風流好色的皇帝作為消遣助興之具，有時皇帝甚至自己充當模特兒，要宮廷畫家把自己臨幸嬪妃的情景畫下來；如民初燕北老

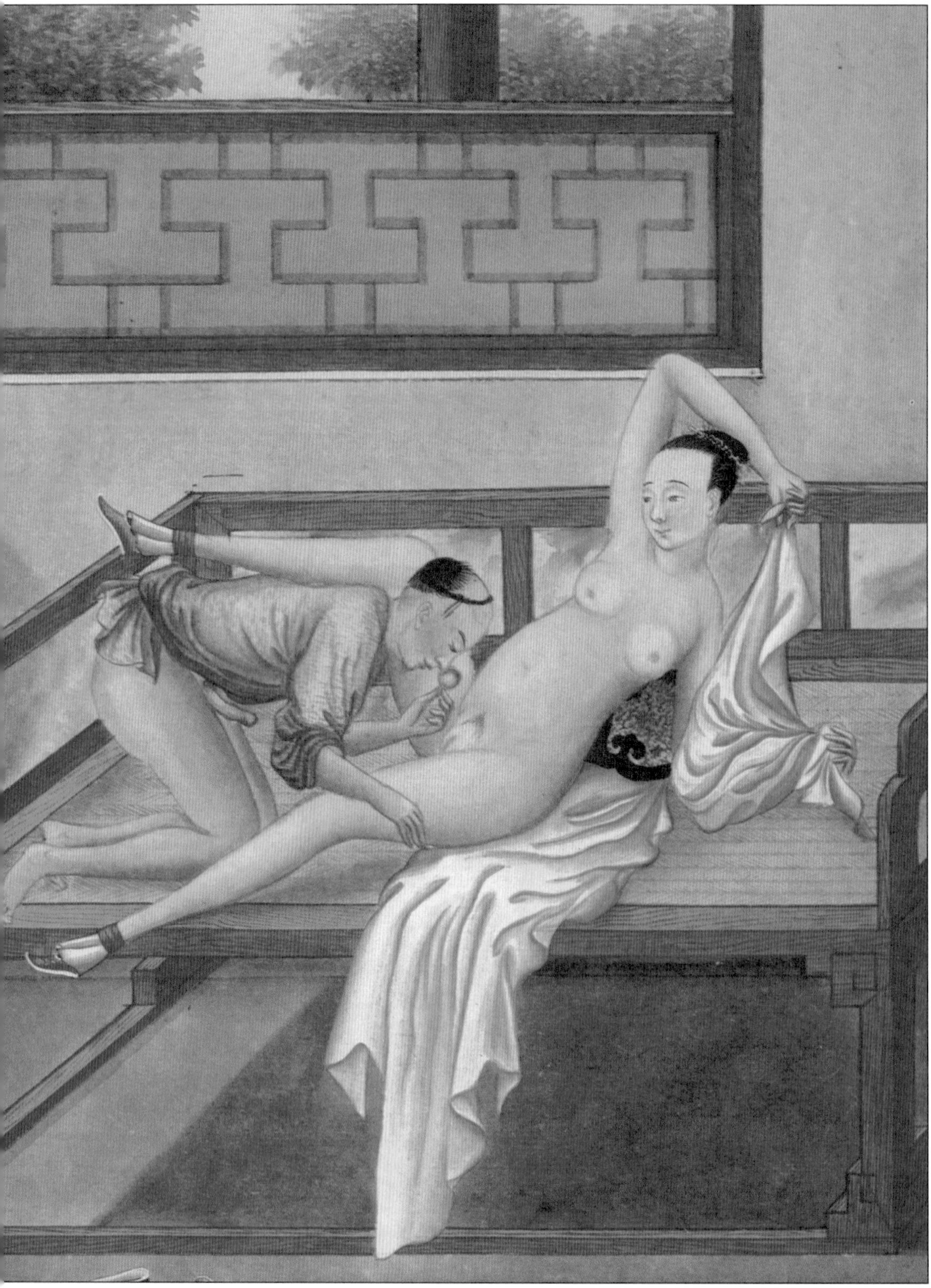

法國國家圖書館珍藏，劫自中國的祕戲圖。

人在《滿清十三朝宮闈祕史》中的乾隆朝裡，有一則〈祕戲圖中之御容〉說：「曩在京師晤一滿州人某部郎，其兄官內務府，家中頗藏有禁御物。嘗出示一祕戲圖冊，凡數十幅，備極種種淫狎之狀。其女貌每幅各不同，而男子則一偉丈夫。隆準微鬚，顧盼尊嚴，始終一人，體貌不少殊異。某君曰：此高宗（乾隆帝）聖容。」

宮廷畫家既然從郎世寧處學得了備受乾隆皇帝讚譽的西洋寫生技法，在給皇帝畫祕戲圖時，就最講究逼真寫實的作畫，當然很容易把西洋畫的技巧溶入畫中，從而出現了郎世寧畫風的祕戲圖。

在法國國家圖書館（Bibliothèque Nationale Paris）中，珍藏了三十六幅郎世寧畫風的紙本豔彩祕戲圖，據專家考證，它們大約完成於十八世紀末、十九世紀初，在西元一八六〇年英法聯軍攻入北京時，被法國人從清宮中劫去，以至於成為法國國家圖書館中的珍藏。

雲雨圖卅六幅如油畫

西元一九七五年，瑞士Nagel圖書公司出版八巨冊的《世界色情藝術大系》（原書名L'ART ET L'AMOUR），分別介紹波斯、印度、祕魯、尼泊爾、希臘、羅馬、日本和中國的色情藝術，在其介紹中國色情藝術題為〈雲雨〉的那一冊中，就以彩色複印了這三十六幅郎世寧畫風的祕戲圖。此外，在美國紐約新月圖書公司於一九八一年印行的《中國色情主義》一書中，也選擇了這套作品中的二十五幅加以精印，使我們對清中葉時郎世寧畫風的祕戲圖，有一個欣賞和研究的機會。

這三十六幅祕戲圖的背景各異，有在屋中矮榻、竹椅、春凳或眠床上雲雨者，有在地上舖蓆敦倫者，有在郊外野地調情者，有坐在大樹間懸掛的秋千上擺盪交歡者，有坐在騾車上做愛者……，以出場人物而言，有一男一女者、有一男兩女者、有一男三女者（中國的祕戲圖很少出現過兩男一女的交歡場面），有老者玩少女、有瘦男玩胖女……，就姿勢花樣而言，有男窺女對鏡手淫、有女上男下倒坐蓮臺、有女伏桌前男子隔山搗火、有兩女以假陽假鳳虛凰……，真是極盡香豔之能事。

這三十六幅作品全都透露出郎世寧畫風的影響：一、透視正確，畫裡的深遠較傳統中國畫更為真實，二、人物

十九世紀江南畫風的祕戲圖「貓」。

與靜物的光彩明暗掌握得很好，使這些人和物更具立體感；三、部份作品中的山岩、草坡、大樹和雲彩，都畫得很像西洋油畫，與傳統中國山水畫迥然不同。此外，畫中牆上的自鳴鐘、放大鏡（有一幅畫一男子用放大鏡仔細欣賞女人的下體），也充滿西洋風味。如果不是郎世寧來華，把西洋畫更積極、直接地介紹給中國人，這種風格的祕戲圖恐怕不會誕生吧。

附帶一提，這三十六幅春宮畫裡的好幾十位女性，下體大多是寸草不生，一片光溜溜的「白虎」，清朝時居然時興這種剃恥毛之俗，真是咄咄怪事。

江南畫風有纖弱之美

在巴黎某私人手中珍藏的三幅十九世紀的紙本設色春畫，則充分代表了江南畫家的畫風。

第一幅「貓」畫面的左邊，畫了一位盛妝的女子，獨坐在桌旁，右手支頤，凝視著畫面右下角一對正在交歡的貓，女子看得慾火陡升，不覺把左手伸進自己的裙子裡自慰了起來。地上有一把不知何時掉落的羽扇，告訴人這時

江南畫風的祕戲圖「調情」。

候正是容易衝動的盛夏。女子背後是一扇窗戶，窗戶外邊下有個偷窺的男子，露出半個臉來，一副色迷迷的模樣，眼看一幕好戲就要上演……。

第二幅畫的是一位盛妝的婦人，坐在矮几前，正聚精會神地觀賞一幅春宮畫，她的身後正有一個男人，躡手躡腳地走近，不知是她的丈夫、還是她的情郎、抑或是她的伯叔，正露著「機不可失」的笑容。

第三幅作品「調情」的中央，有一對衣飾鮮麗的男女，面朝著畫幅左端的牙床。男的兩腿邁向床榻，一手推女的上床，一手去拉開她的褲腰帶；女的忙著用手去推拒涎皮賴臉的男人，像是不肯的樣子；而裙擺下露出的兩隻小腳，一腳朝床裡、一腳朝屋外，巧妙地透露出她欲拒還迎、拿不定主意的矛盾心態。

這三幅作品的水準，雖然比不上前面的幾套春宮畫，但也畫得相當不錯，而把男人畫得和女人一樣嬌柔，把女人畫得充滿了纖弱之美，正是江南畫風的典型特徵。

引人遐思的祕戲圖(五)

——民初的春畫高手

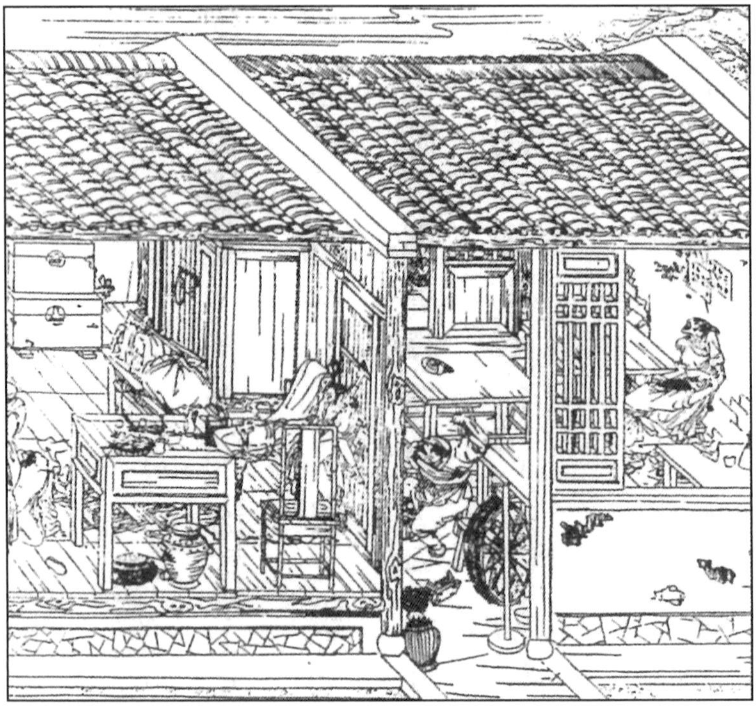

民初曹涵美《金瓶梅畫傳》插圖。

民國以後，從事春畫繪製的畫家仍不乏其人。

民初的春畫能手，有一位名叫曹涵美。曹涵美本姓張，因過繼到舅家而改姓曹，他和兄弟張正宇、張光宇，都是當時知名的人物畫家和漫畫家。

曹涵美後來因為在上海畫了一套金瓶梅的插畫而聲名大噪，在早期的《良友畫報》（月刊）上，曾刊載過幾幅。筆者有幸見到兩幅，一幅畫潘金蓮和西門慶初次在王婆家幽會，兩人臨窗而坐，面前酒菜羅列，潘金蓮依偎在西門慶懷裡，上衣鈕扣已全部解開，一雙豐滿堅挺的乳房散露在外；西門慶右手捏著潘金蓮的小腳，左手伸向她的私處，嘴巴還忙著親吻潘金蓮的耳鬢；潘金蓮右手搭在西門慶肩上，左手忙著拉住西門慶不規矩的左手，一副半推半就、欲拒還迎的模樣；門外坐著拉皮條的王婆，回臉覷聽房裡的動靜。而屋外楊柳垂綠，牆頭枯藤吐芽，一派暮春光景。

另一幅畫潘金蓮丈夫武大郎夥同提籃賣水果的鄆哥到王婆家捉姦的場面；畫幅最右邊是鄆哥用頭頂住王婆肚子，把王婆頂在牆邊，不放她去告警；王婆卻死命扯開喉嚨大聲叫罵，好讓屋裡的西門慶和潘金蓮有所防備；畫幅中央是臥室的木板門，右邊是打門的武大郎，左邊是頂著門門不放丈夫進來的潘金蓮，畫幅最左邊床腳下是忙著躲藏的西門慶；潘金蓮雙腿全裸，衣裙不整，西門慶全身精光，只披一件外衣，把捉姦時緊張忙亂的氣氛，烘托得淋漓盡致。

或許是為了要公開印行，曹涵美的這套金瓶梅插畫畫得十分含蓄，但是構圖別致，運筆老辣，功力深厚。

曹涵美還畫過《長恨歌畫意》，也是刊載在早期的《良友畫報》上，這套作品共四十五幅，也和其所繪「金瓶梅插畫」一樣，以線條為主鈎勒而成，用含蓄的手法來述說這個浪漫哀怨的故事。這四十五幅作品中，只有少數幾幅含蓄地涉及「風化」，如第七圖「雲鬢花冠金步搖」，第八圖「芙蓉帳暖度春宵」、第九圖「春宵苦短日高起，從此君王不早朝」和第十圖「承歡侍寢無容暇」都是。

在「雲鬢花冠金步搖」一圖中，唐明皇正色迷迷的替楊貴妃插戴首飾金步搖；貴妃站在銅鏡前扭臀擺腰，一手扶鏡、一手微托香腮，一副妖繞愛嬌的模樣；明皇滿臉堆笑地服侍著小他三十四歲的兒媳婦（玉環原是唐明皇之子

▍民初人曹涵美《長恨歌畫意》。

壽王李瑁的寵妃），那一雙忙碌的手，加強了不少明皇的輕佻神情。

在「芙蓉帳暖度春宵」一圖中，曹涵美用滿地亂放的衣衫來暗示唐明皇與楊貴妃已然一絲不掛，畫幅中央上方的一個帳鈎，則表達了此圖全部涵義。開門欲進房窺春的太監宮女，那副鬼鬼祟祟的表情，也畫得十分生動。

「春宵苦短日高起，從此君王不早朝」一圖中，宮女悄悄掀起芙蓉帳，讓讀者看看明皇和貴妃敦倫之後相擁酣眠的模樣；「承歡侍寢無容暇」更把兩人在矮榻上顛鸞倒鳳的纏綿癡態，作了含蓄而傳神的刻畫。構圖既大膽、運筆又不羈，真是耐人尋味。

據說，曹涵美另外還曾繪祕戲圖，藏在上海寓所的小閣樓上，若非知己好友，絕不招待登樓觀賞。曹氏作品雖走工筆之路，卻以韻味見長，記得他有一幅祕戲作品。畫閨房之中，一個男子正在追一個女的，他抓到女子的褲腰帶一抽，結果帶子鬆脫出來，使女子的內褲滑下，內褲上緣剛好掩遮到私處，而向前逃躲的女子則回首微笑，真是情趣盎然。下面還有一首題詩道：

行不得哥哥，哥哥可念奴；
念奴才十五，行不得哥哥。

另外，在第四期萬象雜誌上，也刊載了一幅曹涵美兄弟張光宇所畫的潘金蓮像。身穿透明薄紗，裡面的肚兜和肚兜內的乳溝都隱約可見的潘金蓮，正斜坐在靠背涼椅上，她側臉回眸，曲舉右臂，左手慵懶地靠在涼椅扶手上，右腳也放肆地跨搭在涼椅的另一隻扶手上，一副風騷浪蕩的模樣，真把潘金蓮給畫活了。而其線條之流暢純熟，自然也不在話下。張氏兄弟真不愧是民初時人物畫的傑出高手。（參見「金瓶梅插畫八種㈣」之附圖）

筆者還看過幾套民國以後的畫家所繪的春宮畫，但水準並不高明，有的還糟得不堪欣賞，而且既無畫家署名、又沒有年月題記，這裡就略過不說了。

引人遐思的祕戲圖(六)

——春畫的功能

清朝紙本春畫，描繪《金瓶梅詞話》中潘金蓮賞玩春冊之情景。

介紹了春畫在中國的演變歷史後，下面要談的是春畫的功能——春畫是用來作什麼的？

讀者也許感到奇怪，春畫不是用來欣賞的嗎？刺激人的情慾、滿足人們好奇、好色的心理。不錯，春畫是用來欣賞的，但是除此之外，春畫還有其他的功能和作用。

在宗教上的功能

春畫最原始的功能是宗教的，人們拿春畫來辟邪鎮災。

先說辟邪，不少中國早期的春畫，都是在墓塚之內出土，像樂浪出土漢朝古墓中的玳瑁漆匣上的圖案畫、山東武梁祠石刻中的伏羲女媧交歡圖，和青州城北豐山下貝塚內的蛤殼春畫等，都與墓塚有關。

近人鄧之誠《骨董瑣記》中也說：「漢時發冢鑿磚，畫壁皆作男女交狀。」

春畫何以出現在墓中？正因為墓地多鬼，要畫春畫來厭勝，以免墓中死者受到鬼怪的干擾侵犯。

這種觀念到了六朝以後，仍深植於中國人的心裡；《繪苑》裡的一段話可以為證：「關洛周齊之間，有人耘田，常掘出古瓷器、貝介之屬；千形萬變，並彩畫男女祕戲。耆老相傳，是五胡亂華之時，元魏、北齊懼其地有王氣，埋之以為厭勝之具。」

拓跋魏以胡人而入主中原、統治漢人，他們怕文化素養高的漢人出頭，把拓跋魏的江山奪走，所以要埋春畫來厭勝，至於春畫為何能厭勝？也就是說鬼怪何以怕春畫？唯一的解釋是：男女交媾可以繁衍後代，乃是生生不息的表徵，生能剋死、邪不勝正，所以鬼怪怕春畫。

除了辟邪外，春畫還有鎮災的功能；所鎮之災包括疾病在內，但最主要的還是以春畫來鎮壓火災。

流行於清末民初的民間俗曲剪靛花中，有一首〈母女頂嘴〉，裡頭就有「綢緞被窩床上擺，床後暗藏避火圖」這麼兩句。當然，歌詞裡所說藏在床後的春畫，主要不是用來辟除火災，而是供睡在床上的夫妻敦倫助興用的，但是把「春畫」直接稱作「避火圖」，正說明了在民間百姓的觀念中，春畫具有辟火災的宗教功能。

春畫何以能辟火災？第一個解釋是菲力普勞森（Philip Rawson）在其《東方色情藝術》（Erotic Art of the East）一書中第二七五頁上所說的：「陰陽交媾象徵著天地交泰、萬物合和（而這也是《易經》中「泰卦」的解釋），如此，自然不會出現類似火災這種突變的異常災害了。」但是這是勞森運用邏輯思考推衍出來的說法，民間百姓未必聽得懂這麼抽象而深奧的哲理；民間相信春畫能夠辟火，應該另有其他的理由。

春畫可以辟火的第二個解釋，見載於近人高拜石《古春風樓瑣記》第二集裡的一則掌故〈葉麻子藏書故事〉中。高拜石說，民初湖南長沙的怪人葉德輝，在其珍藏的圖書中，往往夾入一兩張春宮畫片（是在長江輪上兜售的那種粗俗不堪的春畫）。其友陳子展問其理由，葉某答以「避火」，接著又解釋道：「火神原是個小姐，服侍她的丫鬟有三十六位之多，後被玉皇大帝貶為灶下婢，因此她變得躁急易怒。她平時穿淡黃色，一發威時便穿紅衣而引起火災。但因出身閨閣，即在盛怒之時，看到這玩意（指春畫），也不禁害羞起來，避了開去。」

葉德輝以藏書之富、鑑賞之精而著名於世，他這種說法有沒有根據呢？答案是肯定的。中國的火神有幾位，雖然大半是男性，像神農（炎帝）、祝融、羅宣、重黎、吳回、回祿和火德真君（又稱「火德星君」、「火德聖君」）等，但是正史《三國志》卷三十八《蜀志‧糜竺傳》裡，裴松之在轉引晉人干寶《搜神記》裡的一段話作註時，便提起一位無名的女性火神。同樣的故事也出現在小說《三國演義》第十一回「劉皇叔北海救孔融」之中，可見葉德輝並非是胡亂說的。

當然，隨著歷史的演進、民智漸開，春畫所扮演的宗教功能愈來愈退居次要的地位，而逐漸為其他的功能所取代了。

在教育上的功能

春畫的第二個功能是教育上的，也就是以春畫作為性愛時姿勢的圖解或技巧的指導工具。

從性質上來區分，宗教的功能是對付鬼神，教育的功能是指導人事（說「房事」或許更為精確）。由於中國人現世的享樂觀念很盛，從不曾因鬼神或來生的信仰，而妨礙到他們追求今生今世的享樂，因此，春畫出現在歷史上，扮演宗教性角色的同時，應該也兼具教育的功能了。即使不能和宗教上的功能同樣古早，作為性教育的春宮至遲在漢朝時，也已然出現了。

《素女經》是中國最早的一部性學醫籍，目的是告訴大家健康、正確的性行為，以免戕害生命。為使這本醫書更容易為讀者所了解，發揮其最大的功能，在漢朝時，已經出現附有插圖的《素女經》了。這些插圖當然是春畫；這些春畫的作用，當然是為了性教育。

東漢初年的大文學家、大科學家張衡，在其五言古樂府詩〈同聲歌〉裡，曾模擬一位新娘子的口吻，敘述在新婚之夜，她和丈夫如何借助春畫上的性愛圖來完成「周公之禮」，便是春畫具有性教育功能的最佳例證。〈同聲歌〉裡有如下的歌詞（譯成白話）：

> 脫下鳳冠霞帔，把臉上的脂粉洗淨，
> 我取出了春畫，展陳在枕邊，
> 這樣子，就可以素女為我們的老師，
> 而把各種美妙的姿勢逐一實習過。

因此，春畫也稱作「素女圖」——解釋《素女經》經文的圖畫；明人茅玉昇在〈閨情九首〉之中，也才有「小姑漸長應防覺，潛勸郎收素女圖」的詩句。

中國人受到宋明禮教的束縛，上下兩代之間的「性經驗」很難口耳相傳，即在朋友之間，一般也諱談房事；在這種情形下，春畫自然成了性教育的最佳工具。舊式的婚姻裡，作母親的在女兒出嫁時，一定要放幾張春畫在陪嫁

▍民初嫁妝壓箱底的春畫。

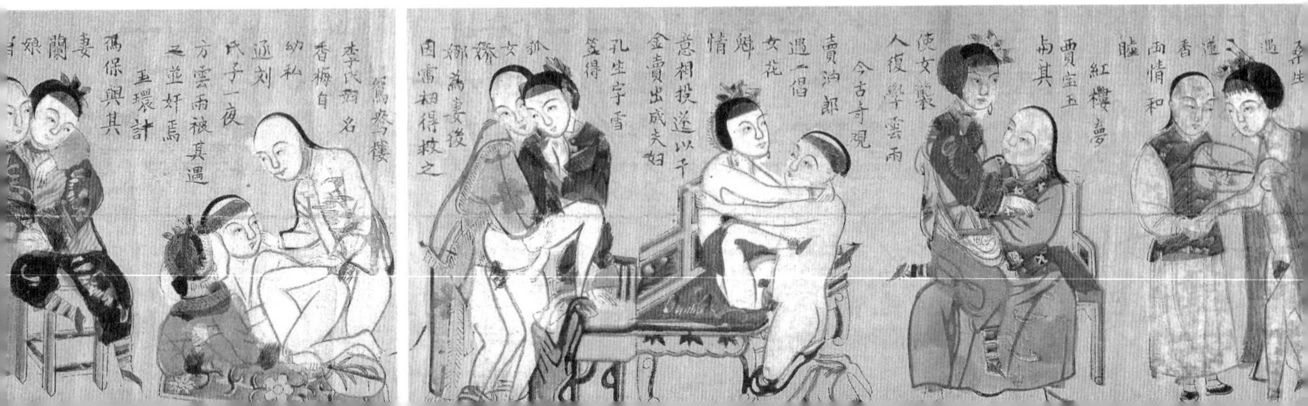
紅樓夢
賈宝玉与其使女襲人復學雲雨
今古奇觀
賣油郎遇一個女花魁情意相投遂以千金賣出成夫婦
孔生字雪笠得狐女嬌娜為妻後因害相得救之
鴛鴦樓
李氏翰名香梅自幼私通刘氏子一夜方雲雨被其遇之並奸焉
玉環計
為保與其妻蘭娘

的衣箱裡壓箱底。直到今天，一些平素正經老實的男人，在婚前婚後，也會理直氣壯、千方百計地向朋友借閱或到地攤上去購買幾本圖文並茂的色情刊物。這些都說明了春畫其性教育的功能，一直持續到今日仍未消失。

在娛樂方面的功能

春畫的第三個功能是娛樂，也就是用它來作煽情助興、增添男女交歡時情趣的工具。

同一張春畫，在第一次看時，觀者可以說是向它學習，但看了好幾次以後還看，也還說是在發揮春畫的教育功能，就有些言過其實、口是心非了。何況，把玩春畫的人，多半是經驗老到的玩家，根本不需要春畫來「再教育」，所以，早在古時候，春畫就已經開始扮演其娛樂性角色了——它只比宗教的角色慢一步、比教育性的角色慢半步。

雖然，從現存晉朝人物畫大家顧愷之的「女史箴圖」、「洛神圖」的繪畫水準來看，中國在唐朝以前，人物畫的寫實技巧仍不夠高明；但事實上，春畫也並非一定要十全十美、高超純熟的繪畫技巧，才能夠煽起觀者的情慾。在繪製祕戲圖時，只要把性器官照實畫出（像明人李詡在《戒菴老人漫筆》一書裡所云：「毛竅陰陽之物顯然」），就足以吸引少不更事的觀者（尤其是兩性一同觀賞時）血脈賁張而躍躍欲試了。這是生理上的自然反應，實與繪畫技巧的關係不大。因此，兩漢六朝的人物畫雖然拙稚，但並不妨礙西漢廣川王或北齊東昏侯在牆壁上繪製祕戲圖自娛娛人。

但是，兩宋理學的規範和元朝韃靼異族的高壓統治，遲滯了春畫應有的發展，也使得它在娛樂上的功能受到相當的

民間婚嫁時作為壓箱底的楊柳青春宮畫，具有教育新婚夫婦的功能。

明朝木刻版畫《江南銷夏》圖冊，描繪少女被春畫挑逗得春心大動，難拒裸男之求歡。

限制而未能發揮。這種情形在明朝以後逐漸改觀。明人蘭陵笑笑生《金瓶梅詞話》一書裡，就多次提到潘金蓮和丈夫、情夫作愛時，以春畫作為助興之具，照本宣科。

如第十三回上說：「（西門慶）又向袖中取出一個物件兒來，遞與金蓮瞧，道：此是他（指李瓶兒）老公之內府畫出來的，俺兩個點著燈，看著上面行事。金蓮接在手中……，從前至尾看了一遍，不肯放手，就交與春梅，（道）：好生收我箱子內，早晚看著耍子……。」

又如第八十三回說：「春梅關上角門，房中放卓兒，擺上酒肴，婦人（潘金蓮）和（陳）經濟（為潘氏女婿）並肩疊股而坐，春梅打橫，把酒來斟，穿杯換盞，倚翠偎紅，吃了一回。……吃得酒濃上來，婦人嬌眼拖斜，烏雲半嚲，取出西門慶淫器包兒，裡面包著相思套、顫聲嬌、銀托子、勉鈴，一弄兒淫器，教經濟便在燈光影下，婦人便赤身露體，仰臥在一張醉翁椅上兒，經濟亦脫的上下沒條絲也，坐一椅，拏春意二十四解本兒，在燈下照著樣兒行事。婦人便叫春梅：你在後邊推著你姐夫，只怕他身子乏了。那春梅真個在身後推送……。」

此外，明中末葉時，閔正中（毅甫）和曾汝魯（得卿）合作的《美人詩》（三卷）裡，也有〈閱祕戲圖〉之詩作；閔正中的〈閱祕戲圖〉說：

肉陣如雲鬥阿嬌，千金何必在春宵；
花臺自紀三生案，慾海誰翻八月潮。
慣見襄王時暮暮，不愁神女自朝朝。
箇中別有銷魂處，只怕丹青未解描。

曾汝魯的〈閱祕戲圖〉說：

流蘇帳底許多春，誰令丹青傳入神；
洛浦賦中寫作畫，巫山影裡逼為真。
雙雙錦浪鱗遊沼，色色花叢蝶戲茵；
偷覷半羞還半笑，可能翻出樣圖新。

也可見祕戲圖對觀賞者所產生的激情作用。

此外，明末時的色情小說《肉蒲團》卷一第三回裡，作者也描述書中男主角未央生，嫌妻子玉香不解風情，便到書畫舖裡買了據說是趙孟頫畫的一套三十六張圖文並茂的祕戲圖冊，回來與妻子一同觀賞，好挑東妻子的情慾。果然在春畫的刺激下，玉香逐漸拋棄了禮教的外衣，嚐到了性愛的真正快樂滋味，自此以後，她一反往昔道學古板之態，變成了一個愛好風月之歡的女人。

同書卷四第十七回裡，也有一個類似的例子，說未央生和花晨、瑞玉、香雲、瑞珠，一男四女共同飲酒作樂，花晨取出一副「春意酒牌」來——也就是印著各種性愛姿勢的紙牌（俗稱「葉子」）——玩時，由女的抽牌，抽到那一張，就照那張牌上面印畫的姿勢來玩，真是極盡香豔刺激的能事。由此也可見春畫到了明朝末年，已變成純娛樂的工具了。

這種情形，從流行於清中末葉時的地方俗曲泗州調當中的一首〈十謝郎〉中，也可以得到證明；在〈十謝郎〉中的第九謝裡，女子唱道：

第九謝郎本事強，奴奴死去又還陽；
三十六春宮都做到，把一夜變成兩夜長。

直到晚清，陳蓮痕在《京華春夢錄》裡，還形容當時北京的妓女利用春畫討好嫖客，並助枕笫之歡：「曲院豔姝，偶有藏祕戲圖像者，酒酣忘形，昵所懽坐床頭偷玩之，亦溫柔鄉之趣事也。」

正因為明中葉以後，春畫在宗教、教育上的功能，幾乎全被娛樂的功能所掩蓋，它才被衛道之士冠上了「傷風敗俗」的罪名，而不能有限度地在市面上流通，這真是一件不幸的事。

攝影興起春畫沒落

民國以後，因為照相術的普遍，拍攝沖印簡單、可大量複製、畫面清晰逼真、價格低廉的春宮照片遂得以大量流行，而費時費工的手繪祕戲圖，就因市場萎縮而受到相當程度的打擊，而逐漸式微了。

但是受到衛道之士的譴責，中國一般著名的攝影師連裸體照都不敢拍，更遑論男歡女愛的照片了；於是，拍這類祕戲照片的，大都是只知如何賺錢、全無藝術修養的人，而他們拍出來的作品，也全是下流噁心、不堪入目之作，全無半點藝術的美感。

在市場萎縮和道德禁錮的雙重打擊下，晚近時高水準的手繪祕戲作品愈來愈少，中國不是沒有傑出的人物畫家，像程十髮、范曾、華三川、王叔暉、楊先民、劉繼卣等人，都是獨步古今的人物畫高手，可是他們都鄙視色情藝術，不屑或不敢繪製此類作品，遂使春畫的園地呈現出一片荒蕪，罕見高水準之作。民初時曹涵美所畫的金瓶梅插畫，雖然十分傑出，但也只含蓄的點到即止，偶有大家浪漫的戲墨，就彌足珍貴了。

豔傳千古的貴妃出浴圖

近人都冰如畫的「貴妃出浴圖」。

往昔大陸各地，每逢陰曆七月，都會搬演目連戲，目連戲可長可短，短的演幾個小時，長的可演半個月甚或一個月；這齣戲的主題雖是目連入地獄尋母救母，卻穿插了各種滑稽短劇和特技表演。在浙江紹興搬演的目連戲裡，有兩個小丑又演又唱道：

太陽出起紅湖湖。
新婦淴浴（洗澡）公來張（望）；
公公唉，嫚來張。
婆婆也有哼。

這首俗曲之妙處在於媳婦洗澡被公公偷窺後，既不羞、也不惱，反而頂回一句「公公唉，嫚來張、婆婆也有哼。」說得多麼地輕鬆幽默而又理直氣壯，讓人拍案叫絕。

太陽底下沒有新鮮事，公公偷看兒媳婦洗澡也絕非晚清時才有的事；早在唐朝時，作公公的唐明皇就曾偷看兒媳婦楊玉環洗澡了。

楊玉環洗澡之事豔傳千古，在《平劇戲考》中，有一闕旦唱的反四平倒板慢板〈太真外傳〉，唱的就是此事：「聽宮娥在殿上，一聲啟奏，我只得解羅帶，且換衣巾，在頭上忙把金釵摘定，轉身來，脫鳳衣、解羅裙。啊——，六幅湘紋——。我這裡輕移步，把那溫泉進，不由人羞答答，難以為情。罷脫了羅衣，溫泉來進，一霎時，蒸騰得水氣氤氳。揭羅裙，捧羅袖，池中立定，溫泉水清如鏡，活潑精神，用雙手挹清流，把凝脂洗淨，出池來，只覺得嬌弱難勝——。」

這闋平劇敘述得不溫不火，稍嫌平淡了一些；在近人捧書生《名女人外傳》一書裡，有一篇〈豔絕人寰楊玉環〉，對楊玉環入浴，唐明皇偷窺的情景，倒有更為細膩生動的描寫；書上說：

開元二十八年初冬，壽王（李瑁）又接到父皇的詔書，打算動身前往驪山，（愛妾）楊玉環也纏著要去；可是，諸王只能帶著正妃同行，壽王便要玉環化妝成貼身侍婢一齊去玩玩。於是，玉環就妝成丫鬟，隨著李瑁前往驪山了。

唐明皇在驪山見到闊別將近一年的兒子們，個個生得結實健康，別來無恙，也自歡喜，便傳令在華清宮設筵，父子暢談歡飲。兄弟們久別乍見，有說不完的趣事，彼此相聚盤桓。住在行館中的楊玉環，因是丫鬟身份，不得參加筵席，不免覺得無聊，便溜出行館四處走走。

來到華清池邊，她見到白玉砌就、熱氣蒸騰的池子裡，有沈香雕飾的瀛洲方丈仙山、有白香木雕刻成的船在池面浮動，池裡還有白玉石梁供人坐息、有白玉雕的蓮花浮在水面。趁左右無人，楊玉環趕快脫去衣服，下到池中，浸泡起溫泉來。

正當溫泉把玉環蒸泡得渾身汗出、垢膩盡滌而星眼迷朦之際，也是合該有事，她公公唐明皇來了。

唐明皇被酒筵笙歌吵得頭昏腦脹，便獨自走出來，在宮中四處蹓達蹓達，明皇才走近華清池邊，突然眼睛一花，心想：「是誰這麼不小心，竟把池邊掛衣服的白玉架給丟到池裡去了。」待定神一看，差點連眼珠子也跳出眼眶，原來掉在水中的並不是什麼白玉衣架，卻是一個軟玉生香的活人兒，正瞇著眼享受溫泉浴呢！池裡的美人兒白的地方如此之白、紅的地方又如此之紅，黑的地方又如此之黑，這樣的入浴圖真是少見。

▍近人華三川畫的「貴妃出浴圖」。

他悄悄看了片刻，不覺自身也熱了起來……。

自從這次偷看了兒媳婦洗澡後，唐明皇就打定了主意，以後要常常偷看這個女人洗澡；要偷看這個女人洗澡，第一步得先把她弄到手。於是唐明皇強迫兒子壽王讓出楊玉環來，再把她送到華清池附近的太真觀裡出家修行，以避人耳目；過了一段時間，再把她接進宮來，封為貴妃。

楊玉環第一次入宮侍候皇上之前得洗洗溫泉，好色的唐明皇也曾窺浴，唐人白居易〈長恨歌〉裡說得好：「春寒賜浴華清池，溫泉水滑洗凝脂；侍兒扶起嬌無力，始是新承恩澤時。」這四句膾炙人口的詩，成了後世人物畫家最好的作畫題材，使中國人物畫中出現了許多幅「楊妃出浴圖」。

首先要談的是近人鮑少游〈長恨歌詩意〉之三「春寒賜浴華清池」。鮑少游生於清光緒

春寒賜浴華清池
溫泉水滑洗凝脂

▍左上：近人都冰如所繪〈長恨歌詩畫〉中的「貴妃出浴圖」。
▍左下：近人都冰如〈長恨歌詩意〉中的楊妃出浴圖。
▍右頁下：近人盧世侯所畫「楊妃出浴圖」。

春寒賜浴華清池
溫泉水滑洗凝脂

'Twas in the chilly Springtime,
They bathed in Hua-ch'ing Lake;
And in the tepid waters
The crusted winter slake.

— 3 —

侍兒扶起嬌無力
始是新承恩澤時

When thence attendants bore her,
So helpless and so fair;
Then first beat in her Prince's breast
Desire and tender care.

— 4 —

十八年（西元一八九二），原籍廣東省中山縣，早年遊學日本，專攻美術，屢獲美展大獎，並致力於美育之提倡。

〈長恨歌詩意〉共廿五幀，費時四年，於民國三十年完成展出，頗受藝林推許；此圖以精細筆觸畫貴妃出浴，宮女前後侍奉，以欄外牡丹爭豔表現春寒時節，以室中湘簾掩映、畫棟雕欄表現華貴；明皇在紗幔外隔著圓窗偷窺，更增畫面之情趣。

近人都冰如〈長恨歌詩畫〉中也有兩幅「楊妃出浴圖」，原載於香港《良友畫報》第一一九期（民國五十三年三月十五日出版）。

都冰如的「楊妃出浴圖」以樸實的幾何線條來構圖，設色豐豔，有版畫之美，純以線條構成的人物，造型樸實有圖案畫之美，更用古老的紋飾點綴於帳幔和門框欄杆上，使全圖充滿了裝飾的趣味。圖中對浴後嬌柔無力、靠人攙扶的楊妃，表現得尤為傳神。

近人潘峭風女士也曾畫過此一題材，題作「唐宮賜浴圖」。

潘峭風早年畢業於廣州市立美術學校，又遠赴日本深造，歸來後，畫藝更為不凡。她的作品設色淡雅而充滿了裝飾趣味，對唐宮之華麗也有極為傳神的描繪；宮女所持的障扇、盆栽的牡丹、窗外假山上站立的鴛鴦、溪澗上好奇窺視的雙鶴，在在顯示了潘峭風構思之縝密。

最後要介紹的是近人翁文煒畫的「貴妃出浴圖」。

翁文煒今年六十四歲，擅長仕女人物畫，這幅「貴妃出浴圖」是去年完成的作品；畫中對仕女的服飾頗為考究，用筆細膩，羅紗輕掩下楊妃若隱若現的胴體尤為動人。

左：近人翁文煒畫的「貴妃出浴圖」。

右：潘峭風的「貴妃出浴圖」充滿了裝飾趣味。

養眼的奇書
——金瓶梅插畫八種

民初胡也佛《金瓶梅畫傳》第二十七回「潘金蓮醉鬧葡萄架」。

明朝萬曆年間，蘭陵笑笑生完成了曠世巨著《金瓶梅詞話》。這部小說借《水滸傳》中西門慶勾引潘金蓮、謀殺武大郎以及武松為兄報仇的故事為引子，鋪寫成一百回近八十萬字的長篇巨著。作者借古說今，把明朝中葉以後富豪的荒淫放蕩、官場的腐敗黑暗以及官商勾結、魚肉百姓的情形暴露無遺，從一個暴發戶的家庭生活，清晰寫實地展現了明代社會的真貌。

《金瓶梅詞話》不僅保留了大量珍貴的晚明社會生活史料，它在人性的刻畫以及性愛的描寫上，也深刻入微，生動感人，因此問世後的三百多年裡，不但獲得文學家、史學家的重視，更得到藝術家的喜愛，紛紛為這本書創作精美的插圖。

今就筆者所知，將《金瓶梅詞話》一書的插圖，按時代先後的順序，略述於下，以供珍愛此書者參考。

一、明崇禎刊本《金瓶梅》

傳世最早的《金瓶梅》是明神宗萬曆四十五年（丁巳）刊《金瓶梅詞話》大字本，這個版本每面十一行，每行二十四字，在中國北平圖書館、日本京都帝大圖書館、日光山輪王寺慈眼堂、德山毛利氏棲息堂及韓國均藏有完本，可惜並沒有插圖。這個本子，日本曾於民國五十二年分五冊影印刊行，台灣又根據影印本加以影印，有五冊本及四合一的一冊本刊行。

最早有附圖的《金瓶梅》是明崇禎刊本《新刻繡像批評金瓶梅》，這個本子共附了兩百幅木刻版畫，畫稿不知出自何人之手，刻工有劉應祖、劉啟先、黃子立（建中）、黃汝耀、洪國良等人。鄭振鐸（西諦）藏有崇禎原刊本，民國二十一冬，北平圖書館購得萬曆丁巳本《金瓶梅詞話》後，中國人才知道鄭振鐸所藏崇禎本並非最早之《金瓶梅》，便將萬曆本的內文配上崇禎本的插圖，以棉紙按原本大字精印，分二十冊穿線裝於二函；傅斯年曾購藏一套，渡海攜至台灣，後交由聯經出版公司影印，分二十冊穿線函裝行市。後來好幾種在台灣刊行的《金瓶梅》影印本，都附有崇禎本的插圖，就是源自聯經公司的這個線裝大字本。

崇禎本《金瓶梅》的這兩百幅木刻版畫插圖，不但創作的時間最早、數量最多，品質也極為精良，無論在

明崇禎刊本《金瓶梅》木刻版畫。

人物造型、構圖佈局上，都十分生動傑出而富有創意，刻工也極為細緻典雅，又透出版畫特有的質樸趣味，是中國木刻版畫當中高水準的作品，絕無若干稍早的萬曆年間所刊刻的版畫那種失之纖麗柔弱、千篇一律（如《列仙傳》、《列女傳》、《元曲選》等書）的缺點，頗為耐人尋味。

二、清人絹畫《金瓶梅全圖》

這套色彩豔麗的絹畫，共有兩百幅，是清初畫家根據崇禎刊本《金瓶梅》一書而繪的，因為一、萬曆本很早就在中國失傳了，崇禎本則否；二、崇禎本的回目與萬曆本不同，這一套絹畫右上角所附回目名稱與崇禎本相同，與萬曆本不同。

這套絹畫既是參考崇禎本而繪，其構圖、造型當然不免受到崇禎本的影響，但難能可貴的是，這套作品仍有相當大程度的獨創性，可見畫者功力不凡。從繪畫風格來看。應當是乾隆皇帝時代或稍早的作品，有可能出自宮廷畫家之手。

清人絹畫「金瓶梅全圖」之一。

這兩百幅精麗的彩繪金瓶梅插圖，一直珍藏於遼寧瀋陽的清宮裡；滿清遜位以後，這套稀世之珍遂落入東北軍閥張學良之手。大約在民國二十五年時，上海奇珍共賞社書賈說動了張學良，由其親信馬弁攜此二百幅絹畫冊頁與書賈共赴上海，以珂羅版照像影印刊行，題作《清宮珍寶百美圖》。但是在拍攝完畢後，上海遭遇日本空襲進犯，這套絹畫據說全燬於戰火，結果已印好的三千套（一套兩大冊，穿線裝釘）成品，反而成了倖存的見證。某國大代表曾攜數百套《清宮珍寶百美圖》渡海來台，珍藏多年；約在兩、三年前，將這批絕版的「百美圖」交由丹青圖書公司出售，很快就銷售一空了；另外一家出版公司，還曾據上海奇珍共賞社的刊本影印售賣呢。此外，在瑞士Charles E.Tuttle出版公司出版的《雲雨》（Chinese Erotic Art）一書中，也曾刊載了其中的十幾幅。

這套彩色絹畫的金瓶梅插圖。其人物造型與崇禎本近似，構圖多有改動，在佈景方面則遠較崇禎本華麗氣派，這或許是因為在繪製之初就決定呈獻給皇帝賞玩的關係吧！可惜當年上海奇珍共賞社的攝影技術不理想，又是黑白照相，印出來的畫效果不是很好，但原畫已燬，也莫可奈何了。

三、清初張竹坡評本《金瓶梅》

張竹坡評本《金瓶梅》初刊於清初康熙年間，內容與前述之萬曆刊本、崇禎刊本皆略有不同。這一個版本曾多次刊行；是在中國流傳最廣的《金瓶梅》刊本，有每頁十行、每行二十二字本；十一行、每行二十二字本；十一行、每行二十五字本；袖珍小字十一行、每行二十五字本等，每種版本的版心都題「第一奇書」，都有一百幅木刻版畫；但這些插畫仿自崇禎本而大為拙劣，刪掉的一百幅插圖也大多是比較「精彩」的，餘者實在乏善可陳。

清初張竹坡評本《金瓶梅》木刻插畫。

四、民初曹涵美《金瓶梅》插畫

曹涵美原本姓張，和名畫家張光宇、張正宇是兄弟，因從小過繼給舅舅，所以改姓曹，名涵美。張氏兄弟三人都是知名的畫家，而風格各異。曹涵美這幾幅「金瓶梅」插畫原發表於三十年代上海某報，因為人物造型生動、構圖新穎、佈景繁麗、線條流暢而富裝飾趣味，刊出後，立刻使他聲名大噪。

上海某報的原圖今已杳不可尋，當初到底創作了多少幅也搞不清楚；民國四十六年香港出版的第十三、十四期《良友》月刊上，以《金瓶梅畫傳》為題共轉載了其中的四幅，第一幅是描寫西門慶趁王婆出門買酒菜，起身勾搭替王婆縫壽衣的潘金蓮；第二幅是西門慶和潘金蓮初次共飲，西門慶跪地捏弄潘金蓮的小腳，調情

民初曹涵美《金瓶梅畫傳》插圖。

求歡；第三幅是西門慶和潘金蓮勾搭成姦後，在王婆家幽會；第四幅是鄆哥帶著武大到王婆家來捉姦。曹涵美的人物造型鮮活，構圖獨具匠心，畫面往往呈現出「現在進行式」的動感，予人「身歷其境」的錯覺。

《良友》月刊原本似乎打算長期連載曹涵美所有的金瓶梅插畫，但不知何故，繼第十四期《金瓶梅畫傳》㈡之後，以下的幾期都不再見此專欄，相當可惜。

五、民初曹涵美「金瓶梅全圖」

這套「金瓶梅全圖」原刊於民國三十、三十一年間，十六開本藍皮紅絨穿線裝，上半頁圖、下半頁文，每集五十圖。筆者珍藏了前四集，共二百圖，但是第二百圖只介紹到原書的第二十回而已。《金瓶梅全圖》後來結集於一九四二年一月由上海國民新聞圖書印刷公司出版，總共十輯，合圖五百幅，大約止於《金瓶梅》第三十六回。大約在二十一世紀初又由浙江人民美術出版社加以再版了。

民初曹涵美《金瓶梅全圖》之二圖。

六、民初張光宇《金瓶梅畫傳》插圖

曹涵美的兄弟張光宇，也畫過《金瓶梅》，但他不是為《金瓶梅詞話》一書而畫，是為南宮生所寫的《金瓶梅》人物介紹專書《金瓶梅畫傳》（民國四十一年香港文苑書店印行）所畫的插畫。

《金瓶梅畫傳》這本書一共介紹了《金瓶梅》裡的二十七個人物，張光宇每人畫兩幅，一共畫了五十四幅插畫。這些插畫和張光宇的其他插畫風格一致：人物造型生動靈活，線條筆觸流暢老練，有漫畫的趣味卻不失傳統人物畫的嚴謹，情趣盎然，自成一格。

七、民國胡也佛設色絹畫《金瓶梅》

這套作品共有二十四幅，以豔彩畫於絹上，每一幅都畫得富麗堂皇、精緻異常，現歸香港私人收藏。

畫作上署名「也佛」，當即民初仕女畫家胡也佛。胡也佛，浙江餘姚人，清光緒三十四年（西元一九〇八年）

民初人張光宇《金瓶梅畫傳》之插圖。

生，上海新華藝專第二屆畢業，工書擅畫，能擬宋元山水，尤其擅長仕女人物，其畫宗仇十洲。從以上這些背景資料來看，胡也佛是有能力創作這套《金瓶梅》工筆絹畫的。更確鑿的證據是這套作品中有一幅畫裡的柱子上出現「戊子七夕也佛時年四十有一」的題字，戊子是民國三十七年（西元一九四八年），這年胡也佛正好四十一歲。

胡也佛曾任上海商務印書館編輯、國民書局經理，後旅居香港。

註：據學者沈津於二〇〇九年五月二十九日在其網站發表〈金瓶梅的繪圖——兼說胡也佛〉一文。文中指出：胡也佛也做亦佛，原名胡國華，也曾用丁文、胡新、胡強等筆名，或署大空堂。浙江餘姚人，清光緒三十四年（一九〇八年）生，十六歲時考入上海美術專科學校，後轉入上海新華藝術專科學校，學習西洋畫，為第二屆畢業生。一九二七年考入南京國民政府總政治部上尉宣傳員，次年升為蔡公時少校副官，一九二九年辭職，入上海商務印書館美術編輯部任高級職員，編輯《兒童畫報》，抗戰前離職。曾經營照相館、糖果店、國民書店等，均因當時社會經濟極差，而接踵倒閉。

對日抗戰初期（一九三八年），胡氏開始學習中國畫。他有紮實的西洋畫基礎，天份又高，參考當時各大書局出版的古畫印刷品加以臨摹，而掌握了中國畫的技巧。一九四五年前後，物價騰貴，為擺脫經濟困境，胡也佛開始創作春畫以換取生活之資，於一九四七年至一九四八年間，應上海某銀行周姓董事長之邀，據《金瓶梅》一書而創作了三十幅《金瓶梅祕戲圖》，畫價是一兩黃金畫三張，需時兩個月，這套作品至今應仍為香港私人收藏。

一九四九年大陸淪陷後，胡也佛受聘於上海燈塔出版社，後轉入新美術圖書書店，上海人民美術出版社工作，但很少再創作人物仕女圖了。工作之餘，與早年商務印書館老友張令濤合作，創作《紅樓夢》、《女媧補天》等連環畫，由北京、天津、河北、上海等地的美術出版社出版。一九五八年，在朵雲軒任木刻水印素描組長。

一九六六年文化大革命爆發，胡也佛因曾畫春畫，受到上百次的批鬥，吃盡苦頭。文革結束（一九七六年）後，退休居家，以臨摹石濤山水自娛，工筆仕女畫極少，偶而應邀為飯店畫大幅山水作為壁飾。胡也佛於一九八〇年在上海去世，他的舊日畫作時見於拍賣公司圖錄。

八、日人原田維夫木刻套色版畫「金瓶梅」

原田維夫所作《金瓶梅》套色版畫，人物造型頗有漢畫像石的趣味，套色繁富而不失質樸之美。

這套版畫曾於民國六十六年十二月間，在日本新宿展出，頗獲好評。

左：胡也佛畫《金瓶梅畫傳》第一回「潘金蓮嫌夫賣風月」。
右：胡也佛畫《金瓶梅畫傳》第十二回「潘金蓮私僕受辱」。
中：胡也佛畫《金瓶梅畫傳》第二十三回「藏春塢潘氏潛踪」。

後記：民初柴小梵《梵天廬叢錄》卷十七說：「有某者，頗好春冊，居京師久，往來廠甸古玩鋪，骨董家諗其家資充裕，乃仰承其旨，特倩某畫師在某處畫春冊一百二十頁，純以舊絹為之。設色鮮明，補景淡雅，全本俱用西門慶金瓶梅韻事，裝以古錦，貯以香匣，下款署冷枚二字，委某照相店先以攝影攝百二十片，送與某。某見之，賞戀不已，願以重金購其真本。骨董家故難之，某嬲之再三，乃將畫本呈覽，索價七千二百金，後以五千金得之，終不悟其偽也。」若柴小梵所云屬實，則合前面介紹的八種，《金瓶梅》插畫至少曾有過九種，因這套偽托冷枚的作品未曾寓目，故僅列於後記。

日人原田維夫《金瓶梅》木刻套色版畫。

晚明春色

——質量俱佳的木刻版畫

明朝時蘇州刊印的色情版畫《風流絕暢圖》。

版畫在明中葉以後逐漸邁入黃金時代，無論刻版、套色，技巧都日趨圓熟，而色情文學又從明中葉以後大放異彩，無論質與量都頗有可觀，加上社會風氣奢靡浮華，富商大賈日日以徵逐美食女色為務，在這三個有利的條件互相刺激之下，色情木刻版畫在晚明時的大量出現，實在是很自然的現象。

晚明時的色情木刻版畫，大致可分為兩類，一是附於戲曲小說中的「繡像」，如崇禎刊本《金瓶梅詞話》的兩百幅木刻版畫；一是圖文並茂、輕薄短小，便於攜帶珍藏、閨中賞玩的祕戲圖冊。如果按照色情電影的分類法，前者可說是RX級，後者則是標準的A片。由於後者遠較前者筆觸大膽、描繪精緻，想看愛看的統統可以看得一清二楚，除了「性教育」的功能外，還有煽情的作用，所以頗受世人之喜愛，本文便專門介紹晚明時的這類祕戲圖冊。

一、《勝蓬萊》套色版畫

這套為日本東京澁井清私人收藏的木刻版畫祕戲圖冊

是個殘本，扉頁、序文皆已不存，內容部份也只剩下十五幅圖畫，每幅附有一首解說性質的狂草體七言絕句詩。據荷蘭漢學家高羅佩的推斷，它大約是明穆宗隆慶（西元一五六七至一五七二）年間的作品，原作應當有二十四圖或者更多。

這套木刻版畫是以藍、黑、紅、綠四色套印而成，刻印得相當精緻，畫中人物比較矮胖，人頭的比例較大，並且畫中男女大多穿了衣服，只裸露出重要部位，顯示作者對裸體的態度還相當保守，所以高羅佩推斷這套作品是比較早期的一個本子。

由於現存的只是個殘本，連書名扉頁都佚失了，所以原來的名稱已不可考。明朝一般的祕戲圖冊都以四個字作書名，唯獨本書用《勝蓬萊》三個字的書名，這是較澁井清稍早的前一位收藏家，根據第一圖附詩末句「此宵會合勝蓬萊」而取的名字，並且把它題在加裱的扉頁上。日本人貪淫好色有餘、漢學修養不足，如果這套殘缺不全的祕戲圖是由筆者所收藏，那筆者將為它另取《蓬萊勝會》為書名。

附圖是原冊頁的第十三圖，也是殘存的十五幅作品中男女主角脫得比較徹底的一幅，偷香的男子已一絲不掛，熟睡的婦人也全身赤裸，只剩下一雙「褲腿子」（古稱「脛衣」或「藕覆」，作用是遮住繡花鞋，使三寸金蓮若隱若現，備增神祕與性感），背面的附詩這樣寫道：

佳人睡去一團嬌，
偷將玉手暗輕搖；
可惜多情眠未穩，
巫山十二夢魂消。

單就詩而論，實非佳作。

二、《風流絕暢》套色版畫

這套作品共二十四幅，以黑、藍、紅、綠、黃五色套印，每幅圖附有一首行書小詞，傳為春宮畫大師唐伯虎祕戲圖原作的摹刻，刊行於明神宗萬曆三十四年（西元一六〇六年）。如今有上海某私人收藏的初刻本，但已重裱為橫軸手卷了；另外在日本東京的Shibui kiyoshi也藏有此一圖冊，但是個殘本。

《勝蓬萊》的套色版畫。

這本祕戲圖冊刻繪極精，刊印的經過情形俱見原書引言。《風流絕暢圖引》說：「不佞非登徒子流，何敢語好色事？丙午（萬曆三十四年）春，讀書萬花樓中，雲間（今江蘇省松江縣）友人持唐伯虎先生『競春圖卷』來，把弄無倦。時華南美蔭主人至，謂不佞曰：『春意一書，坊刊不下數十種，未有如是之精異入神者；俊麗盛滿，示曲盡矣。』因覓名繪手臨之，仍廣為二十四勢，中原詞人墨客，爭相詠次於左，易其名曰『風流絕暢』，付之美剞劂；中秋始落成，苦心煩思，殆非一日也。不佞強之印行於世，以公海內好事君子，至若工拙，或與尋常稍有所差別耳，惟賞鑒者自辨云。

▍日本浮世繪大師菱川師宣的《風流絕暢圖》。

東海病鶴居士書。」左下方另有一行小字「新安黃一明鐫」，說明刻圖師傅是徽派名手黃一明。

附圖是原冊頁之第二十幅，描繪男女敦倫之後的穿衣情景，婦人正忙著把褲腰帶重新繫好，男子體貼地準備為她披上長衫，兩人還意猶未盡、依依不捨地眉目傳情哩！

此圖後所題的小詞是「陌上柳鄉」作的〈春睡起〉：

雲收巫峽中，雨過香閨裡，無限嬌痴若箇知，渾宜初浴溫泉渚。漫結繡裙兒，似嗔人喚起，輕盈倦體不勝衣，杏子單衫懶自提，春山低翠悄窺郎，朦朧猶自憶佳期。

值得一提的是《風流絕暢圖》祕戲圖冊流傳到日本後，頗受日本早期浮世繪大師菱川師宣的欣賞，他還將這套作品的服飾背景略作改動後重新摹刻。菱川師宣也是日本春宮浮世繪的開山鼻祖，這套《風流絕暢圖》對菱川師宣的影響自不待言。

三、《花營錦陣》套色版畫

這套作品共有二十四幅圖、二十四首草書小詞，扉頁以柿蒂紋為邊框，中間行書「花營錦陣」四字，套以四色：「花」字為紅色、「營」字為綠色、「錦」字為黃色、「陣」字為藍色，框左一行藍色小字「武林養浩齋繡梓」。武林為杭州的別名，說明了這套祕戲圖冊是杭州養浩齋這家書鋪出版的。從圖畫中人物的造型來看，它應該是明神宗萬曆年間刊行的作品，年代與《風流絕暢圖》相近或稍早。

《花營錦陣》次頁敘文說：「好好色，性也，物皆然。於此有人焉，血氣方剛，動容貌，不曰堅乎，求若所欲，踰東家牆而摟其處子。然非歟？曰：『未出於正也。』率性之謂道，君子之道，造端乎夫婦，乃若其情，夫婦之愚，可以能行焉，鮮能知味也，其大智也歟。妻妾之奉、室家之好，苟合矣，發憤忘食，力行之，或相千萬、或相倍蓰，手之舞之，無所不用其極；坐云則坐，立云斯立，隱几而臥，蹶者趨者，皆古之制也。眾皆悅之，以行與事示之，工欲善其事，既竭目力焉，素以為絢兮；既竭心思焉，簡而文，斐然成章。不願人之文繡，非直為觀美也。審法度，民可使由之。沽之哉！沽之哉！」下署「狂生」。這段敘文寫得極壞，大意不外是說：「好色為人之本性，但也不能強暴女子，只有夫妻敦倫才是正經。可是一般夫妻敦倫往往呆板乏味，但是這套書畫裡的男女卻能變出許多花樣，產生無窮樂趣。原畫擁有者不願藏私，今圖文並茂地公諸於世，請快買回家去照本宣科、依樣畫葫蘆吧！」。

敘文既說明了本書的編輯目的，內容當然注重於各種性姿勢的介紹。事實上，《花營錦陣》冊頁裡的二十四圖，就是二十四種不同的性姿勢圖例；圖後所附的小詞，無論詞牌名稱或詞意內容，也都盡量要把此一性姿勢解說清楚，以收相輔相成之效。這二十四幅色情木刻版畫刻得相當工細，卻又不失之於纖巧，可說是水準以上的作品。

附圖是這本冊頁的第十三圖。描寫一雙男女一絲不掛地坐在澡盆中交歡的情景，背面的〈浪淘沙〉詞是「五湖仙客」所題，內容如下：

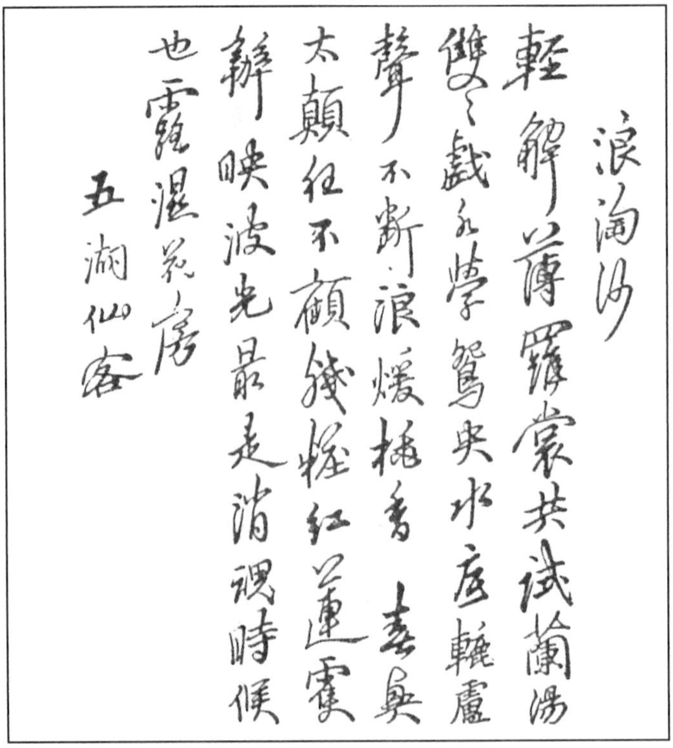
浪淘沙
輕解薄羅裳共試蘭湯
雙〻戲〻學鴛鴦水底轆轤
聲〻不斷浪煖桃香春興
太顛狂不顧殘粧紅蓮雙
瓣映波光最是消魂時候
也露濕花房
五湖仙客

上：《花營錦陣》版畫第十三圖背面的題詞。
下：《花營錦陣》套色版畫。

輕解薄羅裳，共試蘭湯。雙雙戲水學鴛鴦。水底轆盧聲不斷，浪熳桃香。春興太顛狂，不顧殘粧，紅蓮雙瓣映波光，最是銷魂時候也，露濕花房。

《花營錦陣》的原刻版後來由杭州流落到日本一家骨董店，在西元一九五〇年前後，被荷蘭漢學家高羅佩買走，原版高二十三公分、寬四十八公分，右邊是文、左邊是圖，一套共十二塊版，木板的正反兩面都刻有圖文，一共是二十四圖、二十四文。高羅佩得此原版，欣喜若狂，後來編寫《祕戲圖考》一書時，便把這套版畫全部重印出來，作為《祕戲圖考》的第三冊。高羅佩今已作古（西元一九一〇至一九六七年），這套珍貴的祕戲圖木刻原版，大約也和他其餘的藏品（包括一些罕見的中國房內醫書、道教房術祕典和明、清兩朝的色情小說），一同從他在日本的書齋「尊明閣」漂洋過海，運往高氏在荷蘭海牙的老家中了吧。

後記：二〇一三年十月七日香港保利公司拍賣「春宵——東瀛祕藏中、日、韓春宮藝術專場」中，編號一七二五即為裝裱成二十四開的明刊《花營錦陣》冊頁，前有晚清大藏書家、大金石家劉體智（善齋）的題跋；這個冊頁在中日抗戰時為日人奪去。拍賣估價為二萬至兩萬五千美金。

四、《素娥篇》單色墨印版畫

本書前有方壺仙客之序，謂作者為鄴華生，內容是描述唐人武三思與其姬妾素娥的風流故事。

武三思是唐朝女主武則天的侄兒。武則天當了女皇帝之後，武三思也官拜右衛將軍，成為炙手可熱的當朝權貴。武三思不但華宅連雲，妻妾成群，過著奢擬王侯的生活，甚而連武后身邊美麗的女祕書上官婉兒都勾搭到手、恣意追歡。武三思家中美女如雲，如桃姬、桂娥、蘭姬、寶兒、紫雲、雲英、素娥等等；不但皆貌美如花，更兼才藝出眾，全是一時之選。其中尤以素娥最為妖豔動人、風情無限。本書就以小說筆法專門敘寫武三思與素娥追求肉慾之歡的情景，將這些情景歸納為行房四十三式，每式一跨頁之圖，每圖前有說明和一首小詞，借三思和素娥的「如此這般」來解說該式的奧妙，每式都有標題，相當抽象。如本文附圖（為原畫左半頁）是第二十六式「虎踞龍

《素娥篇》中描繪武三思與素娥歡愛的版畫。

蟠」，文曰：

棕櫚齋下，別逞風光，情饒景饒，忽然又步入雪洞，四面光映，六月寒生，拗得人間炎熱，變為清涼世界，半疑玉清元君之居。更有猛省人處，洞門巧作葫蘆樣，儼然想見漢鍾離葫蘆中一段乾坤，從陰陽煆煉而出，龍降虎伏，此可象取者也。乃趺坐洞裡，勾股合頸、呆住形神，虎若踞，龍若蟠，霎時間雲從風從，不覺已到蓬壺風景。調成如夢令一首：這事鍾離點破，藏在葫蘆一箇，風流作戰場，楚漢爭雄都錯，龍麼虎麼，呆住看誰王霸。

等四十三式演罷，書也將告終結，只有找個藉口，安排狄仁傑出場，要求會見素娥。素娥自稱是花月之妖，不敢見正直之狄公，但狄公堅持，素娥只好留詩一首辭別武三思升天而去，歸隱終南山。後來武三思也退隱山中，與素娥兩人白日飛昇仙去。

《素娥篇》一書約刊行於明神宗萬曆三十八年（西元一六一〇年）前後，美國印地安那州印地安那大學金賽研究所中，有個刊印和保存得十分精美、完整的本子，據看過此書的學者馬幼垣說，《素娥篇》的版式是這樣的：一函四冊，白綿紙、白口、無魚尾，單欄，框高二〇・八公分、寬一四・一公分，正文半頁九行、行十九字。全書按每兩跨頁的半頁為文、接著兩跨頁的半頁為圖的方式編排（開頭兩頁例外），一共有跨頁圖四十七幅，絕大多數為描繪性愛之作。金賽研究所藏的《素娥篇》原是王際真教授的舊藏，書首註明是一九四八年四月十一日入館的，正是王際真任教哥倫比亞大學的時候。王際真為何割愛，今已難考。在一九六九年 Tuttle 公司出版的《雲雨》（Chinese Erotic Art）一書中，曾選刊了其中的六幅（有四幅只刊半頁），本文附圖即為其一。

另外，研究中國戲曲小說的學者傅惜華也藏有一部殘本的《素娥篇》，據說是上海藏書家周越然的舊物。傅惜華在文化大革命後不久去世，他的藏書全給運走了，這個殘本《素娥篇》至今下落不明。

除此之外，德國漢堡 C.Bell Verlag 公司在一九八四年也曾影印出版過《素娥篇》，但是當中缺了兩個半頁的一幅圖（第二十一式）和一個半頁的文字，這個本子的印刷和保存都比金賽研究所的藏本差，不知道這是周越然、傅惜華的藏本，還是另外第三個殘本。

無論是一是二，都是殘本，這樣說來，金賽研究所的全本，就彌足珍貴了。

五、《鴛鴦祕譜》套色版畫

本套冊頁有三十幅圖，以藍、黑、紅、黃、綠五色套印，每幅圖後各有一首隸書小詞。封面正中以墨印隸書

「鴛鴦祕譜」四個大字，右上角有副題行書「錦春圖」小字，左下角則鈐一朱砂印，文曰「牡丹軒繡梓」。這套祕戲圖冊初刊於明熹宗天啟四年（西元一六二四年），為上海某私人收藏。

本冊頁前有〈小引〉說：「易曰：男女搆精，萬物化生，至哉斯言也。奈何世人不能懲欲，竟以此為歡娛之地，而使生我之門，為死我之戶。噫！趙翰林為十二釵，暨六如六奇、十洲十榮等圖，其亦欲挽末流之溺耶。空空子為陳欲集，溺者其幾於振乎。好事者大蒐諸集，得當意者次列如左，命之曰『錦春圖』，僅三十局，庶幾乎不濫竽自恥也。至若態度之精研，毫髮之工緻，又已饒之矣。且已悟真者披圖而閱之，導欲以懲欲，生生不息、化化無窮，豈徒愉心志、悅耳目而已哉！故曰：滿懷都是春，舍茲其奚辭。天啟四年歲次甲子牡丹軒主人題。」

這段引文中的「趙翰林」指趙子昂、「六如」指唐伯虎、「十洲」指仇英，都是著名的春畫高手，「十二釵」、「六奇」、「十榮」云云，則是指其所畫美女與各種性愛姿勢；「生我之門」、「死我之戶」云云，與《肉蒲團》一書卷首第一回裡開宗明義的論調完全一致，《肉蒲團》序刊於清順治二年（西元一六四五年），也就是明亡之次年，或許《肉蒲團》的作者李漁在寫書時，手邊就有一套《鴛鴦祕譜》祕戲圖冊吧？難怪《肉蒲團》第三回裡，有一大段文字描述男主角未央生與妻子玉香欣賞趙子昂手筆——一共三十六幅的春宮冊子，興不可遏，照本宣科的情節，也可見《鴛鴦祕譜》祕戲圖冊對晚明清初色情文學的影響。

附圖上是本套春宮冊頁的第四圖，描寫白髮老翁與妙齡少女洞房花燭夜的情景。老翁因為上了年紀，為了要勝任「開苞」的「艱鉅」任務，腰間還繫了浸過壯陽藥物的「白綾帶子」，「那話兒」的根部也套著「美女相思套」，可謂「裝備齊全」，真應了「工欲善其事，必先利其器」的那句古訓，看得牙床旁邊侍候的侍女目瞪口呆。背面附了一首〈畫堂春〉小詞，是「探春客」所作的，題為「射雛雞」：

從來未解閒風月，臨事不禁心熱。清泉流出玉溝嘶，也難休歇。仙翁甚是無情，弸帙帶恁地強烈，恨命不肯聽伊說，無端流血。

上：《鴛鴦祕譜》春宮畫冊第四圖。
下：《鴛鴦祕譜》版畫中的春宮畫。

這幅作品把晚明時的閨中祕器作了寫實的描繪，使我們對《金瓶梅詞話》第三十八回裡的下面這段文字，有了比較具象的認識：

西門慶見婦人（指西門慶店中夥計韓道國的老婆王六兒）好風月，一徑要打動她，家中袖了一個錦包兒來，打開裡面，銀托子、相思套、硫黃圈、藥煮的白綾帶子、懸玉環、封臍膏、勉鈴，一弄兒淫器……。

附圖下則是描寫遊方淫僧到富家大宅中與思春少婦偷情的場面。少婦半裸地斜坐在一張天然古木椅子上，兩腿劈開，屁股伸出椅座外端，椅子前面的地下，坐著全身一絲不掛的年輕和尚，正伸出舌頭來準備一探「桃源」，和尚的禪杖、蒲笠等倚放在椅後，袈裟則堆放在青花圓瓷凳上，靠牆的方案上還放著一個木魚，和書帙、畫卷、花瓶、瓷鉢等物，一旁的侍女則聚精會神地免費欣賞著這幅活春宮。

畫的背後有玉陽子題的一首〈卜算子〉豔詞，題作「品甘露」：

有意弄春情，春情鎖不住。無那狂僧忒熱情，甘霖如雨澍。牡丹心欲開，遊蜂恣擇採，一採釀來清且香，甘甜好滋味。

這套《鴛鴦祕譜》套色版畫繪、刻、印皆精，尤其注重特殊情景的描繪，是晚明色情木刻版畫中數一數二的佳作。

六、《江南銷夏》朱墨單色版畫

全套共十二幅圖，以朱墨單色印刷，裝裱成旋風葉的形式，圖後無詩詞，為裝飾的空白頁，冊頁封面以錦緞裝裱。刊印時間在明末清初，上海私人收藏。

由於這套冊頁的裝裱形式與前述祕戲圖冊不同，又沒有詩詞或內文，它很可能是後來重新裱過的一個殘本。而十二圖均作各式扇面之形，也是這套冊頁值得注意的一個特點。

附圖上是原冊頁的第二圖，描寫一男一女在橫榻上交歡的情景，男子戴頭巾、穿絲履，全身一絲不掛，正欲與只戴抹胸的半裸少女交歡，另一穿了繡袍的女子正從旁協助，暗示這是半裸少女的第一次性經驗。

附圖下是原冊頁的第七圖，描繪一男一女坐在書房裡觀賞春畫冊頁的情景。半裸的女子嬌羞欲起，幾近全裸的男子卻興致勃勃，急欲仿傚一番。男的左手一把拉住正欲逃走的少女，右手已從少女胯間直探「桃源」，把閨中情趣描繪得如在目前。

這套春宮冊頁畫風纖麗，陳設布景也頗能表現江南之風貌，在明朝色情版畫中，可算是相當具有特色的一套作品。

《江南銷夏》版畫中的第二圖。

《江南銷夏》版畫中的第七圖。

後記：除了上述六種祕戲圖冊外，明朝的色情版畫還有：

①《風月機關》：四色套印，十二圖，附詩，刊印年代不詳，日本Kyushu Mori收藏。這套作品的圖大部份仿自《花營錦陣》。

②《青樓剟景》：五色套印，十二圖，附詞，刊印年代不詳，日本Shibui Kiyoshi收藏。這套作品的圖全由《鴛鴦祕譜》、《風流絕暢》、《花營錦陣》等祕戲圖冊仿刻雜湊而成，圖刻得不佳，但附詞則全是重新創作的，文筆內容頗佳。

③《繁華麗錦》：藍墨單色印刷，六十二圖，卷一為修術養身十五章，卷二為風花雪月十四體，卷三為雲情雨意三十六勢，卷四為異風夷俗十二套。刊印年代約在崇禎十年以前，日本大阪Tanabe Gohei收藏。

另外，還有明神宗萬曆年間刊行的《京院祕傳洞房春意冊》，內容不詳。上述四種因為都未看過其圖片，本文中就略而不提了。

明朝的色情版畫當然不止上述，在一九七五年Nagel公司出版的《色情藝術全集》中國冊中，還附了兩套明朝的色情木刻版畫，一套中的男女全是在馬背上交歡（見附圖右），另一套則可能是某色情小說的插圖（見附圖左），每幅版畫中都有四字一句的題目，如「挽裾求合」、「鞋盃流飲」、「解衣交頸」、「弱態難支」、「蜂侵蝶採」、「鞦韆戲狎」等。從刻圖風格來看，這兩套版畫應當是萬曆末年徽派刻工的作品，但是因書名不詳，也無法在此處多作介紹。

有關明朝色情版畫的周詳研究，只有俟諸異日資料更完備之時了。

明朝的色情版畫。

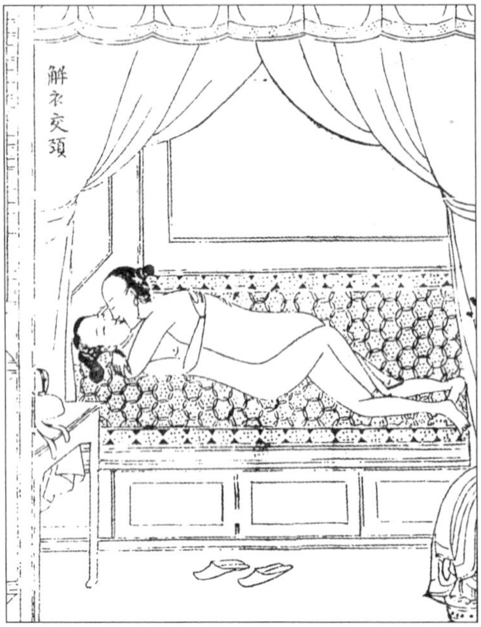

器物篇

香豔旖旎的閨房珍玩

清康熙年間五彩白瓷杯上繪有男女祕戲圖。

古代中國的祕戲圖，除了繪印在紙上、絹上的作品外，還有繡在手絹、肚兜、枕頭上的、畫在玻璃燈屏上的、畫在盆底、鏡背上的、畫在扇面上的、繪燒在瓷枕、瓷杯、瓷夜壺上的，更有牙雕的、木刻的、銅鑄的、泥捏的……，形形色色，不一而足，真可說是「萬物皆春」了。以下就一一介紹這些別致的色情藝術。

繡帕

在晚清人陳蓮痕《京華春夢錄》上有段話說：「北京廊房頭條的燈畫舖裡，有祕戲圖出售；最名貴精美的是繡在紡巾上的，其次的才是畫在紙上的作品；而繡得最精緻的祕戲紡巾，全產於天津的楊柳青鎮。楊柳青以生產祕戲繡帕著稱於世，已有好幾百年的悠久歷史了，由於全出自大家閨秀之手，所以繡得特別工細，令人愛不忍釋。」

從陳蓮痕的這段描述，可見楊柳青不但以色情版畫著稱於世，其色情刺繡品也堪稱一絕，並且這類祕戲繡帕歷史悠久，不但涵蓋了整個清朝，更可上溯到明朝哩！

繡香囊

清人曹雪芹《紅樓夢》第七十三回裡，有一段故事描述曹府丫鬟傻大姐「正往山石背後掏促織去，忽見一個五彩繡香囊，上面繡的並非花鳥等物，一面卻是兩個人赤條條的相抱，一面是幾個字。這癡丫頭原不認得是春意兒，心下打諒（量），敢是兩個妖精打架……。」

香囊原是婦女貼身之物，利用裡頭的香粉香末兒來添增自己身上的香氣，香囊上頭繡了「妖精打架」，倒成了跟情郎「打架」前最佳的調情物。

抹胸肚兜

祕戲圖既有繡在手帕、香囊上的，當然就更有繡在抹胸和肚兜上的；因為春宮圖原是為了增進男女做愛時的情趣，女人穿著繡了祕戲圖的抹胸或肚兜，除了讓情郎或丈夫在替她脫衣裙之際，產生一份香豔意外的刺激感，同時也表明了她們對敦倫做愛迫切渴盼的心意，行房時更可以照著褻衣上繡的性愛姿式來玩哩！

一位年逾七十的前輩告訴筆者，民國十幾年時，他曾在北平跟一位滿清王室的側福晉（姨太太）偷情，那位側福晉跟他進了北海公園中一家大飯店所附設的套房裡，因為側福晉是溜出來的，時間有限，兩人便即刻成歡。寬衣解帶之際，他發現側福晉竟穿著一件繡了兩隻鳳凰的薄紗紅抹胸，一雙鳳眼正對著她的奶頭，內褲的胯間則繡著一幅「倒插蓮花」的春宮圖；立即興不可遏地要她如法炮製；當時她那又羞又喜、如醉如癡的神態，至今猶歷歷在目。

雲雨交歡後，這位前輩問側福晉，這樣別緻的抹胸和內褲，是買的還是自己繡的？側福晉說：她不敢託人買，也不知那裡可以買得到，自己更不會繡，是拿整塊的紗、整塊的布，託會繡的婦人繡好了，自己再拿回來剪裁縫製成抹胸和內褲的。「天下無難事」，信然。

繡鞋

在民初以前，大部份的女人都纏足，一雙三寸金蓮既是性感的焦點，那隻繡花鞋的功用，比今日女人的內褲更只有過之而無不及。所以西門慶調戲潘金蓮要從她的小腳下手，所以女人送情郎的東西要以繡鞋最珍貴。

清中葉時，華廣生《白雪遺音》裡有一首馬頭調〈紅繡鞋兒〉就說：

> 紅繡鞋兒三寸大，天大的人情送與冤家，送與你莫嫌醜來休嫌大，在人前千萬別說送鞋話。你可密密的收藏，瞞著你家的她，她若知道了，你受嘟噥奴挨罵，到那時方知說的知心話。

從這首俗曲，也可見繡鞋在古代中國人心目中的分量。

繡鞋有兩種，一種是在日間行走時穿的硬底鞋，一種是晚間在床上穿的軟底睡鞋，祕戲圖往往繡在軟底睡鞋的鞋面或鞋幫上。

在近人姚靈犀的《采菲錄》裡，有一段亭蓀所寫的「春履」說：「婦女睡鞋盛行於二十年前，俗稱之曰『換腳鞋』，軟幫軟底，形與老媽鞋同。老媽鞋乃三河縣之特產，取材於粗舊布，質粗色暗，並無繡工，睡鞋則多以大紅或水紅洋布為之，質細色鮮，加以彩繡，或花卉或翎毛，皆極生動，把玩之餘，快心悅目，誠妙物也。吾友雪岩君，無敦頤之好，有鐵厓之癖，客晉（山西省）時，戀一雌，小腳娘也，有鞋為粉色，長可三寸五分，兩隻四幫，各繡以祕戲圖，民國八年雪岩歸津（天津），出而示余，茲憶記於此……。」

文中敦頤是指宋儒周敦頤，曾有〈愛蓮說〉一文膾炙人口，鐵厓是指元時畫家楊維楨，曾以妓女繡鞋行酒豔稱於世；亭蓀所記山西婦女所穿祕戲繡鞋，至今當然早就下落不明了。

《采菲錄》上還有一篇藏鈎所寫的〈雲中睡鞋〉，敘述他跟一位穿著祕戲繡鞋的大同女子交歡取樂的情景，極盡香豔旖旎之能事。藏鈎說：「……山西大同古稱雲中，為北方重鎮，渾河毓秀、代產嬌娃，明正德戲鳳一劇，尤為膾炙人口；至今該處女性，猶有三種特長：一為白膩皮膚、一為重門疊戶、一即纖小蓮鈎也。在昔每年四月八日，為賽腳大會之節，家家婦女駢坐門前，翹足道旁，恣人品論，以博得好評為榮。遊人可駐足俯首觀玩，惟弗得捏弄耳，其好尚有如此者，無怪其所纏小足之無美不備也。

「民元春季，余旅行是地，租寓民家，因與房東之女通；女年十九，已嫁而孀，乃歸依其母，平素淡妝素服，風致翩然，但眉目間隱含蕩意。余見女口操晉音，不無怯態，而其膚理之光潤，實較南方女子為勝，不能無動於中，遂於一夕潛入其室，俟女母已寢，家中更無他人，余遂得肆所欲。

「女先布衾枕於磚炕上，囑余先眠，己則對鏡梳洗；余擁衾坐待，作水晶簾下之旁觀，見女傅粉點脂，如北地濃豔之粧，是固未能免俗，第臨御之際，得此挑引性慾，享盡快樂，實視淡粧為佳也。粧竟，復濯其足，然後束以綢條、套以綾襪，又自炕箱中取大紅睡鞋出著之，始登床。

「余南人，夙不習此，頗以為異，執其足而諦視之，鞋為紅緞所製，尖秀無匹，比日間所著鞋更窄小，幫繡細花、中嵌春宮圖，亦極工緻，下襯軟底，入握如棉，誠為妙物。女斯時冶狀畢露，戲伸紅菱以逗余勢，立即僨興，且興熾倍於平常，信乎戔戔蓮舄，為助淫具也。後余從之乞此鞋歸，藏之篋衍，今二十稔，余亦就衰矣，然每當燈炧夢回，持向衾底把玩之，尚令人心旌搖搖也。」

這段文字具體說明了繡著祕戲圖的軟底睡鞋，在閨房中發揮了助淫導興的功能的情景。

繡著祕戲圖的軟底睡鞋，大都是婦女自己繡的，也有的是從星貨鋪或香蠟鋪裡買來的，在北平的雲香閣、花漢沖等百年老舖裡，直到民初時仍有繡著「妖精打架」的軟底睡鞋出售，光顧的多半是八大胡同裡的窰姐兒們，買的時候則多半請龜奴代買。

龜奴又抓不準窰姐兒那三寸金蓮的大小，買得不合腳怎麼辦？女人家自有辦法，他們脫下一隻穿著合腳的舊鞋，把米倒進鞋裡，倒滿之後，再把米倒出裝在一隻小布袋裡，龜奴拿著這隻小布袋，就可以進香蠟鋪買繡著祕戲圖的軟底睡鞋了；只要新鞋剛好裝滿袋中的米，就一定合窰姐兒的腳。用這個法子，良家婦女也可以託丈夫或情郎替她到香蠟鋪裡買回繡著春宮圖的花鞋來，反正只在睡覺時穿著上床，外人也看不見，一點也礙不著別人的事。

瓷碗

從文獻資料來看，瓷碗上繪燒著祕戲圖，至遲明朝中葉已經出現了；明人沈德符《敝帚軒剩語》卷中，有一則〈瓷器〉說：「幼時曾於二、三中貴家，見隆慶窯酒杯茗椀（茶碗），俱繪男女私褻之狀，蓋穆宗好內（指房中事），以故傳奉命造此種。」其實明朝好色的皇帝絕不止穆宗一人，那麼，明朝官窯裡應該有不少春畫瓷碗，並且不止隆慶一朝才有了。

清朝時也曾燒製這類祕戲瓷碗，像已故的盧芹齋藏品中，就有一件康熙年間的白底青花小碗，碗的外圍一轉都是男女擁合、侍女在背後推送助興的情景。另一件康熙年間燒製的五彩瓷碗，畫著一雙男女在躺椅上玩「倒澆蠟燭」的姿勢。

民初柴小梵《梵天廬叢錄》卷十七裡提到的一隻祕戲瓷碗更是精緻：「吾友周君，生長吳門，鄰有世家某，姬妾數十，主人耄，不能徧御。一日，周至其家閒坐，周故手度翩翩，儼潘安仁、王子晉一流人，其家一妾慕之久矣。坐定送茶，妾來伴談，周啟盛茶之碗蓋，見蓋之正中有彩畫，細視之，乃一春畫，男女擁合，僅二分許，須竭目力方能辨之。周面赬，是妾乃絕無羞，謂周曰：『君真愿哉！是亦何足奇？曷更持蓋向光映之？』周如言平映，則泑白內四周復有十二幅，狀各不同，淫態穠色，區區一杯間盡之矣。周難故矜持，大笑不止，是妾則斜睨作態，周若不覺者。及飲茶畢，見杯底亦有一幅，初為茗葉所掩，不能見，今傾杯乃見之……。」

　這個碗蓋裡正中央和碗底各有一幅彩色祕戲圖，碗蓋四周還用「刻胎塗釉」法暗藏了十二幅春宮畫，對光映照才一一顯現的茶碗，真是件精巧細緻的色情藝術品，難怪成為思春婦女挑逗情郎的工具了。

上：清康熙年間的祕戲瓷碗。
中、下：清康熙年間的祕戲鼻煙壺。

上：清康熙瓷燒繡鞋。
下：清乾隆瓷夜壺。

其他瓷器

其他瓷器如瓷燒鼻煙壺、瓷枕、瓷繡鞋、瓷夜壺上，也都有一些是繪了男歡女愛的春宮圖。

像盧芹齋的藏品中，有兩件康熙年間燒製的白底青花鼻煙壺，一件上頭畫著男女在地毯上玩「隔山搗火」的姿勢，一件畫跪俯的女子正替坐在矮榻上的男子「吹簫」。盧芹齋還有一件康熙年間燒製的白瓷鬥彩繡鞋，鞋幫上燒繪了五彩的男女祕戲圖，這瓷繡鞋當然是穿不得的，純為觀賞用的裝飾品，但卻也反映出當時人們對小腳的癡迷。

法國巴黎Michel Beurdeley則收藏了一件乾隆晚期燒製的瓷枕，瓷枕的一面上繪了十二對男女，另一面繪

上：清中葉繪有祕戲圖的摺扇。
下：清朝春宮扇，右邊是正面「鍾馗嫁妹」，左邊是反面「素女九法」之五式。

了四對，擺出了各種做愛的姿勢。此外，香港私人藏品中，也有一件方口帶柄的夜壺（專供男人夜間在被子裡小便之用），壺身上也繪了正在交歡的男女。

這些閨房中必備的瓷器，上面繪了各種春宮祕戲，其導淫助興的作用十分明顯。

摺扇

春畫也有畫在扇面上的，這原不足為奇，奇的是古代中國曾有一種設計精巧、暗藏春色的「三面扇」。

清人劉廷璣《在園雜志》裡，有一則專論古代中國的各種扇子，扇子的骨材紙材和墜伴等，其中就提到有一種扇子「左右可開、製為三面，暗藏其中畫橫陳像者，曰『三面

清朝時的春意酒牌。

扇』」。

原來一般的摺扇都是自左向右開，三面扇卻在自左向右開外還能自右向左開，開出正反兩面之外的第三面來，而第三面上就畫著祕戲圖。人心在正反兩面之外，原本自有著香豔浪漫，不足為外人道的第三面哪！

春意酒牌

酒牌也稱「酒籌」或「葉子」，它是在一張縱約五寸、橫約三寸裱好的硬紙片上，或是縱約三寸、橫約一寸的象牙、獸骨薄片上，刻畫著古典小說戲曲的故事情節，以及詩詞歌曲中的警句，演繹它的內容，製成罰酒辦法，以供酒筵上勸酒的工具，或附加籌碼，以供賭博之用的一套紙牌或牙牌，性質格式都頗為類似今日的撲克牌。

明清時流行的鬥葉子之戲，起源很古，可能是唐代「葉子格」的遺製。明代的「琵琶記葉子」、「狀元葉子」、「三國志演義葉子」、「歷代故事葉子」、「元明戲曲葉子」、「酣酣齋酒牌」等，都是此類作品。

除了上述酒牌外，明朝時更有繪印各種性交姿勢的

「春意酒牌」（類似今日之裸體撲克牌），供男女在深閨雲雨時助興之具，或由男抽、或由女抽，抽到那一張，便照著上面所繪的姿勢來交歡。

晚明色情文學《肉蒲團》第十七回裡，就有一男四女抽春意酒牌來做愛的實例：

> ……未央生見她（花晨）衣袖之中，隱隱約約卻像有物的樣，就問她道：「袖中何物？」花晨道：「是一件有趣的東西，酒色二件事都用著他，所以帶來。」就取出與眾人看，原來是一副春意酒牌。未央生道：「這件東西，今日做勝會才好用著。如今且不要看，等到酒興發作之時，妳們各取一張，照上面的法則同我摹倣一摹倣就是了。」……花晨就叫瑞玉行酒，自己一杯、香雲兩杯、瑞珠三杯，都是未央生陪吃。吃完之後，就教瑞玉把酒牌洗好，放在桌上，然後執巾旁立，待眾人幹事之際，好替她揩抹淫水。……瑞珠聽了，就伸手去揭起第一張，只見一個婦人睡在床上，兩足張開，男子的身子與婦人隔開三尺，兩手抵住了席，伏在上面抽送，叫做「蜻蜓點水」之勢。瑞珠把酒牌呈過了堂，就脫下褲子仰臥在床，未央生爬上身去做起蜻蜓的樣子……不住的亂點……。香雲道：「如今臨著我了」，就揭起第二張，見一個婦人睡在春櫈頭上，男子立著，把她雙腳放在肩頭，兩手抵住春櫈用力推送，叫做「順水推船」之法。香雲也把酒牌呈過了堂，就睡在春櫈上去，與未央生摹住成式……。

照著任意抽出的春意酒牌來行房，真是香豔別致的玩法。

盒底鏡背

清朝時，蘇州的一些觀光勝地如虎邱、閶門、桃花塢等地，曾有小販兜售繪有春宮圖的梳妝盒、鏡子，讓遊客當「紀念品」買回去珍藏賞玩。這種繪有祕戲圖的木盒、鏡子，有政府頒佈的「禁令」為證；清人余蓮邨《得一錄》卷十一〈收燬淫書〉中，曾引江蘇按察使司按察使某在道光十八年五月的「憲示」說：「……淫畫則無論男女老少，一目了然，乃蘇郡如閶門、桃花塢及虎邱山門內等處，耳目昭著之地，公然懸掛售賣，并可對客揮毫，甚至盒底鏡背，無不繪畫……。」街頭藝術家替客人在盒底鏡背上畫春宮圖以為餬口之技，這真是三百六十行之外的另一種新行業了。

玻璃燈屏

清中葉時，還有些春畫是繪在玻璃燈罩上頭的；清人陳森《品花寶鑑》第三十四回裡，有段話說：「（魏）聘才新製了一架玻璃燈屏，擺在炕上，畫著二十四齣春畫……」

前面說過，元朝末年時，中國人已經在油紙燈籠上畫祕戲圖了，但是在玻璃上作畫、在玻璃燈屏上畫春宮，卻似乎是清朝以後在嶺南兩廣所興起的一種新藝術。

清初人王士禎《漁洋夜譚》裡，有一則〈畫版〉說：「洋畫以京師為最……，至人物，則以廣南玻璃畫為獨步，面目鬚髮，躍躍有欲飛之勢。」清中葉人陳森的「品花寶鑑」，有大半的故事是發生在廣州，似也證實了王士禎所云不虛。在透明的玻璃上，以特殊的塗料作畫，而後反過來裝框或製成燈屏，這類玻璃畫至今仍有傳世而為私人所珍藏者。

江米人兒

江米就是糯米，用糯米粉加上顏料、揉成一團，把各色的糯米粉捏在一起、捏塑成有顏色的人物、動物，俗稱「粉糍」或「江米人兒」。捏江米人兒的，背著個小木箱和一把摺疊凳子穿街過巷，在小孩多的地方坐下，支起箱子，打開來有個小架子可立起來，他用一根竹籤，把各色的粉捏在上面，捏出飛禽走獸或歷史人物插在架上賣。也有捏好的江米人兒插立在硬紙板上裝進小玻璃盒裡，或嵌在火柴盒、胡桃核裡出售的。

江米人兒可以捏出各種人物，當然也可以捏「妖精打架」；清中葉人捧花生在描述南京妓女生活情景的《畫舫餘譚》裡，曾說：「擘兩半胡桃，去其肉而空其中，紐以細熟銅絲，俾可開闔，中用五色粉糍捏成祕戲圖，掛之床帳，巾舄皆具，向見於某姬家，不滿方寸之地，而陳設秩如，神情宛若，亦小技之精絕者。」

除了江米人兒外，古代中國也有用泥巴捏成的祕戲圖，但這類作品過了一段時間後，常會乾裂變形，中國人便把泥捏的送進窯裡燒成瓷人，這樣就可以永久保存了。

活動祕戲像

捏泥、捏江米人兒或瓷燒的祕戲雖是立體，卻是固定不動的，看久也就膩了，古代中國還有木製牙雕，腹裡暗藏機關可以表演「活春宮」的祕戲像。

清初人李斗《揚州畫舫錄》卷六裡說，富可敵國的揚州鹽商經常競誇奢靡，有的人吃一頓飯要花數十萬錢，有的人養狗、養馬、養蘭花，有的人「以木作裸體婦人，動以機關，置諸齋閣，往往座客為之驚避。」

清初人紀曉嵐《閱微草堂筆記》卷八裡也說：「丹陽縣署……前官幕友某，……有牙雕祕像一盒，腹有機輪，自能運動，恆置枕函中，時出以戲玩……。」

從上述這麼多形式各異、花樣精巧的祕戲圖像，也可知古代中國人對色情藝術的創作，實在是「不遺餘力」了。

江米人兒「公雞啄小雞雞」。

漫談歡喜佛

西藏密宗木刻版畫「蓮師雙身像」（上）、「喜金剛」（下）。

歡喜佛是密教喇嘛僧所供奉的神祇之一，在古代中國的典藉裡，有摩睺羅佛、馬哈哥剌、麻曷葛剌、馬哈剌佛、雅滿達噶、閻曼德迦、焰曼德迦、耶曼德迦等不同的音譯；此外，如桑堆佛、尊勝金剛、大自在天、佛公佛母等名稱，指的也是歡喜佛。這種神像造形不一，或男神女神裸身相擁、或男神與女人立交、或女神與男人坐交、或魔與人交、或人與鬼交、或魔與獸交、或魔與人交，總總蕩姿，不一而足，總引起旁觀者無限的好奇心。

唐朝時，佛教密宗在西藏與當地的汎靈信仰——⿰⻊奉教結合，衍變成了喇嘛教，並且迅即向中土傳播。在近年出土的唐朝敦煌白畫（水墨線條畫稿）中，就有一幅「白描六首六手大自在天」，畫大自在天手執法器、足踏兩人、雙蛇纏身、口吐白氣的猙獰相貌，可見喇嘛教在唐朝時已向中土傳播了。

但是這幅白描歡喜佛只有威猛之儀，而無歡喜之相，歡喜佛大約是晚唐五代時才衍變成陰陽相交的佛像；這又與喇嘛教教義的演變有關。

原來當初喇嘛教的神祇並無陰陽相擁相交之事，可是由於佛教原本提倡獨身主義，視女色為不潔，藏胞因奉佛太過虔誠，人人不近女色，人口日漸減少；當權者（即宗教領袖）擔憂藏族可能滅種，便發明了陰陽相交的歡喜佛，倡言神佛尚且不免交歡之事，何況凡人，以鼓勵人口繁殖，於是各種香豔旖旎的歡喜佛便紛紛誕生了。

最早提到裸交歡喜佛的中國文獻是南宋末年鄭思肖的《心史》，元朝時，由於蒙古人崇奉喇嘛教，歡喜佛更是大行其道；《元史》卷一一四〈后妃傳〉上說：「京師創建萬寧寺，中塑祕密佛像，其形醜怪，后（元成宗卜魯罕后）以手帕蒙覆其面……。」醜怪云云，若非有傷風化，卜魯罕皇后也不會羞得不敢看、用手帕把自己的臉遮住了。

專談元朝典章制度、掌故軼聞的《輟耕錄》卷二裡，作者陶宗儀（元末明初人）也說元順帝入佛寺受戒時，看到馬哈剌佛前供著一塊肉，元順帝問是何物，一旁的大學士沙剌班回答說是羊心，元順帝覺得有些殘忍，沙剌班說有時也供人的心肝，如果有人犯罪的話。元順帝反問：「這頭羊犯了什麼罪？」沙剌班一時無言以對。這尊馬哈剌佛，應當也是陰陽交歡的歡喜佛；而後世中國也有以針刺孕婦乳頭之血以點歡喜佛之唇以為供養；在日本，則是用油炸饅頭來供奉歡喜佛的。

張大千臨敦煌漠高窟歡喜佛壁畫。

元朝時大量塑造的歡喜佛，流傳到明朝時，曾被衛道之士屢屢上書建言銷燬，如明中葉人沈德符《萬曆野獲編》卷一說：「……廖中允（道南）疏：以（北京）大慈恩寺與靈濟並稱，欲廢慈恩改（名）辟雍，行養老之禮，……唯寺內歡喜佛為故元醜俗，相應毀棄……。」廖道南建議明世宗把大慈恩寺裡元朝塑造的歡喜佛全銷燬了，世宗頗以為然，下令「夷鬼淫像可便毀之」，於是大慈恩寺裡的歡喜佛就全部被銷燬了。

晚明人方以智《物理小識》卷十二「異事類」上也有一則〈異像〉說：「崇禎辛巳（西元一六四一年），曾同姜如須過後湖（南京玄武湖），入一菴，後殿封鐍，具施（以物賄菴中僧人）乃開，皆裸佛交搆（媾）形，凡數百尊。守者曰：天地父母，前年（崇禎十二年）大內（北京皇宮）發出者，其像皆女坐男身，有三頭六臂者，足下皆踏裸男女，累人背而疊之……。」也可見明朝崇禎皇帝摒斥歡喜佛的情形。

歡喜佛塑像有牙雕、木雕者，也有烏金或黃銅鑄造者，最小的在五寸左右，最大的有如真人，還有些是可以局部活動的；前引明人沈德符《萬曆野獲篇》卷二十六裡說：「予見內庭有歡喜佛，云自外國進者，又有云故元所遺者。兩佛各瓔珞嚴粧，互相抱持，兩根湊合，有機可動。……今外間市骨董人，亦間有之，製作精巧，非中土所辦，價亦不貲，但比內廷殊小耳。」

清朝時，滿人為了懷柔西域，控制西藏，並籠絡蒙古人而尊崇喇嘛教，並在北京、承德、瀋陽等地大建喇嘛寺，寺中當然少不了各式歡喜佛的壁畫和塑像。

像北京皇城裡的交泰殿（在乾清宮和坤寧宮之間），供奉著許多歡喜佛，民初小橫香室主人編《清代述異》卷下〈歡喜佛〉一則頗有描述，而皇城裡的雍和宮（在安定門大街東邊、北新橋北面）裡，更供奉了數以萬計的歡喜佛。

雍和宮修建於清康熙三十三年（西元一六九四），原是雍正皇帝胤禛即位前的府邸，建築宏偉，殿堂深邃；雍正即位後，雍和宮變成了喇嘛的上院，宮中最著名的有祖師殿、額木齊殿、永佑殿、綏成殿、法輪殿、鬼神殿、雅木得克樓、萬福閣等。鬼神殿又名特參殿，裡面就供奉了大大小小、形形色色、千奇百怪的歡喜佛，有裸婦仰臥與巨牛交歡者，有男女神裸抱而項間腰際懸骷髏纍纍者，有足踏巨蛇、巨牛者，有四臂、六臂、十二臂手執用人頭頂骨製的嘎布拉碗和各種法器者，牆上的壁畫，也全是歡喜佛的畫像。

民國以後，雍和宮開放任人參觀，但鬼神殿裡的光線很暗，歡喜佛又用黃緞幔遮覆著，遊人需以錢賄賂守殿的喇嘛，喇嘛才肯點燃起蠟燭、拉開黃幔，任好奇的遊客觀賞，只見從地上至架上，幾十層全供著大大小小的既香豔、又邪門的歡喜佛，讓人歎為觀止。不肖的遊客常趁人多擁擠之際，用手杖勾取銅塑的歡喜佛，竊出變賣或珍藏，久而久之，最下面的十幾層小歡喜佛塑像，竟被遊客們偷得一乾二淨了。

這些被偷竊出宮的歡喜佛，多半流落到北京琉璃廠的古玩店，而後被肯出高價的外國遊客買走，輾轉成為國外各大博物館的珍藏了。

閨中小祕器

——緬鈴

明朝人以象牙玉石鑲嵌成祕戲圖小屏風。

緬地有淫鳥，其精可助房中術，有得其淋於石者，以銅裹之，如鈴，謂之「緬鈴」。

——清人趙翼「簷曝雜記」卷三

清人趙翼曾見此玩意

緬鈴一作「勉鈴」，又有「太極丸」、「得意丸」等等不同的名稱，但都是指緬甸所製造的一種小銅鈴。

這種小銅鈴的形狀大小和作用究竟如何呢？大約在清朝乾隆三十年左右，久居黔西為官的趙翼，在即將返京述職之際，有人拿了一粒緬鈴來向他推銷；據親見此鈴的趙翼形容，說它：

大如龍眼，四周無縫，不知其真偽，而握入手，稍得暖氣，則鈴自動，切切有聲，置於几案則止。

博學多聞的趙翼，不但知道它是一種閨房中的成人玩具，還知道它來自緬甸，是以銅皮裹一種淋過淫鳥精液的小石子製成的，結果趙翼說他「派不上用場」，而把緬鈴還給了兜售者。

怎樣派上用場？在清初的風流小說《杏花天》第十一回「繡閣設盟聯坦腹　花營錦帳遇狂生」裡，有詳細的說明；書上說男主角封悅生「遂起來披衣，將薰香爐火取起燈來，向自家皮匣內，原是雪妙娘所遺之物，忙忙取了一丸，放在手中，將他牝中塞進。

「珍娘登時遍體酥麻，牝戶發癢非凡……。忙道：『官人，此名何物？』

「悅生道：『我說你聽，此寶出於外洋，緬甸國所造，非等閒之物，人間少有，而且價值百金。若說窮乏之婦，不能得就；不餘之家，亦不能用此物也。』

「珍娘道：『此物如今在內，怎樣取出來？』

「悅生戲道：『我止知進而不知出。』

「珍娘慌忙道：『若果常在內，把人都酥麻了，也不要命哩。』

「悅生道：『此美快事，就放入一年何妨？只是便宜你了。』

「珍娘被物塞入，酥麻不止，慌言：『寃家，不必取獃了，怎麼樣出來？』

「悅生道：『你將身子覆睡，其丸自出。』
「珍娘即將身子覆睡，果然溜出薦上，用手握住。
「悅生道：『可將此絲綿盒兒盛之收貯。』
「珍娘道：『果然沈重，嗤嗤的響叫不止。』……」

明朝小說常提及

緬鈴傳入中國，大約是明朝萬曆年間的事情；因為明萬曆年間的筆記小說中，再三提到這種成人玩具，而在此之前則未見記載。

在明萬歷年間刊行的《五雜俎》一書卷十二中，博學的閩籍學者謝肇淛說：「滇中又有緬鈴，大如龍眼核，得熱氣則自動不休。」

明萬曆年間刊行的《金瓶梅詞話》第十六回裡，作者蘭陵笑笑生也提到它：

婦人與西門慶盡脫白綾襖，袖子裡滑浪一聲，吊（掉）出個物件兒來，拿在手內，沉甸甸的，紹彈子大，認了半日，竟不知甚麼東西。但見：

原是番兵出產，逢人荐轉在京，身軀瘦小內玲瓏；得人輕借力，展轉作蟬鳴，解使佳人心膽，慣能助腎威風，號稱「金面勇先鋒」，戰降功第一，揚名「勉子鈴」。

婦人認了半日，問道：「是甚麼東西兒，怎的把人半邊胳膊都（震）麻了？」西門慶笑道：「這物件，你就不知道了，名喚做『勉鈴』，南方勉甸國出產的，好的也值四、五百兩銀子。」

婦人道：「此物使到那裡？」

西門慶道：「先把他放入爐內，然後行事，妙不可言。」

文中所指的「爐」，當然是借來形容女人下體的會意字。

同樣刊行於萬曆年間的風流小說《繡榻野史》（明人呂天成撰）裡，也不只一處的提到緬鈴。如卷上說東門生與小秀才趙大里有後庭之歡，趙大里看上了東門生的老婆金氏，東門生知道以後，就先把老婆勸肯了，讓大里玩她。隨又夜不歸宅，讓大里到自己家過夜。大里來到金氏臥房，見諸般陳設華麗異常；「……床上鋪了一領絕細的蓆子，放了一個長籐枕，兩根花絲紬的單被，把沉速香薰的噴鼻子香的，枕頭邊放著一個宋朝金胎雕漆雙頭牡丹花小圓盒，盒兒裡面盛著真正緬甸國來的緬鈴一個。原來東門生是不會久戰的，常常弄過了，只得把這個東西放在毬裡邊，方才了興……。」

同書卷下又說大里有個守寡的母親麻氏，金氏趁大里不在家，到大里家陪麻氏，夜晚便用緬鈴誘她；麻氏夢中醒來，只覺下邊又麻又癢，金氏說：「婆婆，我有個東西叫做『緬鈴』，我自家叫做『賽毬兒』，這是我受用的，因婆婆長久不得這個食了，好耍兒（開玩笑）嵌在婆婆裡頭了。」

麻氏道：「原來大嫂捉弄我，快些與我拏出來罷。」

等緬鈴滾滑出來後，麻氏摸看著緬鈴道：「圓圓的怎麼在裡邊會滾動？」

金氏道：「這是雲南緬甸國裡出產的，裡邊放了水銀，外邊包了金子一層，燒焊一遍，又包了金子一層，這是七層金子包的，緬鈴裡邊水銀流動，震得金子亂滾。」

笑笑生在《金瓶梅詞話》裡，沒有說明緬鈴的製法，前引清人趙翼《簷曝雜記》卷三，則說是緬甸特產的一種淫鳥，其精液淋在小石頭上，用銅片裹製而成的，但是並沒有進一步說明是那一種鳥；另據晚明人談遷在其《棗林雜俎》卷五〈器用篇〉說，這種淫鳥就是鵬：「緬鈴相傳鵬精也。鵬性淫毒，一出，諸牝悉避去，遇蠻婦，輒啄而求合。土人束草人絳衣，簪花其上，鵬嬲之不置，精液（遺）其上，採之裹以重金……，不搖自鳴。」但是筆者以為，只有呂天成在《繡榻野史》上所說的，以好幾層金皮或銅皮裹上水銀製成，才比較切近事實的真相。

這種推論有好幾個理由：第一，天下沒有這樣又笨又歪哥的鵬鳥，會找女人做愛，找不到女人，連草紮的女人也可騙牠出精。第二，水銀是必然易得的礦物，用它來製造緬鈴，比等待淫鳥遺精於石更具可行性，而無「守株待兔」之妄。第三，《金瓶梅詞話》書中說緬鈴拿在手內「沉甸甸的」，比重甚大的水銀比小石子更能產生這種「沉甸甸的」的感覺。第四，日本江戶時代類似的成人玩具「如意球」（benwa），也是在金屬空心球中灌水銀（詳見下文）。

然則，為何又會有「淫鳥」這種荒誕的傳說附會在緬鈴身上呢？可能的原因之一是緬甸土人製造這種成人玩具外銷，為了抬高價格，故意說得神奇而難得；另一個原因則可能因緬甸在萬里之外，在輸入中土時，輾轉地以訛傳訛，出現了「淫鳥神話」，使得趙翼、談遷等人信以為真而寫在書上。

輸入艱難　抬高緬鈴身價

在交通不便的古代，緬鈴由緬甸傳入中土，很可能是從中緬邊境的密支那或八莫，循滇緬公路的路線橫渡怒江、瀾滄江而北上，直抵長江上游的金沙江，再順江而下，抵達明清時全國首富的江南區。這條路是除了迂遠的海道外，緬甸與中國唯一的通路。六朝時，佛教向東傳入中國的四條路線裡，第二條「永昌道」就是走上述的路線，經緬甸北部把東印度Mathura式的佛教藝術傳入中土，所以至今長江下游的金陵一帶，仍遺存著六朝時的佛塔和佛像。元朝時東遊到達北京宮廷而頗受元世祖寵信的義大利人馬哥孛羅，在滯留中國的十七個年頭（西元一二七五至一二八九年）裡，曾奉忽必烈汗之詔命出使雲南緬國，他翻越秦嶺入四川以後，也是逆著走這條路。後來民國三十二年十月，「滇西遠征軍」在對中南半島的日軍進行作戰時，還是循這條滇緬公路。

上述由緬甸經雲南溯長江而下的這條道路，不但路途遙遠，而且艱險萬分。橫跨怒江、瀾滄江的籐索橋，是在江岸兩壁建立木架，用粗藤一根、細藤兩根搭成的；渡橋的人腳踏粗藤、手扶細藤，在顫動搖幌中前進，稍一不慎，就會跌落腳下萬丈深谷的急流中而屍骨無蹤。經過滇川康之交的大、小涼山附近時，還要小心提防當地的土著倮儸，他們慣於擄掠過往的漢人去當奴隸。順江而下時，又必定會經過像鬼門關一樣湍急驚險的山門峽，坐在小舟上從茅津渡順著激流而下，箭也似地穿過矗立在江心的兩塊巨岩中間的窄道時，稍一不慎，船就撞在岩石上碎成片片……。

如此艱難險困地跋涉萬里才運到江南或北京的緬鈴，其售價之昂貴，不喻可知。《金瓶梅詞話》第十六回裡說「好的（勉鈴）也值四、五百兩銀子」。四、五百兩銀子究竟值多少錢？同書第二十回裡說西門慶家中管待李銘一個月的工錢是五兩銀子；第三十回裡說如意兒三十歲賣到西門慶家中時的身價是六兩銀子；第三十九回裡說一幢「門面兩間到底四層房屋」值一百二十兩銀子；這樣看來，一粒緬鈴的價格，換算成現在的幣值，總要值幾百萬元新台幣了。

正因為緬鈴的價格昂貴，所以才成為官場中屬下巴結上司的貴重餽禮；前引《五雜俎》一書上說：「緬鈴……彼中（雲南）名曰『太極丸』，官屬餽遺，公然見之箋牒矣。」明人沈德符《萬曆野獲編》補遺卷三「佞倖」也說：「今滇中文武上下，以緬鈴相餽遺，登之簡牘，曰『太極丸』。」如果價格便宜，那些善於鑽營的官員怎會用來作巴結上司的禮物呢！

假緬鈴魚目混珠

也因為緬鈴價格昂貴，不肖的商人馬上動腦筋製造了假的緬鈴出售，以圖暴利。前引《五雜俎》一書上說：「緬鈴……緬甸男子嵌之於勢，以佐房中之術，惟殺緬夷時活取之者良，其市之中國者皆偽也。」前引《繡榻野史》一書中說「盒兒裡面盛著真正緬甸國來的緬鈴一個」，強調「真正緬甸國來的」，也可證市面上有假的緬鈴。

明末人談遷《棗林雜俎》上也說：「緬鈴，相傳鵬精也……土人……採之，裹以重金（一層層金屬），大僅如豈，嵌之於勢，以御婦人，得氣愈勁。然夷不外售，夷（殺）取之始得。滇人偽者，以作蒺藜形，裹而搖之亦躍，但彼（真的緬鈴）不搖自鳴耳。」推想緬鈴的直徑大小不一，有的如龍眼大，有的如豈子大，較大的是塞入女人下體內，較小的則嵌在男人命根子的前端，並且往往不止嵌一粒緬鈴。關於緬人此俗，明人沈德符《萬曆野獲編》卷三十裡有一則珍貴的史料說：萬曆十二年正月初一，緬酋岳鳳降漢，結果在北京遭斬刑處決。「岳鳳……性淫侈，裝飾詭異，肌膚刻畫異錦，如宋人所謂『雕青』（即紋身）者，陽道亦嵌數緬鈴於首，尋為行刑者割去，以重價售於勳臣家……。」岳鳳本蘇州人，因祖先在儱川作生意，與當地土司交往，得以運用才智攘竊權柄，成為西南夷之酋長，他入境隨俗，在陽具上嵌緬鈴，亦可佐證當時的緬甸人存有此俗（這種在陰莖上嵌入異物的風俗，特別盛行於東南亞一帶的原始部落中，像西里伯斯島北部的土著、蘇門答臘的巴塔人、婆羅洲島上的馬來人和其內陸的達雅克人，都和緬甸土著一樣，有這種奇異的性風格，在陰莖上或嵌入銅球、銀球，或嵌入象牙塊、小珠子，或嵌入鳥羽、羊眼圈，以在房中取悅女性；異日當另以專文介紹）。因為漢人沒有在陰莖上嵌小東西的風俗，所以只有大如龍眼的緬鈴外銷中國，但因量少價昂，在雲南就有人生產假緬鈴以賺取厚利了。如果真如謝、談所言，只有荳粒大小、嵌在土人陽具上的緬鈴才是真的，那清乾隆年間趙翼在黔西親自把玩的那粒大如龍眼、握在手中震動得切切有聲的緬鈴又該作何解釋？

大概由於緬鈴外貌既不顯眼，對不識貨的人來說，根本一文不值，那樣小的一粒東西，在保存上也極為困難，因此在清中葉以後，中國的典籍裡就很少再提到它了。

緬鈴重現「青樓怨婦」

讓人驚訝的是，連東方人都不再熟悉的緬鈴，居然出現在西方的電影中；在《青樓怨婦》這部電影中，女主角凱薩琳丹妮芙飾演一個名叫比埃的醫生的妻子雪維莉。她因丈夫專注在事業上而感到芳心寂寞，終於被一女友誘入青樓中兼差賣淫。嫖客中有一個身材肥大的東方人，看過這部電影的人，相信都還有些印象，這個東方人一看就是名日本的相撲選手，上唇留著稀疏的小鬍子，穿著深色的西裝，戴了一頂呢帽，手中捧著一個小方盒子，進入雪維莉接客的房間裡，銀幕上出現了那個男人用肥大的手指捏著一個小銅鈴搖幌的特寫鏡頭，並發出「鈴鈴鈴鈴」的聲音。鏡頭跳接到這個粗胖男人滿足而微笑地出門，青樓裡負責清潔的老婦人跟著進房去收拾殘局，她見雪維莉身子全裸的踡伏在床上，便饒舌地數說那個東方人如何下流、如何像個畜牲、如何難侍侯……，畫面上出現飾演雪維莉的凱薩琳丹妮芙由沉醉痴迷中抬臉，露出詫異而不以為然的神情。

雖然真正的緬鈴是粒無縫的小圓球，而不是電影中那種敞口鐘形的小鈴，但是編劇者的博學多聞仍頗值稱道。西方人怎會知道古代東方這種閨房中的成人玩具呢？一位德國學者奧圖史托爾（Otto Stoll）於一九〇七年在來比錫出版的《世界各民族的性風俗》（Das Geschlechtsleben in der Völkerpsychologie）一書中，曾敘述這種緬鈴如何傳入西歐；此外，法國學者喬塞克里斯坦（Joset Christan）登在《醫藥科學大典》（Dictionnarie Encyclopedique des Sciences Medicales）這本雜誌上的一篇文章〈手淫〉（Onanism），和巴豪蒙特（Bachaumont）的《綺聞逸史》（Anecdotes Piquantes）一書中，對緬鈴的形狀和用途，也都有詳細的介紹。

日人仿效造出如意球

緬鈴在東方也有進一步的發展，中原的漢人雖很快地就製造仿冒成功的假緬鈴，但據明中末葉的學者批評，它們震動的效果似乎比不上緬甸的原產；但是江戶時代的日本人，卻根據同一原理而發明了「如意球」（benwa）。

如意球是以金、銀或銅片製成的空心小球，兩粒一組，每粒約有荔枝或李子大，一顆是中空的（也有在裡面放一粒小銅彈子，來增加它的撞擊力），另一顆則半盛著水銀，女性在使用它時，先把那顆中空（或包有小銅彈子）的如意球塞進陰道中，然後再塞進另一顆半盛水銀的如意球，塞好後，坐在搖椅上，來回搖幌著，藉半含水銀的那粒球在陰道內來回幌動時不斷地撞擊裡面的那顆球，去碰撞子宮頸口，達到刺激高潮的效果。

荷蘭漢學家高羅佩（R.H. Van Gulik）主張緬鈴是日本如意球的原型，筆者猜想，緬鈴原本就是內裹水銀的金屬小球，日本人才據以改進發明了如意球，不知讀者以為然否。

緬鈴在晚近幾乎絕少再聽人提起了，倒是日本的如意球，如今卻大為風行，在歐美各地的成人玩具店裡，都可以買到它，成為安慰寂寞婦女的最佳成人玩具之一。

後記：頃閱民初人柴小梵《梵天廬叢錄》卷二十三，〈媚藥六則〉中亦曾談及緬鈴，文中引包汝楫《南中紀聞》說：「緬鈴薄極者，無可比似，大如小黃豆，內藏鳥液少少許，外裹薄銅七十二層，疑屬鬼工神造，以置案頭，不住旋運，握之，令人渾身木麻。收藏稍不謹細，輒破，有毫髮破壞，更不可修葺，便無用矣。鳥液出深山坳中，異鳥翔集所遺精液也，瑩潤若珠，最不易得。」柴小梵在文中還說：「此物予在日本嘗一見之，大如黃豆，握於手中，掌心奇癢，藏者謂緬甸之淫女及寡婦，常以此納入膣中，鈴得膣中暖氣，旋動尤速，快美之感，勝於近男，不一刻，女精洩矣。此物在緬甸亦不多得，收藏時，過暖過寒過燥過濕及氣味惡濁之處，皆易壞，惟入腔一次，則加固密，愈久而旋轉愈靈，誠異寶也。問異鳥為何鳥？答：不知，據《滇南雜志》：滇南有樹名『鵲不停』者，枳棘機枒，群鳥皆避去，不敢下，惟鴉之交也，棲止而萃其上，精溢於樹，乃生瘤，土人斷瘤成丸，如鳥卵，近人肌膚，輒自跳躍，就私處，益習習然。人或骨節間作痠楚，失舒展，按其丸於骱穴，彈動少時，即蘇快而愈，然極難得，故緬人以銅為之，內藏小輪，循環不已，以氣溫體暖相感而動，其功用悉如樹瘤，名曰『緬鈴』，然亦從西洋海舶來，非緬製。讀此，知異鳥乃鴉，而緬鈴西洋亦有之。」

房中大功臣

——角先生

風流男子以「角先生」情挑大家閨秀（清朝春畫）。

民國六十六年冬天，台北車站地下道出現了擺地攤賣「樂樂棒」的小販。

地下道裡的「樂樂棒」

樂樂棒全長約十七公分，可扭開成兩截，作為棒身的下半截是中空的，以便容納兩個小電池，棒身的末端直徑約一公分半，接著一個小燈泡；粉紅色的上半截呈圓柱形，直徑約兩公分半、長約五公分。把電池裝好，再將兩截接合在一起後，向右旋則棒子末梢的小燈亮起，可當手電筒使用，但光度很弱；向左旋，則整支棒子震動不已，震力很強，用手緊握時，還有麻癢的感覺自掌心傳來。

賣樂樂棒的人，把一枝正在震動不已的樂樂棒，放在一個馬口鐵製的鍋蓋上，鍋蓋就擺在地上，棒子在鍋蓋中跳動不已，發出響亮的噠噠聲，招徠好奇圍觀的顧客。

小販口中吆喝著叫賣電動按摩器，可以按摩肌肉、鬆弛身心，還親自拿一根震動不已的樂樂棒，在顧客的頭頰間按摩一番。讓顧客了解它的威力；顧客在會心之餘，便掏出錢來完成了交易。當時一根樂樂棒賣七、八十元到一百二十元不等，價格不算便宜；賣樂樂棒的人說，這是日本進口的，所以價格比較貴，其實雙方心裡都知道，真正貴的原因是它另有妙用——可作為男歡女愛時取樂助興之具，所以顧客甘心讓小販敲竹槓。賣這種成人玩具的行業，大約只出現兩、三個月，就消失了（萬華夜市也賣過一陣子），大概是基於「妨礙風化」的理由，被警察取締了吧！

最近這幾年，錄放影機大為普及，租售錄影帶的店舖如雨後春筍般出現街頭，許多愛看A片的觀眾，也經常可以在日本或歐美的A片中，看到男女主角使用樂樂棒的場面，而畫面中的樂樂棒，花樣更多了，有的是兩頭的、有的還會前進後退、左旋右轉，真讓觀眾大開眼界、嘆為觀止。

南北朝已有此物

樂樂棒的英文名稱是vibrator，可譯作「電動按摩器」，它雖是百分之百由洋人發明的「奇技淫巧」之具，但是，從中國古藉中的記載來看，中國人早在一千五百年前的南北朝時代，就已經發明了模擬男性生殖器官的成人玩具了。

在南北朝時的性學醫籍《玉房祕訣》裡，作者沖和子假託上古仙人彭祖的名義說：「奸淫所以使人不壽者，未必鬼神所為也；或以粉（春藥）內（納）陰中，或以象牙為男莖而用之，皆賊（殘害）年命、早老速死。」這段話證明：最遲在沖和子的南北朝時代，中國已經有了象牙製的假男莖，並且是作為閨中助興之用的成人玩具。

中國在一千五百多年前就出現樂樂棒，當然和古代中國施行一夫多妻的婚姻制度有著密切的關係；因為無論是寡不敵眾的丈夫或未沾雨露的妻妾，都不免需要用到它。也因為有許多男女在交歡時用春藥和假陽來助興，沖和子才會在《玉房祕訣》裡提出了善意的警告。

《玉房祕訣》裡提到假陽，說明這種成人玩具至遲在南北朝時已出現了；但究竟假陽的歷史還可再往上溯到何時，至今仍沒有答案。從《玉房祕訣》上只稱「以象牙為男莖」，而沒有提到「假陽」之類的專有名詞或俗稱來看，這種東西在當時還是個新奇的發明，才出現不多久。

牙雕假陽　源遠流長

象牙製的樂樂棒雖是中國古籍記載中最古老的一種男陽替代品，但是，由於象牙的珍貴和人們對它的愛好，直到晚近，象牙製的男莖仍以「閨中珍玩」的姿態為人們所珍視祕藏。

據當代名小說家子于見告，他在北平唸中學時，一次到同學家遊玩，這位同學是北平世家，房宅很大，同學的父親已經過世了，他們玩著玩著，溜進了同學先父的書房中，結果在一個塵封的書櫃裡，翻出幾本色情小說（記得有《痴婆子傳》、《肉蒲團》、《杏花天》），和一根象牙製的假陽具。當時同學寡母已持齋唸佛，兩人不覺啞然失笑。尤妙者，在假陽之莖上，還刻著《金剛經》全部的經文。當時兩人只認為是為了增加磨擦度而已；後來檢閱清中葉人梁恭辰《池上草堂筆記》卷四，看到〈冥游確記〉一則裡，作者借死而生的程氏口述，說「冥司最重《金剛經》及《大悲咒》，縱有罪孽，亦可懺悔。」，才知在象牙製假陽上雕刻《金剛經》全文，也就大可玩味了。

另外，在荷蘭人高羅佩的《中國古代房內考》一書裡，圖版十八是高羅佩私人收藏的一個牙雕裸女立像圖，高十四公分，這是比較含蓄的設計，但實際上卻也同樣具有假陽的功能。現在日本成人玩具店出售的樂樂棒中，就有設計成一個老壽星（南極仙翁）者，以圖掩人耳目。

唐朝自印度進口「生支」

除了源遠流長的象牙製假陽外，中國在唐朝時，另外又出現了一種名叫「生支」的假陽。

在南宮搏的長篇歷史小說《武則天》裡，曾提到武后的御醫明崇儼大夫以春藥及生支獻媚於武后、穢亂後宮之事；據說，「生支」是一種來自天竺（印度古國名）、以樹膠製成的假陽。

南宮搏在《武則天》一書中是這樣描述的：

武皇后與明崇儼之間的關係，在婉兒，已不是新奇的了，可是，今夜卻是新奇的，在過去，她所知道的是明崇儼運用他的技術與特殊的工具——明崇儼稱之為「生支」的一件工具，婉兒見過，也曾經臉紅過！可是，博識的明大夫稱這「生支」來自天竺古國。而且，佛經下有著著錄。這一卷佛經的譯本，不久以前由明崇儼呈給天后；此刻，還保存在婉兒的壁櫃中，婉兒記得，這卷經封籤紙寫的名稱是：「根本說一切有部苾芻尼毗奈那經」。婉兒能夠默誦出經中關於「生支」的記敘；現在，她立在屏風之外唸經：

「佛在吐羅伐城，時吐羅難陀苾芻尼（比丘尼）因行乞食，往長者家，告其妻曰：『夫既不在，云何存濟？』彼便羞恥，默而不答。苾芻尼乃低頭而出。至王宮內，告勝鬘曰：『無病長壽。』復相慰問：『王出遠行，如何適意？』妃言：『聖者既是出家，何論俗法？』曰：『貴勝自在，少年無偶，實難度日，我甚為憂。』妃曰：『聖者不知，若王不在，我取樹膠，令彼巧人，而作生支，用以暢意。』吐羅難陀聞是語，便往彼巧妻所報言：『當為我以樹膠作一生支，如勝鬘夫人造者相似。』其巧妻報言：『聖者出家之人，何用斯物？』對曰：『我有所需。』妻曰：『若爾，我當遺作。』便即告夫，可作一生支。夫曰：『豈我不足，更復求斯？』妻曰：『……非我自須。』夫承之為製作。……時吐羅難陀飯食既了，便入內房，即以樹膠生支繫腳跟上，內於身而受欲樂。……」

婉兒情熱如火了，她想著成為聖人的尼姑尚且需要，何況常人？明崇儼將「生支」獻給武皇后，現在，他又將自身獻上了。

婉兒想著：現在，皇后不需要生支了……。

上面這一段精彩的文字，絕非淵博的歷史小說家南宮搏向壁虛構的事；「生支」的的確確是翻譯印度文而成的。英國人李約瑟在其研究中國科技史的傑出巨著《中國之科學與文明》第三冊（程滄波譯）第一三一頁上說的話可以為證：「在西藏密宗的觀念裡，男性生殖器官是以電光（Vajra）為代表，稱作『生支』（Linga）；女性的生殖器，則是以蓮花（Padma）為代表，稱作『女根』（Youi）。」佐以這段權威性的說法，南宮搏在《武則天》一書中所說的生支，極有可能是唐朝時由印度經西域傳入中國的首都長安的。這種用樹膠製成的假陽，比中國人用象牙製的假陽更柔軟而富於彈性，使用起來當然更能得心應手，所以充分地具備了進口的資格。至於唐人是否把中國土產的假陽具也稱為「生支」，那就有待更進一步地考證了。

明朝中葉「角先生」盛行

從六朝開始，假陽具這種閨房珍玩經過將近千年的發展，到了明中葉時，不但使用者日漸增多，人們還以「角先生」來稱呼這種成人玩具。「角」音「郭」（江浙人的口音），是說它以鹿角或牛角為製材；「先生」是說它可如丈夫一樣解決婦女的性飢渴，所以理當獲得擬人化的尊稱。在序刊於明熹宗天啟七年（西元一六二七年）的短篇小說集《醒世恆言》第廿三卷裡，就曾出現「角先生」三字。另外，在明末的色情小說《肉蒲團》卷四裡，女主角花晨也曾對情郎未央生說她之夫生前因本事不濟，每逢閨中交歡時，都先以「角先生」代庖……，可見明中葉以後，「角先生」已是個十分通俗的名稱了。

正因為「角先生」之名太響亮、太流行，結果連不是用角製成的假陽，也被人稱為「角先生」。明人呂天成撰寫、在萬曆年間出版的色情小說《繡榻野史》中，就說風流浪子趙大里出門時，「袖帶了揚州有名回子做的象牙角先生。」可見「角先生」一詞，在明神宗萬曆以前，就已成慣用語了。

北平藥舖中的「陰角」

角先生原是用鹿角或牛角製成的，而鹿角又比牛角理想，因為幼鹿的茸角，不但角質硬中帶軟（中藥舖能將它切得和紙一樣薄，可見它軟硬適中的特性）；而且外表茸毛密佈，在使用時可增加摩擦力。清末民初時，北京若干有名的藥材舖中，出售一種「陰角」，據說它就是鹿茸製的角先生，不過茸已擦盡、角已乾硬，價錢比新鮮的鹿茸便宜很多；這些角先生全自清宮中流出，是宮中嬪妃宮女使用後的「廢物」，而「陰角」之名，亦大可玩味。

鹿茸製的角先生雖然很理想，但鹿茸是中國人極為珍視的壯陽藥材、價格也很昂貴，所以用鹿茸來製造的角先生數量有限，一般人所購用的角先生，是製材比較便宜的「藤莖」。

藤製假陽稱為「騰津」

製作角先生的藤莖是一種黑色的藤；因它遇熱會「津液滕（騰）湧」，所以又時「騰津」。

清初人丁耀亢《續金瓶梅》第三十回裡，敘述一個賣生藥的王鞠子，向年已七旬的李守備兜售壯陽春藥之餘，還附送一根「騰津」以便在房中代勞。很顯然「騰津」就是假陽具，並且價格便宜到可以附送。「騰津」之名從何而來呢？原守「騰」是「滕」字的假借，「滕」是「水湧之貌」；《說文》王注云：「『玉篇』引『詩』：『百川沸滕』，今『詩』用借字作『騰』。」可見「滕」「騰」二字互通，「騰津」即「滕津」，也就是「津液滕湧」之意。由於這種黑色的滕會自動分泌津液，所以取名叫「騰津」，因其色澤烏黑，所以又叫「烏角先生」。清中末葉雜曲湖廣調中，有一首題作〈孩刨〉的雜曲，歌詞是描寫一個小妾在房裡思春，因飢渴難耐，便用騰津自慰：

……

四更四點月兒西，忍不住的佳人心內著急，買了一件東西堪可意，名叫「烏角先生」不喲嗐嗐，卻也像活的來往的不汲不汲不喲嗐嗐，弄得我心裡迷。

除了牙製、角製、藤製的假陽外，明朝時還出現了金屬製的假陽。在《肉蒲團》卷三裡說：

瑞珠與未央生進房之後，就寬衣解帶，上床行樂。……只見抽到後面，果然越弄越大，越幹越熱、竟像是個絕大的角先生，貫（灌）了一肚子滾水，塞進去一般……。

可見當時確實有金屬製中空的假陽，裡面可以灌進去熱水，使它的感覺更像真的。據說近日西方也有金屬製或塑膠製的中空假陽，可以灌入熱水或熱牛奶，在它根部還有按鈕，一按下去，裡面的液體會自動射出，設計得真是盡善盡美。

賣藥人兜售假陽

古代中國沒有成人玩具店，誰來出售這種不登大雅之堂的東西？又是以什麼方式出售的呢？

大致上來說，假陽都是賣藥材的人兼售的貨品，男性的賣藥人向男子兜售、或隨藥材附送，女性的賣藥人（藥婆）則向婦女們兜售。

前面引過兩則資料，都說假陽是回子（回教徒）賣的；一則說「揚州有名回子做的象牙角先生」，一則說「賣生藥的王鞘（回）子送李守備一根騰津」，回子怎麼會和假陽扯上關係？

原來回回即大食回教徒，向以醫術精良著稱於歐亞，因十三世紀蒙古人西征，西域技術之士歸降者，都到元朝作官，許多來到中國的回人，便以賣藥治病為業，這種情形一直到明、清時，仍沒有改變，所以《續金瓶梅》中，敘述一個王姓的回子賣藥維生，而角先生既是用藥材製成，當然順理成章地歸賣藥的人賣了。

古代中國男女授受不親，如果賣假陽的是男人，而買

《中國的色情主義》書中的插圖——賣婆販售假陽具。

主是女人，實在有所不便，女人只好託她信得過的男人代買；《醒世恆言》卷二十三「金海陵縱欲亡身」裡，昭妃阿里虎被金海陵王打入冷宮，孤衾獨眠、抑鬱成病，她的女侍勝哥便託太監出宮去買一具角先生來，給阿里虎自慰：

（侍女勝哥）見阿里虎憂愁抱病，夜不成眠，知其慾心熾也，乃托宮豎（太監）市（購買）角先生一具以進。阿里虎使勝哥試之，情若不足，與更有餘，嗣是與之（指角先生）同臥起，日夕不須臾離。

清末民初自清宮回流到藥舖的「陰角」，相信也是與宮女關係密切的太監們替宮女從藥舖買的。

但是這樣子託人購買究竟有所不

▌豪門貴婦買回角先生後相互取樂（十九世紀佚名春畫）。

便，於是賣藥的藥婆便插足兼賣角先生的生意了；他們可以穿宅入戶，直接把角先生送到足不出戶的大家閨秀的手中，以敲竹槓的方式賺取暴利。

清初人柴桑《燕京雜記》一書中說：「京師有抱物登門賣者，俗名之曰『賣婆』，珠翠滿箱，遨遊貴宅，常得其婦女歡，如欲奇難寶物，皆可立致。」「奇難寶物」自然可以包括「角先生」。

晚清《朝報》上也說道：「北平藥婆為三姑六婆中之一，早年間，藥婆專走動闊宅門，以售藥為名，而暗中行使其鬼蜮之伎倆，作惡多端，婦女中受其欺騙者，頗不乏人。此類藥婆……多屬半老徐娘，身穿藍布褂，青布裙，衣衫樸素，故作老成，日常手提藍布包袱，內裝各種藥品，最貴者無非羚羊角，及人參鹿茸等，最普通為保赤散、萬應錠之類，皆藥鋪售餘貨物，可是據藥婆自稱，俱係極道地而極精緻，索價殊昂……。藥婆不過以賣藥為名，究其實際，則陰謀百出，殊有防不勝防之概……。」

賣婆在後門的勾當

《朝報》上的話決非信口開河，藥婆替失足的大家閨秀墮胎、替風流浪子拉皮條，賣春藥、種子靈丹、賣成人玩具……，不但古書中常常提到，而且還「有圖為證」呢！

在《中國的色情主義》（Chinese Erotism）一書中，有兩幅圖，一幅繪大戶人家的後門（由門上貼「後門將軍」鍾馗版畫可知）門口，有一個登門售貨的賣婆，解開包袱，從箱子裡取出兩根角先生來，向好奇的三位婦女兜售，兩位婦女倚門而立，專注地把玩欣賞著一根角先生，另一位少婦則正伸手接賣婆遞給她的另一根角先生。另一幅圖則畫這三位婦女在房中以角先生取樂的情景。

這兩幅十九世紀無名氏的繪畫作品，把當時這種怕人看見（所以躲在後門口買賣）的交易行為，作了寫實傳神的描繪，真是珍貴的風俗史料。

不管玉製、象牙製、角製、藤製或木雕的假陽，都不是唾手可得的東西，一般需要它的婦女，便自製假陽以備不時之需。製作的方法有二：一是以竹筷子為骨幹，外纏布條，纏到相當的粗細後，再以線縫死縫牢，便大功告成了；另一是以結實的布縫一大小相當的小長布袋，裡面填塞去梗的蘑菇，而後再把袋口縫死。蘑菇遇水則漲，布袋的尺寸卻是死的，蘑菇一漲，便漲得更硬了，效果也頗為理想。

比上述假陽都簡便的替代品，相信出現得更早，是所有假陽的前身，那就是一切形似男人命根子的瓜菓，包括了香蕉、茄子、黃瓜等等，直到今天，女孩在公共場合不可以說她喜歡吃香蕉，理由在此。

最後，轉引古本《笑林廣記》卷六裡的一則笑話「納茄」，以為本文之結：

> 一婦晝寢不醒，一人戲將茄子納入牝中而去。婦覺，見茄在內，知為人所欺，乃大罵不止。鄰嫗謂曰：「其事甚醜，娘子省口些罷！」婦曰：「不是這等說，此番塞了茄兒不罵，日後冬瓜、葫蘆便一齊來了。」

性觀念篇

中國男人看女人

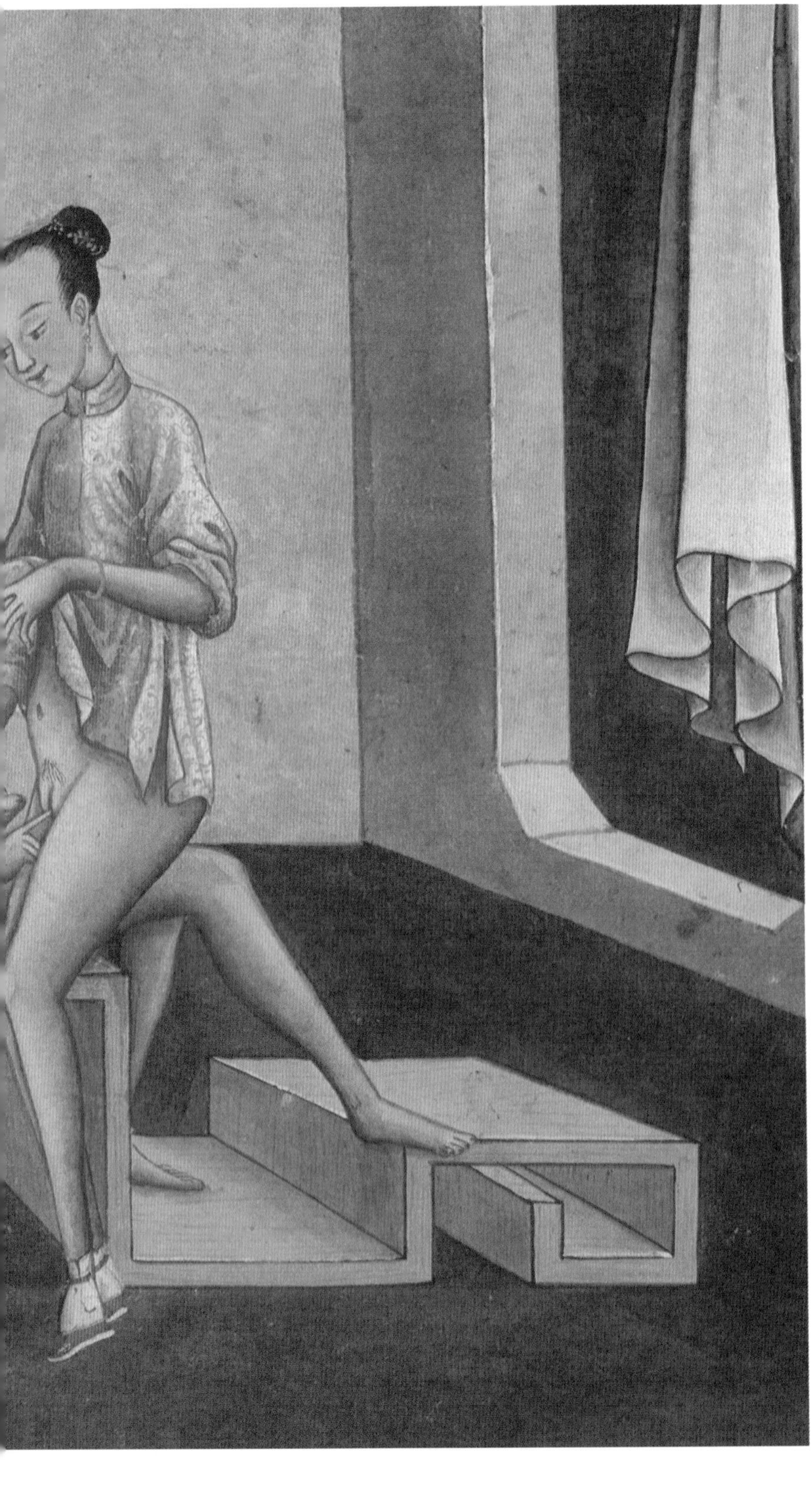

〈玉房秘訣〉說：「男子數數易女則益多。」（清朝乾隆年間春畫）

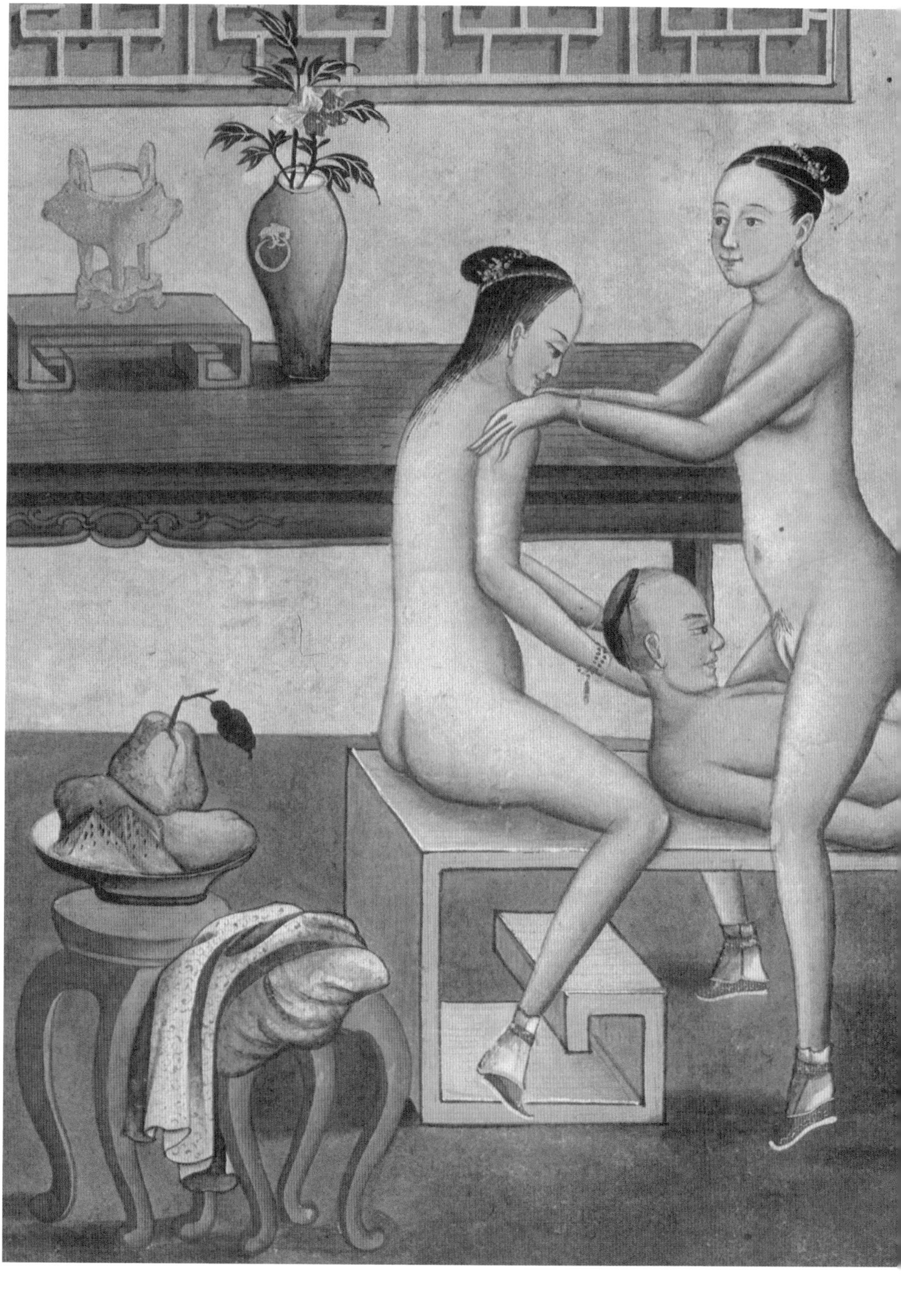

西哲有云：「弱者，你的名字是女人。」西方人把女人視為弱者，中國人又怎樣看女人呢？

儒家對女人的看法可以拿孔子為代表，他曾說：「惟女子與小人為難養也，近之則不遜，遠之則怨。」（《論語・陽貨篇》）孔子對女人的觀點是以經驗為本的，他遇到了一、兩個難養的女人，發出了感同身受的慨嘆，竟影響了幾千年中國讀書人對女性的觀點。

佛家對女性更無好感，如《維摩詰經・菩薩品》說：「夫魚之為性，唯水是依；女人之性，唯樂是欲。」又如《劉香寶卷》說：「男女之別，竟差五百劫之分，男為七寶金身，女為五漏之體。嫁了丈夫，一世被他拘管，百般苦樂，由他做主。既成夫婦，必有生育之苦，難免血水，觸犯三光之罪。」竟把女人看成穢惡卑下和罪孽的化身。難怪清人李漁《肉蒲團》卷二裡，豔芳要說：「我們前世不修，做了女子。」

道家也不把女人當人，只視為男人修道成仙時煉丹的「鼎器」；像《素女經》上說：「愛精養神，服食眾藥，可得長生，然不知交接之道，雖服藥無益也。……交接之法，法之要者在於多御少女而莫數瀉精，使人身輕、百病消除也。」又說：「御敵家，當視敵如瓦石、自視如金玉，……御女當如朽索御奔馬，如臨深坑、下有刃，恐墮其中……。」《玉房祕訣》上也說：「夫男子欲得大益者，得不知道（指交接之道）之女為善，又當御童女，顏色亦當如童女，女苦不少年耳，若得十四五以上，十八九以下，還甚益佳也。」又說：「數數易女則益多，一夕易十人以上尤佳，常御一女，女精氣轉弱，不能大益人……。」

在這三種思想主流的交互影響下，中國人卑視女人殆屬當然之事；所以諺語裡要說：「麵條不算飯，女人不算人」，說：「女子好比洗腳水，倒去一盆又一盆。」說：「三腳蛤蟆無處尋，兩腳婆娘要多少？」說：「女人縱然會飛，也要蹲下放尿。」又說：「女子無才便是德」、「女人識字，多致誨淫。」

中國的男人看不起女人，女人也看不起自己，漢朝時的班昭，就寫了一篇長一千六百字的〈女誡〉，對女人大事宣揚三從四德、男尊女卑的道理，如說：「古者生女三日，臥之床下，……明其卑弱，主下人也。」又說：「陰陽殊性，男女異行，……男以強為貴，女以弱為美。」

又說：「夫有再聚之義，婦無二適之文，故曰『夫者天也』，天固不可逃，夫固不可違也……故事夫如事天，與孝子事父、忠臣事君同也。」

在幾千年漫長的歷史上，也不是沒有中國人推崇女性。明中葉時，王陽明主張「心即理」，門生蔚為「王門左派」，代表者有王龍谿、王心齋、李卓吾等人，認為「人人心有聖人」，「真理在良知中」，自己認為是對的，即使與古聖先賢意見相反，也可以堅持己見。於是到了晚明，有人推翻傳統卑視女性的論調，開始歌頌女性。

晚明人衛泳〈談美人〉裡，有幾段文字，不但文辭優美而且見解開明，值得在此轉錄：

「女人識字，便有一種儒風，故閱傳奇、觀圖畫，是閨中學識。……或相與參禪唱偈，說仙談俠，真可改觀啓意，滌除塵俗。」

「美人有文韻、有詩意、有禪機，匪獨捧硯拂箋，足以助致，即一顰一笑，皆可以聞暢玄想。彼臨去秋波那一轉，正今時舉業之宗門。皆參透者，文無頭巾氣，詩無學究氣，禪亦無香火氣。」

「王子猷呼竹為君，米元章拜石為丈。古人愛物，尚有深情，倘得美人而情不摯，此淑真所以賦斷腸也。故喜悅則暢導之，忿怒則舒解之，愁怨則寬慰之，疾病則憐惜之。他如寒暑起居、慇懃調護，別離會晤，偵訊款談，種種尤當加意，蓋生平忘形骸、共甘苦、徹始終者，自女子之外，未可多得也。」

這樣「把女人當人」的卓見，在古代中國還真不多呢！

無奇不有的貞操觀

貞操是社會輿論對法律和性行為所做的規範，合於此一規範，稱為「貞潔」，逾越此一規範，謂之「不貞」。

貞操觀念的形成，是為了穩固家庭和社會的秩序，使得婚姻制度得以維繫、人人能在和諧的社會中各司所長、各盡其力，使人類種族得以綿延，文明得以進展。

不同社會　貞操觀迥異

但是，貞操觀念是遷就社會制度的需要而制定的，多少帶有一點強制性，也多少有些違反人類最原始的本性（如果貞操觀完全吻合人的本性，也就是人人都可以隨心所欲而合於「貞潔」的標準，那就根本無需訂定此一規範了），所以不同的社會有不同的貞操觀，不同的時代有不同的貞操觀，不同的職業和身份也有不同的貞操觀，貞操觀念絕不是一成不變的，絕不是「放諸四海而皆準，百世以俟聖人而不惑」的。

因為貞操觀本身就是有違人類本性，遷就時空環境的產物，所以有很多人做出逾越貞操規範的行徑，也形成各

明刊《列女傳》描繪王凝妻李氏斷臂示貞情景。

種社會彼此不同的貞操標準的矛盾現象。

例如：有的原始社會比較不重視婚前的貞操，放任未婚少女可以自由戀愛交友，但卻嚴禁女人在婚後紅杏出牆；有的原始社會更把尺度放寬到女人在生子之後才需要守貞。但是農業社會的人們卻相當重視女子婚前的貞操，以為男人如果娶到一個已非完璧的新娘，是莫大的恥辱。

唐人樊綽《蠻書》說：「（倮倮）俗法，處子孀婦出入不禁，少年子弟暮夜遊行，閭巷吹壺盧笙或吹樹葉，聲韻之中皆寄情言，用相呼召。」倮倮是住在四川、西康兩省間大涼山區的土著，他們對未婚少女和寡婦採取較寬的貞操觀，是和中原漢人完全不同的。

元朝時來華的義大利人馬可孛羅，在其《馬可孛羅遊記》中，有一段記述當時西藏人的貞操觀，也極為別緻。「從（四川）成都府起行，騎行五日，抵一廣大森林，屬土番州地帶。騎行二十日不見人煙，二十日後始見城村。當地居民有一奇怪習俗：當地無人娶處女為妻，如女子未經破身而結婚便受人輕視；女子婚前必先與無數男子發生性關係，次數越多則越光榮。當地婦女往往把閨女呈獻到外來旅客的面前，旅客每抵達一村，往往有二、三十個老婦攜二、三十個閨女同時往獻，旅客可任意挑選，擇一閨女與其共寢，被挑中的閨女輒感到無限光榮，旅客與閨女交歡後，需以小金環或其他禮物相贈，以便女子於結婚時可以出示人前，證明自己已非處女，曾與男子共寢過，贈物愈多，則表示新娘愈受人所喜愛。但在結婚之後，夫妻情篤，女子就不再有偷情野合之舉了。」直到晚近，西藏還有把女子初夜權獻給喇嘛僧的習俗。

和這種貞操觀迥然不同的是農耕社會的漢人。像廣東人最重視新娘是否處子；婚禮時有吃燒豬之舉。如果洞房花燭夜發現新娘子已非完璧，則往往可以退婚。即不退婚，也會把送給女方家的一隻燒豬的雙耳剪去，以示羞辱和抗議。所以女方家人最擔心的就是接到男方送來一隻缺耳的燒豬了。

防範女人失貞　花樣百出

為了防範女人失貞，中國人想出了各種「效果只有天曉得」的辦法，漢朝時的皇帝給宮女穿「窮袴」——一種很不方便脫下，有點類似西洋中古時代的貞操帶的玩意兒，以免飢渴的宮女去偷野男人；有的人研究出「守宮砂」，點在屬於自己的女人身上，只要一行房，守宮砂就不見了，以此判定她是否有打野食；有的人取向東邊行走的馬蹄土，偷偷藏在屬於自己的女人的衣領上，如果她別有姦情，就會不知不覺地自動說出來……，這種種江湖異術，真是令人眼花撩亂。

最根本的辦法是從思想下手，灌輸女人必需守貞的觀念，女子從小讀的書，如《列女傳》、《女訓》、《閨範》、《女史箴》等書，都把貞操視為女人第一件大事；這套辦法果然有效；許多女人因而抱持了「餓死事小，失節事大」的觀念，寧死也不肯失貞。

江蘇邵伯鎮北三十里高郵、江都分界處有座露筋祠，祀高郵貞女。古時有姑嫂二人，夜行至此。見前有燈火，嫂嫂想前往投宿，小姑堅持不肯，獨坐路旁待旦，結果被當地特產的大蚊子聚嚙，一夜之間血肉吸盡，只餘筋附於骨而死，邑人遂建露筋祠敬祀之。這是寧被蚊子咬死，也不肯隨便投宿陌生人之家的貞女的故事。

明刊《列女傳》卷九〈王凝妻〉說：虢州司戶參軍王凝病死於官署，未亡人李氏攜幼子送靈柩回故里，途經開封投宿旅店。店主見李氏行跡可疑，不准她投宿，拉她出旅店；李氏仰天長慟說：「我為婦人，不能守節，而此手為人執邪。不可以一手并汙吾身。」說完竟用斧頭把被「污」的手砍斷。這些都是過度守貞的例子。

但是，也有許多人視貞潔為糞土而盡情縱慾，甚而做出亂倫之事；像隋煬帝烝淫庶母宣華夫人、唐太宗收納弟媳楊氏、唐玄宗霸佔兒媳楊玉環、金海陵王淫亂宗室女子之事，載諸正史卻無人敢將他們繩之於法。

也有些地方因為貧窮落後，流行兄弟共妻、貧家租妻之習俗，如明人陸容《菽園雜記》卷十一說：「溫州樂清縣近海有村落曰『三山黃渡』，其民兄弟共娶一妻；無兄弟者，女家多不樂與，以其孤立恐不能養也。既娶後，兄弟各以手巾為記；日暮，兄先懸巾，則弟不敢入；或弟先懸之，則兄不入；故又名其地為『手巾嶼』……。」風俗如此，也就無人苛責其是貞是淫了。

道釋兩家的性愛觀

描繪「和尚不娶老婆多」的清朝五彩瓷塑。

山歌越唱越新鮮，
柿子經霜蜜樣甜；
甜菜經霜紅苗嫩，
小姐經郎轉少年。

——民初江南情歌

儒、釋、道是中國人思想的三大主流，三家對男女性愛這樁人生大事，有怎樣的看法呢？

儒家雖認為「飲食男女，人之大慾存焉」，但卻認為這是一樁不值得也不堪細究深論的事；因此，大而化之地講，儒家屬於「只做不說派」。

道家對男歡女愛之事大致採取相當鼓勵的態度（但古代道家也有一小支派是主張禁慾戒色的，詳見下文），認為性愛有益健康，使人長壽，並且以理論來支持他們這種論調，屬於「既做又說派」。

釋家則把女色當作蛇蠍蜂蠆，把性愛視為敗壞修行

的墮落行為，並且發明許多理論支持他們這種主張，屬於「只說不做派」。

道釋兩家對男女性愛抱持著截然不同的看法，並且各有理論，這種情形就很值得我們加以探討；除了剖析兩家的性愛觀之外，本文也將以古藉中的記載作基礎，談談道士女冠、和尚尼姑對其教義的遵行，是否有言行不一的偏差。

道法自然　陰陽交泰

道家是中國本土的哲學思想，道家的觀念得自於對大自然運行法則的冥想。《老子》第二十五章說：「人法地，地法天，天法道，道法自然。」《莊子》卷二十二〈知北遊〉說：「天地有大美而不言，四時有明法而不議，萬物有成理而不說。聖人者，原天地之美而達萬物之理。」道家主張人是大自然的一部份，人的日常行為，起居作息，一定要契合大自然運行的法則，才合乎養生之道。

什麼是大自然運行的法則呢？借用《易繫辭‧下傳》的話來說，就是「天地絪縕，萬物化醇；男女構精，萬物化生。」

按照道家的說法：天是陽、地是陰，只有在天氣和地氣循環交流（稱為「運氣」）而下雨時，萬物才得以欣欣向榮，蓬勃繁殖；雨水則是天地交泰的具體表徵。人要效法天地交泰、陰陽交合之道，經常維持男女的性愛生活，如此才合乎自然，才能維持身心健康，並延續種族生命。這就是道家對男女性愛的基本理論。

兩漢道家　房術方士

道教以道家學說為理論基礎，創於東漢之張陵，可說是中國本土自生的古老宗教；道教以追求個人的長生不死為宗旨，雖滲雜了迷信的色彩，思想大體還是淵源於道家。到了魏晉南北朝時，道教分成了南、北兩大系統，北方系統以燒丹、服食來追求長生，南方系統則鑽研符籙、禁禳、變化等方術，兼求現世之財富。

在南方系統的道教中，別有一支專攻房中術，以男女交歡、採陰補陽來延年益壽或治療疾病；此派學說可溯源

容成公是中國房術理論的開山祖師。（明刊《列仙全傳》木刻版畫）

至漢朝。《前漢書・藝文志》中提到《容成陰道》二十六卷、《務成子陰道》三十六卷、《堯舜陰道》二十三卷、《湯盤庚陰道》二十卷、《天老雜子陰道》二十五卷、《天一陰道》二十四卷、《黃帝三王養陽方》二十卷、《三家內房有子方》十七卷。《前漢書》作者班固云：「右房中八家，百八十六卷」，明指這八本書都是談房中術的書。

《後漢書・甘始傳》也說：「甘始、東郭延年、封君達三人者皆方士也。率能行容成御婦人術，或飲小便，或自倒懸，愛嗇精氣，不極視大言。」

《後漢書・冷壽光傳》註引劉向《列仙傳》說：「容成公者，能善補導之事，取精於玄牝，其要谷神不死，守生養氣者也。髮白復黑，齒落復生。御婦人之術，謂握固不瀉，還精補腦也。」

可見在兩漢時代，已有道家方士以《老子》的文句來解說房術了，並且房術諸家並起，盛行一時。晉朝時著名的道士葛洪，在其《抱朴子‧釋滯篇》中曾談到此派教友說：「房中之術十餘家，或以補救傷損，或以攻治眾病，或以採陰益陽，或以增年延壽；其大要，在於還精補腦之一事耳。」南北朝時道教房中派的理論，至今仍可見其大要，那就是隋唐之際輯集的今本《素女經》。

黃帝御女　登仙典範

《素女經》雖然託言是上古黃帝向素女、玄女等性學專家請教男女之事的問答記錄，但大致上應該是南北朝時代道家方士的創作。書中有許多以性追求健康長壽的理論，顯示道家此派是鼓勵男女交歡之事的。

今本《素女經》說：「凡人之所以衰微者，皆傷於陰陽交接之道爾。」又說：「愛精養神，服食眾藥，可得長生；然不知交接之道，雖服藥無益也。男女相成，猶天地相生也。天地得交會之道，故無終竟之限；人失交絕之道，故有夭折之漸。能避漸傷之事，而得陰陽之術，則不死之道也。」這兩段引文顯示道家方士認為經由「正確」的男女性愛，可達到長壽永生的目的。

怎樣才是「正確」的性愛方式呢？《素女經》一書上說：「『交接』之法，法之要者，在於多御少女，而莫數瀉精，使人身輕，百病消除也。」多御少女，就是多和年輕的女孩行房，莫數瀉精，就是在射精前就中止性行為。這樣的性愛，樂趣不是要大打折扣嗎？不然。《素女經》說：「夫精出則身體怠倦，耳苦嘈嘈，目苦欲眠，喉咽乾枯，骨節解墮，雖復暫快，終於不樂也。若乃動而不寫（瀉），氣力有餘，身體能便，耳目聰明，雖自抑靜，意愛更重，恆若不足，何以不樂耶？」

道教方士說：黃帝除了向玄女、素女請教房術，還曾造訪隱居崆峒山石室的上古仙人廣成子，向他請教修仙之道。黃帝訪問廣成子和當時兩人的談話，在明人王世貞《列仙全傳》中曾有追記：「廣成子，軒轅時人，隱居崆峒山石室中。黃帝造焉，問以至道之要。答曰：『至道之精，窈窈冥冥；至道之極，昏昏默默；無視無聽，抱神以

黃帝曾經向廣成子請教御女術（近人曾后希畫）。

靜，形將自正，必靜必清。毋勞爾形，毋搖爾精，毋俾爾思慮營營，乃可長生。慎內閉外，多智多敗；我守其一而處其和，故千二百年未嘗衰老。』」

在道教房術派的經營塑造下，黃帝是個曾得玄女、素女、廣成子等人的真傳，御一千二百女而登天的仙人，成了道教方士口中的模範。

中氣真術　盛行一時

道教的房術派方士宣稱：鑽研房中之術，不但可以享受現世魚水之歡，還可以移災解罪、治病療疾，如果行房的方法正確、持之以恆，更可以延年益壽、羽化登仙，上古的黃帝就是個最好的例證。

在方士的宣傳下，凡夫俗子受蠱惑而入教研習者甚眾；北周的佛教徒甄鸞，在天和五年（西元五七〇年）曾寫了一篇〈笑道論〉（此文收集在唐朝道宣和尚編《廣弘明集》一書中），呈給北周武帝，對道士之荒謬不法，共列舉了三十六條「罪證」，希望皇帝不要再去信奉道教；在這些罪證當中，有一條是攻擊道士鼓吹性愛、亂搞男女關係，題作「道士合氣」，從甄鸞的批評，我們可以了解當時的道士是怎樣鼓吹性愛養生之道。

甄鸞說他二十歲的時候，喜歡研究道術，曾經到道觀裡學道；道士教他「黃書合氣」、「三五七九男女交接之道」，練習時，男女雙方「四目兩舌正對，行道在於丹田」，道士又宣稱依法勤練，可以度厄延年。觀中的道士們還要入教之男子把家中的黃臉婆休了，另外找漂亮的女人練功。結果道觀中竟出現父兄一同練功的荒謬場面，傷風敗俗，莫此為甚。這一套房中術，道士稱之為「中氣真術」。

唐朝女冠　風流放誕

也因為有理論作支持，所以道士往往娶妻，女冠多半風流；唐代中葉長安咸宜觀的女冠魚玄機就是個很好的例子。魚玄機雖入觀修道，卻有許多情人，如李子安、溫庭筠、李近仁等等。她有一首〈迎李近仁員外〉詩：

今日喜時聞喜鵲，昨宵燈下拜燈花；
焚香出戶迎潘岳，不羨牽牛織女家。

字裡行間透露出超乎男女一般友誼的不尋常關係。另一首〈春情寄子安〉詩：

山路欹斜石磴危，不愁行苦苦相思；
冰銷遠磵憐清韻，雪遠寒峯想玉姿。
莫聽凡歌春病酒，休招閑客夜貪碁；
如松匪石盟長在，比翼連襟會肯遲？
雖恨獨行冬盡日，經期相見月圓時。
別君何物堪持贈，淚落清光一首詩。

詩中殷殷叮嚀的綿綿情意，也說明了玄機和李子安是對曾經滄海的情侶。日人森鷗外在其歷史小說《魚玄機》中說：「當時道家有行中氣真術的風習。每月朔望兩次，預先齋戒三日，修行所謂四目四鼻孔云云之法（原按：據推測指房中術，為悟得仙術之一法）。玄機在無可逃避的規律下，修行一年有餘。忽然有所悟。……玄機與共同修行的女道士中稍解文字的一人較親近，與之同寢共食，向她披瀝心胸，此女名叫采蘋。某日，玄機寫詩致采蘋：

贈鄰女

羞日遮羅袖，愁春懶起粧；
易求無價寶，難得有心郎；
枕上潛垂淚，花間暗斷腸；
自能窺宋玉，何必恨王昌。

「采蘋體小輕盈，然而年紀十六，較已經十九歲的玄機年輕，始終受制於沉著穩重的玄機。兩人一有爭執，總是采蘋吃虧哭泣。這種事情每天都有，可是隨即又再和睦如初。女道士之間這種親暱，別人稱為『對食』，加以揶揄……。」還推測魚玄機和其他女道士之間有同性戀的關係。

唐代崇道，連皇帝的女兒也常賜名入觀修道；如高宗、則天后所生的太平公主，在高宗儀鳳年間（西元六七六至六七八年）入太清觀為女道士；睿宗之女金仙公主、玉真公主在睿宗景雲二年（西元七一一年）入金仙觀、玉貞觀為女道士；玄宗天寶六年（西元七四七年），新昌公主因駙馬蕭衡亡，奏請度為女冠，入新昌觀；玄宗天寶年間，睿宗女萬安公主入觀為女道士；德宗興元元年（西元七八四年），玄宗女楚國公主請為女冠，賜名上善；文宗太和七年（西元八三三年），代宗女華陽公主請為女冠，號瓊華真人；又太和年間，憲宗女永安公主入觀為女冠；又穆宗女安康公主、義昌公主曾入觀為女冠……，可見唐代公主入觀為女道士的風氣頗盛。這些公主入觀往往並非慕道，而且道教教義不但不規定她們不可犯色戒，反而鼓勵她們修習房中之術，所以時有浪漫故事傳出。唐人李義山〈碧城〉三首中的第一首云：「閬苑有書多附鶴，女牀無樹不棲鸞」；第三首云：「檢與神方教駐景，收將鳳紙寫相思」，對當時女冠之浪漫，頗有隱約的諷刺。

清朝五彩瓷壺刻劃風流道士與執拂女冠狎褻追歡。

道士風流　淫亂閨閫

後世道教，仍有房中術之流派，如南宋曾慥《道樞》（卷二〈容成篇〉）、元人俞琰《席上腐談》，他如《鍾呂傳道集》、《中和集》、《析疑指述論》、《羅浮翠虛吟》等書，均為談論房術之作，收入《道藏》中，可見此派在後世始終承襲不絕。

道教房中派似專供呂洞賓為祖師，明、清時煉丹兼習房術之道士，均在丹房中供呂祖畫像；蓋民間曾有「呂洞賓三戲白牡丹」之傳說，呂祖之風流行逕與此派道士十分契合。

明、清之世，道士縱淫不法之事仍時有所聞；清中末葉時北京白雲觀道士與權貴之女的風流韻事，頗為時人詬病。晚清小橫香室主人編《清代述異》卷上，有一則：「白雲觀道士之淫惡」，敘述此事說：「京師西直門外有白雲觀，每年元宵後開廟十餘日，傾城女士皆往遊，謂之『會神仙』。住持道士獲貲無數，然猶其小焉者也；其主要在交通宮禁、賣官鬻爵，總管太監與道士高峒元盟兄弟也。峒元以神仙之術惑慈禧，時入宮數日不出，其觀產之富甲天下，慈禧又封峒元為總道教司，與龍虎山正乙真人並行，其實正乙真人遠不如其勢力也。凡達官貴人妻妾子女有姿色者，皆寄名為義女，得為所幸，則大榮耀。有杭州某侍郎妻絕美，亦拜峒元為假父，為言於慈禧，侍郎遂得廣東學差，天下學差之最優者也，此不過舉其一端耳。舉國若狂，豪無顧忌，觀中房闥數十間，衾枕奩具悉精美，皆以備朝貴之女來宿廟會神仙者，等閒輩不得望見之也。」小橫香室主人言之鑿鑿，想非空穴來風之語。

修元白術　忌行房事

道教中也有一支戒行房事，修行之法稱為「元白術」；東漢末年杜契和其弟子陳世京、女弟子孫寒華均修行此術。

晉人陶宏景《真誥》卷十三說：京兆杜陵人杜契，在漢獻帝建安初年渡江依附孫策，後來到會稽，擔任孫權之武官。吳大帝黃武二年（西元二二三年）。杜契漸漸開始學習修道之術。後來杜契遇到介琰先生，教他元白術，杜契便隱居大茅山之東麓，專心修習元白術。修煉成功時，能隱形不令人見。

杜契有兩個弟子，一是他年輕時的情侶孫寒華（為孫賁之孫女），孫寒華以前和杜契有肌膚之親，兩人修元白術後，因此術忌行房事，所以就不再做男歡女愛之事，而孫寒華修元白術後，容貌愈來愈年輕姣好。

陳世京也是杜契的弟子，年輕時就喜歡道術，因與杜契是鄰居，又曾幫助過杜契和孫寒華，所以杜契也把元白術傳授給陳世京。

《真誥》一書上說：「守元白之道常旦，旦坐臥任意，存泥丸中有黑氣、存心中有白氣、臍中有黃氣，三氣俱仙，如雲以覆身上，因變成火，火又繞身，身通洞徹，內外如此。旦行之，至日向中乃止，于是服氣百二十過，都畢道止，如此使人長生不死，辟卻萬害，所謂『知白守黑，求死不得；知黑守白，萬邪消卻。』忌食六畜肉及五辛之菜，當別寢靜思，尤忌房室，房室即死。」

道教派別眾多，有的鼓吹房事、有的忌行房事，有的禁娶妻嫁夫、有的可以在家修道；明人田藝蘅《留青日札》卷三說：「今道士之有室家者，名為『火居道

虎色圖
利劍不可近美人不可親
利劍近傷手美人近傷
唐寅

明朝風流才子唐伯虎的性愛觀：「利劍不可近，美人不可親；利劍近傷手，美人近傷身。」

士』……。」言下之意，火居道士之外，一般道士是不娶妻成家的；可見道教對性愛的觀念和行逕，始終有很大的分歧。

佛教戒律　首重色戒

佛教在東漢初年傳入中土，佛教對男女性愛是抱持著堅定的反對立場。且看佛經上是怎麼說的吧：

「一切煩惱，愛為根本。」（《大集經》卷三十一）

「若有愛心，即是無明。」（《大集經》卷三十三）

「因愛生憂，因愛生怖，若離於愛，何憂何怖？……愛因緣故，則生憂苦，以憂苦故，則令眾生生於衰老。」（《大涅槃

經》卷十二）

「佛告慶喜：愛為緣故求，求為緣故得，得為緣故集，集為緣故著，著為緣故貪，貪為緣故慳，慳為緣故攝受，攝受為緣故防護，因防護故，執持刀杖、鬥訟爭競，諂詐虛誑，生無量種惡不善法。」（《法蘊足論》卷十二）

佛教對愛之否定已如上述，對慾之詆毀更是苛嚴：

「且淫欲頗恣，如飲鹹水，多飲多渴，唯死而已，何有厭足？」（《靈寶通微經》）

「被諸女色，昏醉其心，猶如嬰孩，無有自性，亦如素衣，易受染色，為欲所溺，不能得出，如糞中蟲，樂著糞處，如穢弊豬，不淨嚴身。」（《大方廣佛華嚴經》卷十七）

「女色者，世間之枷鎖，凡夫戀著，不能自拔；女色者，世間之重患，凡夫困之，至死不免；女色者，世間之衰禍，凡夫遭逢，無厄不至。……凡夫重色，甘為之僕，終身馳驟，為之辛苦，雖復鐵質寸斬、鋒鏑交至，甘心受之，不以為患，狂人樂狂，不過是也……。」（《日明菩薩經》）

從上面這些佛經引文來看，色戒的確是佛教的第一大戒律了；但是，歷代僧侶卻常有違犯色戒之事發生。

和尚娶妻　怡然自得

唐人鄭熊《番禺雜記》上說：廣州僧有室家者，稱為「火宅僧」，僧之妻子，人稱「梵嫂」。

唐人房千里《投荒雜錄》上說：南方人不信佛，偶而有一兩個和尚，都娶妻吃肉，當地人把女兒嫁給和尚，稱和尚為「師郎」。老百姓如果生病了，便請和尚吃一頓全羊大餐或全豬大餐，稱為「除齋」，以為如此可以去疾。

宋人陶穀《清異錄》一書上說：汴京相國寺星辰院有個和尚法名澄暉，以豔娼為妻，每次酒醉時，就以手指點妻胸部，口中喃喃唸道：「二四阿羅，烟粉釋迦。」或唸：「沒頭髮浪子，有房室如來。」或唸：「快活風流，光前絕後。」有一天，有一少年登門對澄暉說：「願置酒參會梵嫂。」結果澄暉面有難色，加以拒絕了。

正因為戒絕性愛實在有違常情，有違生理，明朝時，佛教禪宗裡理論最突出的臨濟宗旁出一支齋教，又稱「在家佛教」，信徒不出家、不穿僧衣、不剃頭髮，和一般俗人同營生業，或經商、或耕田，勤儉謀生，但又與一般僧

民初上海廣告畫，描寫出家人七情不惑，有反諷意味。

尼一樣吃齋唸佛。齋教有龍花、金幢、先天三派，三派信徒均可娶妻生子，不忌性愛。此教於明清時傳入台灣，即今日之一貫教。

清初人柴桑《燕京雜記》上說：「僧之畜妻，雖不敢顯置寺中，而於寺之前後別營一室，雇一車夫，掛名門牌，僧寢食其間，宛如民間夫婦。」可見當時北京正式出家的和尚仍有娶妻者。

正因為和尚又娶妻又吃肉、又不必納稅服役，所以惹得一般俗人眼紅嫉妒，常常把和尚犯戒之事編入小說、詩歌和笑話故事中，加以嘲諷。如明人馮夢龍編撰《醒世恆言》卷三十九〈汪大尹火焚寶蓮寺〉說：陝西南寧府永淳縣城內的寶蓮寺是座佛剎，寺中有個子孫堂十分靈驗，祈嗣婦女住進子孫堂兩傍的淨室中，向菩薩祈子，往往祈男得男，祈女得女。為何寶蓮寺祈嗣十分靈驗？馮夢龍說：「原來這寺中僧人，外貌假作謙恭之態，卻到十分貪淫奸惡。那淨室雖然緊密，俱有暗道可入，俟至鐘聲定後，婦女睡熟，便來姦宿。那婦女醒覺時，已被輕薄，欲待聲張，又恐反壞名頭，只得忍羞而就。一則婦女身無疾病，且又齋戒神清；二則僧人少年精壯，又重價修合種子丸藥，送與本婦吞服，故此多有胎孕，十發九中……。」這類故事在章回小說中多得俯拾即是，不勝枚舉。而寶蓮寺淫僧誘姦祈嗣婦女之舉，與前述白雲觀風流道士哄騙權貴妻女夜宿觀中「會神仙」之事，真可謂無獨有偶、相互發明了。

笑話書中嘲諷出家人犯戒之事的也頗為常見，如清初刊本《笑林廣記》卷八〈僧道部〉中，有一則〈追度牒〉說：「一鄉官遊寺，問和尚吃葷否？曰：『不甚吃，但逢飲酒時略用些。』曰：『然則汝又飲酒乎？』曰：『不甚吃，但逢家岳妻舅來，略陪些。』鄉官怒曰：『汝又有妻，全不像出家人的戒行，明日當對縣官說，追你度牒』僧曰：『不勞費心，三年前賊情事發，早已追去了。』」

晚明風流小說《貪歡報》中，有一〈破戒寺異聞〉詩諷詠風流和尚說：

每日貪杯又宿娼，風流和尚豈尋常；
袈裟常被胭脂染，直裰時聞花粉香。

另一首〈咏僧房〉詩也說：

莫道禪房非洞房，空空色色不相妨；
散花正借摩登女，行雨來尋極樂方。

甚而在一般諺語中，也有「和尚不娶兒子多，婊子不嫁丈夫多」、「和尚嫖姑子，生就好夫婦」等等的說法。如此可見佛家色戒執行之難，和一般世人對出家人犯色戒印象之深了。

好色頌

古往今來，許多道學家都極力詆毀女色，說它大可亡國，小可亡身；說夏桀王寵妹喜而喪身，殷紂王寵妲己而亡國，周幽王寵褒姒而失天下。連被視為「淫書」的《金瓶梅詞話》序文裡，也列舉了「四貪詞」，要人戒絕酒色財氣，其中戒色之詞說：

> 休愛綠鬢美朱顏，少貪紅粉翠花鈿，
> 損身害命多嬌態，傾國傾城色更鮮。
> 莫戀此，養丹田，人能寡慾壽長年，
> 從今罷卻閒風月，紙帳梅花獨自眠。

可是，好色真的是一件敗德亡身的壞事嗎？相信許多人對此觀點都不表苟同。

明中葉人李卓吾《初潭集》卷三說得好：「若使夏不妹喜、吳不西施，亦必立而敗亡也。周之共主寄食東西，與貧乞何殊？一飯不能自給，又何聲色之娛乎？固知成身之理，其道甚大，建業之由，英雄為本……。」明末人張和仲「千百年眼」卷三「吳亡不係西施」也說：「昔人謂聲色迷人，以為破國亡家無不由此。夫齊國有不嫁之姊妹（齊桓與胞姐妹亂倫，溺之不使出嫁），仲父云無害霸；蜀宮無傾國之美人，劉禪竟為俘虜；亡國之罪，豈獨在色？向使庫有湛盧之藏（軍備充足），潮無鴟夷之恨（賢臣當道），越雖進百西施，何益哉。」真是一針見血之論。

明人謝肇淛在《五雜俎》卷三裡，也對「女色亡國論」大加駁斥道：「金陵、秦淮一帶，夾岸樓閣，中流簫鼓，日夜不絕，蓋其繁華佳麗，自六朝以來已然矣。杜牧詩云『商女不知亡國恨，隔江猶唱後庭花。』夫國之興亡，豈關於遊人歌妓哉？六朝以盤樂亡，而東漢以節義、宋人以理學，亦卒歸於亡耳！但使國家承平，管絃之聲不絕，亦足粧點太平，良勝悲苦呻吟之聲也。」

明人衛泳《枕中祕》裡有一篇佚名作者的〈談美人〉對於「紅顏禍水」和「好色敗德傷身」的觀念也極力反對；他在〈達觀〉一則中說：「……好色何傷乎？堯舜之子，未有妹喜妲己，其失天下也，先於桀紂。吳亡越亦亡，夫差卻便宜了一西子。文園令（司馬相如）家徒壁立，琴挑卓女而才名不滅；郭汾陽（子儀）窮奢極慾，姬妾滿前而朝廷倚重；安問好色哉？若謂色能傷生者尤不然，彭籛（彭祖）未聞鰥居，而鶴齡不老；殤子何嘗有色，而鳧歾莫延。世之夭者病者戰者焚溺者扎厲者相率而死，豈盡色故哉？……倘思修短有數，趨避空勞，勘破關頭，古今同盡，緣色以為好，可以保身、可以樂天、可以忘憂、可以盡年。」

而這位佚名作家的〈招隱〉一文，尤為「好色之頌」：「謝安之屐也、嵇康之琴也、陶潛之菊也，皆有托而成其癖者也。古未聞以色隱者，然宜隱孰有如色哉？一遇冶容，令人名利心俱淡，視世之奔蝸角蠅頭者，殆胸中無癖，卒悵靡托者也。真英雄豪傑，能把臂入林，借一個紅粉佳人作知己，將白日消磨，有一種解語言的花竹，清宵魂夢，饒幾多枕席上的烟霞。須知色有桃源。絕勝尋真絕慾，以視買山而隱者如何。」

這真是出人意表的至理名言。

古人的生殖崇拜

狀如石屋的多爾門是女陰的象徵。

在河北省撫寧縣和昌黎縣之間的渤海邊，有一條寬闊的石道，石道往海中延伸數十里；靠岸邊的海中，有一個大石柱，當漲潮時，石柱就被淹沒了，等潮水退去，石柱又露出水面來。矗立海中的石柱不知有多長，世人稱之為「天橋柱」。

始皇跨海　欲觀日出

關於這些遺跡，當地流傳著一個動人的神話故事：

秦始皇統一天下之後，躊躇滿志的他竟想跨過渤海去看太陽出來的地方，便下令工匠在海中建一座石橋，海神知道以後，立刻在海邊替他樹立了一根巨大的石柱作為橋基。始皇要求跟海神見面以便致謝，海神託夢說：「我形貌醜陋，如果你不把我的形貌畫下來給世人知道，咱倆倒是可以見一面。」始皇命令手下不准摹畫海神容貌之後，便往海中鋪設石道，準備與海神會面。

說也奇怪，石道往前鋪時，海水自動向兩邊分開，形成兩堵水牆，秦始皇騎著馬，走了四十里的石道，終於遇上了海神。或許是海神的形狀長相實在太奇特而吸引人吧，隨從當中竟有一個工匠不自覺地用腳偷偷在地上試著

摹畫海神。海神生氣地指責秦始皇說：「你負約了，快滾！」

望著勃然大怒的海神，始皇嚇得掉轉馬頭、策馬急奔；隨從也跟在後面沒命地奔逃，只覺得洶湧的海水在後追著，始皇座騎的前足剛踏上岸，後足還在水中哩，海水已淹沒了石道，吞噬了始皇所有的隨從。至今岸邊還有許多大大小小的紅色岩石，據說是山神幫始皇造橋，驅石下海，岩石走得慢了些，山神用鞭責打，岩石流出的血染紅的。而海神震怒之後，跨海石橋的工程被迫中斷，這些岩石就永遠地留在岸邊。

這個記載於後魏地理學家酈道元《水經注》卷十四〈濡水〉裡的神話故事，在今日考古人類學家的眼裡，全然不是那麼一回事；那些大小石塊，早在秦始皇出世前兩千多年就矗立在那裡了，是新石器時代巨石文化的遺跡，所謂的「石道」，是巨石文化中的「石廊塚」（Corridor-tomb）；「天橋柱」是巨石文化的「門希爾」（Menhir），大大小小的紅色岩石，則是巨石文化的「愛乃門」（Alinement）。過了兩千多年，原在岸邊陸上的這些巨石，因為海岸線的後移而被海水淹沒了，竟被後人附會出秦始皇跨海造橋的傳說，而這些象徵著男陽、女陰的巨石，原是新石器時代中國人「性器崇拜」的膜拜對象。

巍然巨石　無非性器

巨石文化的分佈很廣，幾乎遍及於整個歐亞大陸和北非。它從發源地塔里木盆地向東傳到甘陝後，一支東傳於山東、河北，再傳進遼東、朝鮮而進入日本；一支南下分東南、西南兩路發展，東南一路由湘水、長江以入淮海，西南一路由兩廣雲南以入中南半島，再由中南半島西行經過蘇彝士入北非，再取道西西里、義大利的陸橋而傳入歐洲。亞歐非三洲的巨石文化遺跡，可分為下列五種：

（一）門希爾：狀如柱棟的孤立岩石，中國人稱為「石柱」、「石碣」或「石華表」。

（二）多爾門（Dolmen）：在三根石柱或四片石壁上覆一片大石為頂，狀如石屋，中國人稱為「石室」、「石匱」，山東人稱之為「石棚子」，西人稱為「桌石」。

（三）愛乃門：佈石成陣，或大或小，一望無垠，中

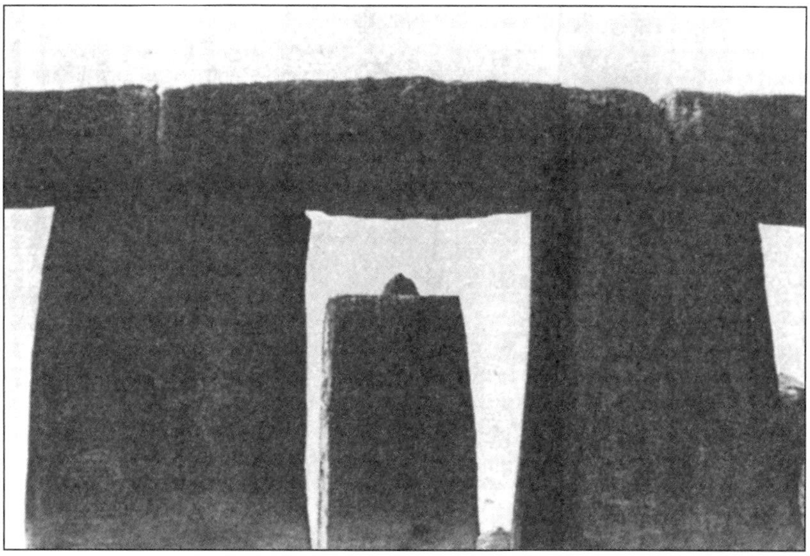

上：巨石文化中，「兒女石」的性象徵相當明顯。
下：狀如石門的三石塔亦是女陰的象徵。

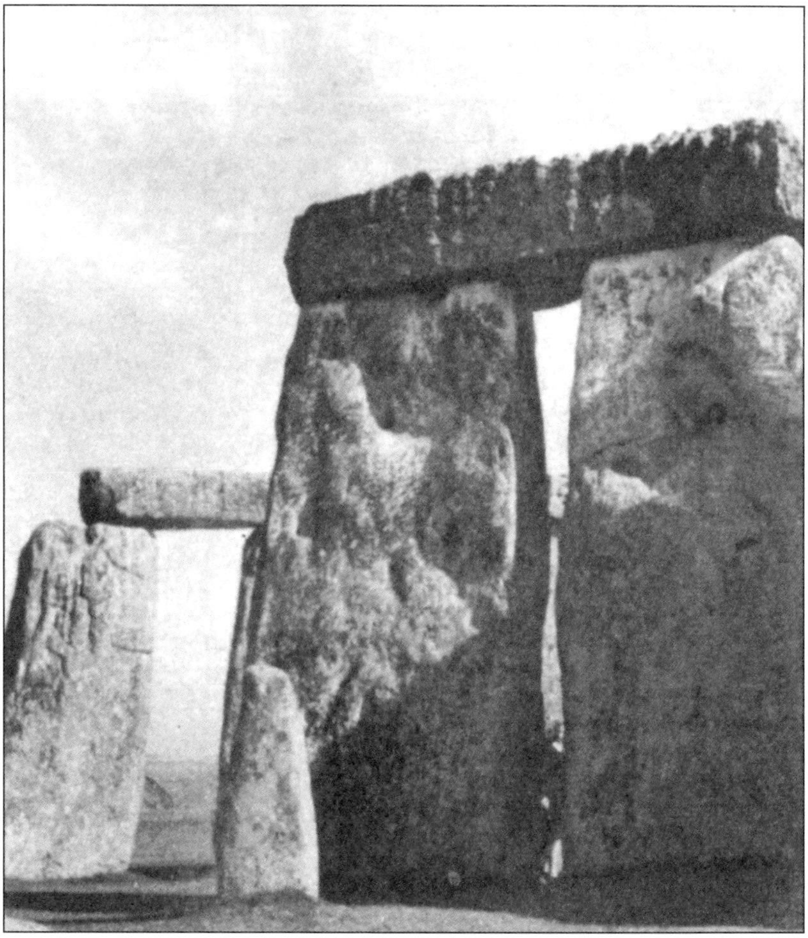

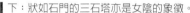

國人稱為「石陣」，西人稱為「列石」。

（四）三石塔（Trilithon）：在兩根石柱上橫置一石，狀如石門。

（五）石廊塚：像甬道一樣的石墓穴。

今日的考古學者大多認為，門希爾是男陽的象徵，多爾門、三石塔和石廊塚是女陰的象徵，當時人樹立這些巨石而加以膜拜，是為了祈求漁獵畜牧的豐收，而列石成陣的愛乃門，則可能是當時人戰功的炫耀（《隋書・突厥傳》記載突厥人喪葬的風俗說：「嘗殺一人，則立一石，有至千百者」可以為證。）

性器崇拜　祈求豐收

為什麼祈求漁獵畜牧的豐收，要樹立起象徵男女性器的巨石來膜拜呢？「性器崇拜」的基本觀念認為：「性器者，萬物孳生之源也。」上古時代，民智質樸，他們看到一切動物的繁衍，都來自兩性器官，便自然對其產生了崇敬的心理；而生殖與性器的關係如此密切，膜拜性器便成了獲得豐收的最直接有效的途徑。巨石文化常將象徵男陽的門希爾置放於象徵女陰的多爾門、三石塔和石廊塚的旁邊或空隙間（古代中國人稱之為「兒女石」），這種性的象徵就更明顯了。先民想藉神石的性交帶給人們豐收的這種行逕，人類學家稱之為「模擬巫術」。

中國本土巨石文化構築的時間，是三代之初的夏朝。夏朝的巨石遺跡，除了前引《水經注》卷十四外，許多古籍中都曾有所記載：

吳興陽羨山有空石長十餘丈，名曰「石室」。（《三國志吳志・孫皓傳》）

（浙江建德）縣北有烏山，山下有廟……廟渚有大石，高十丈、圍五尺。（《水經注》卷四十）

……綿谷跨溪，皆大石林立，渙若奔雲，錯若置碁。（柳宗元《永州萬石亭記》）

夏朝文化是由母系社會轉變到父系社會的過渡時期，夏朝人建立的巨石也是陰陽兼具、紛然雜陳。有些大石高十幾公尺，重數十噸，如何把它們削成形、又矗立起來，堆列成固定的形狀，至今仍是一個謎。

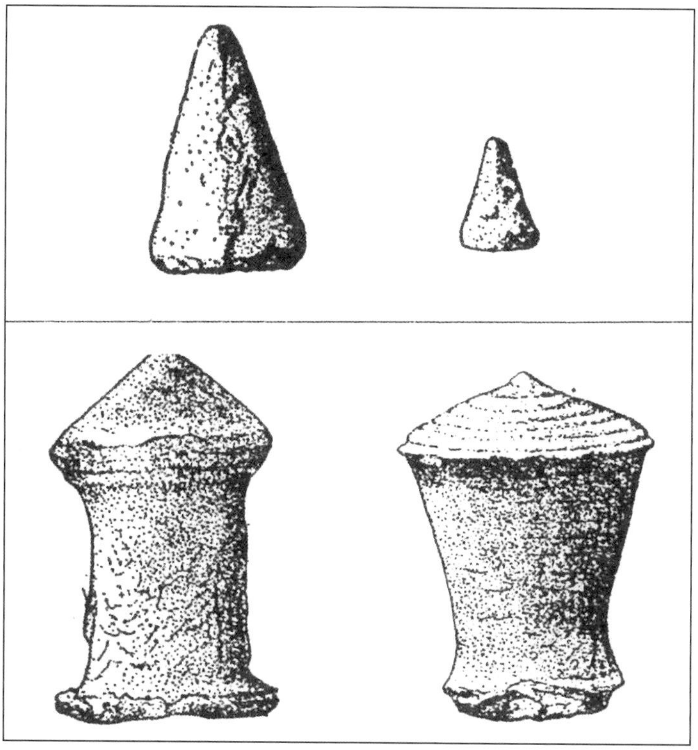

五千年前的「陶祖」可說是種性器崇拜。

燒製陶祖　具體而微

巨石文化隨著夏朝的覆亡而消逝，遍佈各地的巨石，在後人的眼裡，成了編造神話的最好題材。除了前述秦始皇造石橋跨海觀日出外，在漢人東方朔《神異經》裡，也有這樣的神話。

東南隅大荒之中，有樸父焉；夫婦並高千里，腹圍自輔，天初立時，使其夫妻導開百川，嬾不用意，謫之並立東南；男露其勢，女露其牝，不飲不食，不畏寒暑……。

「男露其勢、女露其牝」的描寫，依稀透露出上古時代中國人性器崇拜的影子。

除了把石頭削切堆砌成巨大的性器而加以膜拜之外，上古時也有陶製的、具體而微的男陽、女陰。

瑞典籍學者安特生（Andersson）曾在河南省澠池縣仰韶村發現了將近五千年前的「陶祖」；有的高約十一公

分，狀如男陽，有的高三、五公分，狀如尖錐——學者如HannaRydh博士（女）、凌純聲教授，都以為是女性生殖器的象徵。「陶祖」就是陶製的祖先，「祖」是陰陽兩性均可通用的；當時人燒製陶祖，以為膜拜的對象，固然是一種「祖先崇拜」，又何嘗不是「性器崇拜」呢？

商石男根　兼可辟邪

繼夏朝之後的商朝，也有性器崇拜的情形出現。

商朝始祖崛起於黃河下游，在新石器時代晚期時，他們已進入父系社會了，因此性器崇拜偏向於膜拜男根，在殷墟便曾出土許多石製男陽，高二十幾公分；殷人把石男根放在棺墓裡殉葬，還有辟邪的宗教意義。男陽是萬物孳生之源，生是死的剋星，因此男陽被認為具有辟邪的功能。

男陽的象形物不僅出現在墓葬裡，更常見於殷商青銅器上，或青銅器表面的圖案花紋中，作為一種裝飾，像河南安陽出土的人面蛇身銅盉，在人面的蓋子上，就有兩個男陽的角。

甲骨文也反映出殷商時性器崇拜的情形。「祖」在甲骨文裡寫作「且」，而「且」字正是男陽的象形。《禮記‧檀弓篇》引曾子的話說：「夫祖者，且也。」且成了氏族始祖的象徵物，前述人面蛇身銅盉的男陽狀角也稱且角；祭祖就是一種性器崇拜。

殷人視且為祖先象徵，祀且之廟起初稱作「且」，後改稱「祖」以別之，所以今人「祖」「廟」合稱，在祖廟裡祭祀我們的老祖先，而老祖先的木頭牌位卻仍然和且十分相似，保留了先民性器崇拜的遺痕。而祭祀祖先的器皿初亦稱「且」，後來則用「俎」字來代替；祭祀祖先的神禡，不是印著「俎豆馨香」四個字嗎？豆也是祭器，形如高足碗，有的上面還有個蓋子，形狀就像「豆」字。

琮為女性　璋為男陽

周朝時，性器崇拜在中國仍盛行不衰，玉器裡的琮和璋，就是性器的象形物。

琮的形制很特別，它外方內圓，呈長條狀，大約十幾至二十幾公分高；有些琮的表面還有《易經》的坤卦文。學者多半主張琮就是女陰的象徵，代表女性的祖先。

琮和女性的關係，除了器形本身的圓孔給人帶來的聯想外，也表現在古代中國人使用這種禮器的方式上。琮是祭地的禮器（為了要遷就「天圓地方」的古老觀念，管狀的琮有了四方的外形），中國人一向把大地比喻作母親，琮的形制很容易讓人想到地母的子宮為人死魂歸之所；當代學者凌純聲教授更主張琮就是多爾門的縮形。

除了祭地之外，琮也是古代皇后所持的瑞器，皇帝執鎮圭、皇后執玉琮，圭狀如男陽，琮如女陰，這是把上古性器崇拜加以形制化的一種儀節。

圭是長條四方的玉器，狀如男陽，璋是一頭削尖的圭，形狀更接近男陽；所以古時生男子稱「弄璋之喜」，意思是慶賀某家添了一根「璋」。在古代，璋還是婚禮中的聘物，男方送一根玉璋到女家，表示下聘，所以《周禮》卷四十一〈玉人〉說：「大璋亦如之，諸侯以聘女。」這真是既委婉又赤裸的做法，婚禮云云，不原就是那麼一回事嗎？

琮猶如地母的子宮。

祖先崇拜　取而代之

秦漢以後，中國人的性器崇拜在儒家學者的努力下披上了「孝道思想」的外衣，而完全被祖先崇拜所取代。

祖先崇拜原不是新鮮的事，殷人就敬祖祭祖，但漢朝以後，儒家學者把殷人不雅馴的且狀男陽，換成了木頭的祖先牌位，並且把祭祖一事加以理論化。像《荀子．禮論篇》說：「天地者，生之本也；先祖者，類之本也。……無天地，惡生？無先祖，惡出？」《禮記．郊特牲》說：「萬物本乎天，人本乎祖，此所以配上帝也。」因為有祖先才有子孫，有天地子孫才能享用萬物而生存，祖先和天地在「生殖」方面的功勞一樣大，所以要祭祖。凌純聲教授認為木製的祖先牌位上端有半圓形與壇形之別，前者象徵男陽之頭，後者似琮之口，象徵女陰；這更說明了「祖先崇拜」與「性器崇拜」根本就是同一回事。

祭祖歸祭祖，性器崇拜仍然以各種形式存在，像中國人拜石頭公、拜泰山石敢當，不全是一根根勃然而立的石男陽嗎？而據當代學者的考證，如意和元寶也是男女性器的象形，所以它才成為人見人愛、帶有吉祥意味的瑞器，這全是上古性器崇拜的「後遺症」。

千載以下　猶見遺風

也許有人反對上述推論，甚而懷疑中國曾有過「性器崇拜」這回事，看看下面幾則關於「女陰崇拜」的記載吧：

> 廣西柳州有牛卑山，形如女陰，粵人呼「陰」為「卑」，因號「牛卑山」。每除夕，必男婦十人，守之待旦；或懈於防範，被人戲以竹木桿抵之，則是年邑中婦女無不淫奔。有邑令某惡之，命里保將土塊填塞，是年其邑婦女，小便梗塞不能前後溲，致有傷命者。（清人袁枚《子不語》卷二十四〈牛卑山守歲〉）

> 廣西……自梧州之南寧，挂帆西上，路過砧板塘，遙見塘之南岸，有奇石數峯……石之高者六七尺、低者三四尺，悉肖婦形……石前二丈許，有澗一條橫其前，自南迤北，而澗口臨江處，則一巨石

蔽之，高與岸等……，中通一縫，酷似女人之私，澗水自縫中出，而入於江，其上小屋數間，俯臨澗口。舟人曰：此名留人洞，離此上里許，為相思村，澗水所自出也；人或塞其洞口，則闔村婦女皆腹漲而不能洩，故設此巡視之所，村民輪流守望，相沿舊矣。（清朝清涼道人《聽雨軒筆記》）

大自然中一塊與女人性器相似的石頭，為什麼會對附近居住的婦女產生生理上的影響？除了性器崇拜在她們心裡作祟所造成的結果外，還有什麼更合理的解釋呢？

一直到民國初年，兩廣還有這種女陰崇拜的情形。

羅香林教授在《民俗學論叢》中，談到「生殖崇拜的遺俗」時，說了一則民國二十一年六月，其友廖立莪告訴他有關「渴媽田」的故事。在惠陽淡水間向北約二十里左右，有個小布仔村，村民都是某姓人。在路旁闢了一畝田，田中掘土為圳，成少婦陰形，縱二丈、廣半之，大小陰唇與陰核一一備具，陰唇內禁止種稻植草，村民稱之為「渴媽田」。渴音何，渴媽就是性慾蠢動、難以自抑的女性。當地父老相傳，村民祖先在此定居時，即已有此田了，村民只是每年按土型加以修築罷了。村民最怕元旦時有人踐踏陰田，說踏之則闔村婦女必淫蕩不堪，喜跟人走。所以每值舊曆元旦，村中必派壯丁若干，挾械防範，不令人踏，犯者必加以痛擊；但渴媽田平日倒是任人踐踏、出入不禁的。羅教授以為這也是數千年前崇拜生殖舊俗的遺痕。

性V.S.政治

明刊《東西晉演藝》描繪晉武帝羊車行幸的木刻版畫。

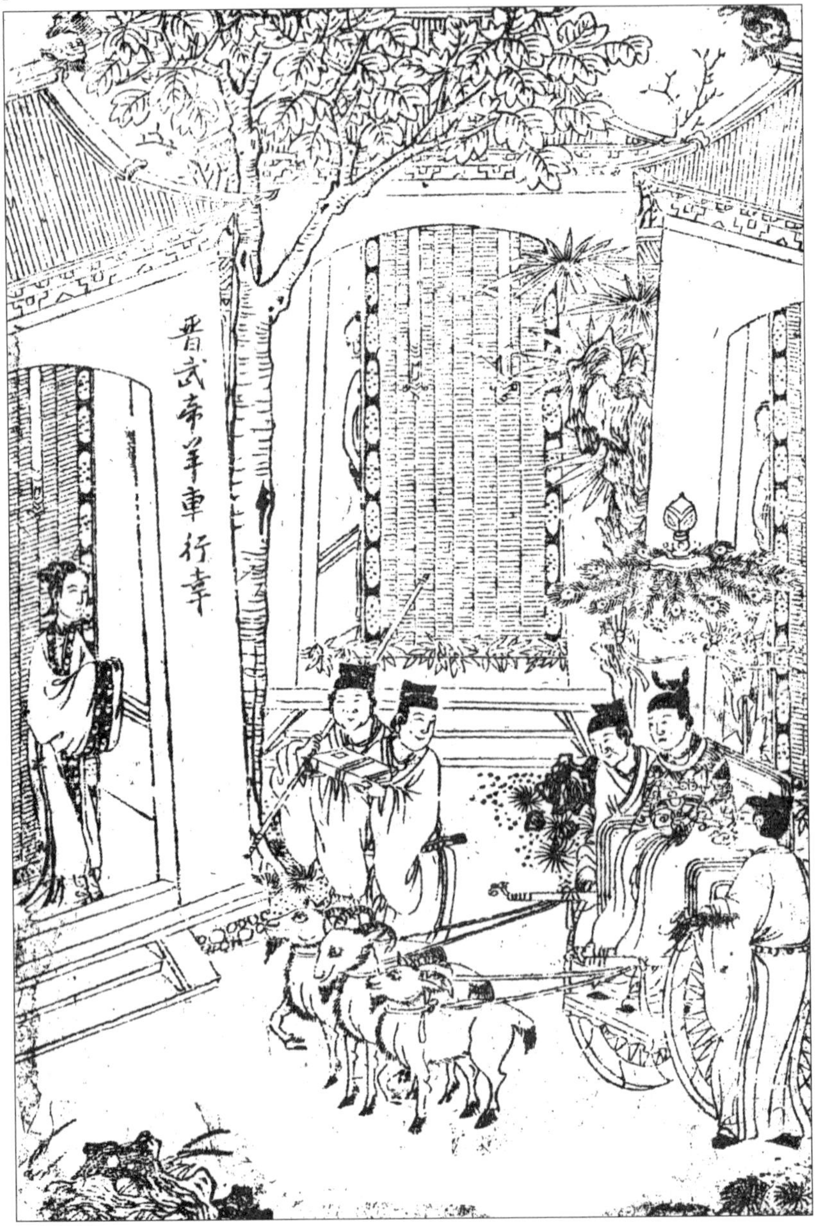

性與政治看起來是風馬牛不相及的兩件事，可是二者間也有微妙的關係，因為對政治感興趣的人，大多數對性都有著比常人更濃厚的興趣；而政治上的得勢，也使他們比常人享有更多采多姿的性生活。民國初年某大老說：「男人最感興趣的有兩件事，一是政治、一是女人的生殖器。」另一位政壇風雲人物則慨述平生之志是：「醉臥美人膝，醒掌天下權。」兩人之言論雖有粗鄙、文雅之分，意思卻差不多，也同樣說明了性與政治實存有值得玩味的微妙關係。

性開放與國勢的強弱

對「性」採取的態度，每個國家、每個時代都不一樣，有的大而化之、有的睜一隻眼閉一隻眼、有的陽違陰奉或貌離神合、有的畏若蛇蠍……。而「性」開放到何種尺度，才既能滿足人民的需求，又不破壞社會秩序的安定，始終是令政治人物困擾的一個問題。

習見的論調之一是：性開放會引起社會道德水準的降低和性犯罪頻率的升高，其實，說「性開放是國家富強的表徵」，或許更恰當一些吧！因為只有富強的國家，人民才有餘裕去追求和享受更多、更豐富的性樂；只有強勢的政府有信心也有能力掌握處理「性」開放的任何後果，所以敢默許或縱容「性」的開放。

以實例來看，上述論調也大致不差；像今日之歐美社會、古代中國的漢、唐、元、明、清各朝，對「性」都採取比較寬容而開放的態度，也都有較強的國勢，反倒是禮教最嚴的宋朝國勢最弱。當然，這只是比較而言的一種粗略的印象，事實上，每個朝代都有盛有衰，對「性」採取的態度也不是一成不變的寬鬆或嚴緊，加以仔細比較分析和研究，實可以寫成一本既有趣、又具參考價值的博士論文。

性愛對政治有否影響

性愛對政治的影響，一直是個惹人爭議的話題，如果從歷史上一些招親和番的故事看來，性愛對政治的確有其巨大的影響力。

西漢初年，崛起於大漠的匈奴人在英主冒頓單于的領導下，屢次南侵；漢高祖七年（西元前二〇〇年）初，劉邦親率三十餘萬將士攻擊匈奴，結果被困於平城（今山西大同縣）附近的白登山，幾乎為匈奴所俘。後來漢朝厚賂冒頓單于的夫人（閼氏），她才力勸丈夫解圍而去。此後，漢朝採和親政策，把宗室女嫁給冒頓，結為親家，匈奴才不再入寇。

和親政策或斷或續地施行了很久，西漢元帝時的美女王昭君，就是為了結好匈奴而被嫁到塞外。漢朝以和親為手段，化干戈為玉帛，具體地說明了性愛對政治的影響力。

除漢朝外，北周時下嫁突厥沙鉢略可汗的千金公主，隋文帝時下嫁突厥啟民可汗的義成公主，唐太宗時下嫁吐番棄宗弄瓚酋長的文成公主，對調和漢族與異族間的軍事衝突，也都發揮了極大的作用。

如果一位政壇的領袖是個好色之輩，或者沈溺於肉慾之歡，這對其治理國家是否會產生不利的影響？主張會與不會的雙方各執一辭，互不相讓，使旁觀者對這個問題更迷惑了。

認為女色會亡國的人說：夏桀王為寵妹喜而亡國，殷紂王為寵妲己而亡國，周幽王為寵褒姒而喪生，吳王夫差因寵西施而敗亡，陳後主因寵張麗華而亡國，隋煬帝因縱慾而失天下，唐玄宗因寵楊貴妃而惹來安史之亂……，史籍斑斑可考，都證明女人是禍水、女色足以亡國。

反對上述論調的人說：夏朝沒有妹喜，吳國沒有西施，也很快就會亡國；齊桓公與胞姐妹亂倫，甚而溺愛到不放她們出宮嫁人，可是齊桓公照樣是春秋五霸之一；蜀國宮廷中沒有絕色佳麗，可是劉禪照樣做了亡國俘虜。亡國之罪不能全推給女色，假如吳國軍備充足、將士操練嚴格，夫差不要聽信太宰嚭的話，輕率地北伐齊國，並且把忠臣伍子胥殺了，越國就算進貢一百個西施來給夫差縱慾，吳國一樣不會亡國。

事實上，政局的清明或腐敗、國祚的興盛或衰亂，並不是單一的人君好色或縱慾的因素就可解釋周全的，各朝各代情況不一，影響力的大小有無也不盡相同，只有一件一件地來分析，才知道性愛與政治究竟有多大的關係。

商朝覆亡非紂寵妲己

提起荒淫縱慾的君主，大家往往先想到紂王，想到他的酒池肉林，想到他和豔妃妲己縱慾狂歡的故事來。

據《竹書紀年》說：「自盤庚徙都至此（指殷，今河南省安陽縣西之小屯），二百七十三年，未嘗遷動，紂廣大其邑，南距朝歌、北拒邯鄲及沙丘，皆離宮別館，以酒為池，懸肉為林，男女裸而相逐於其間，宮中九市，為長夜之飲。」近人凌雲閣主《歷代帝王性愛祕聞》一書上也說：「紂為殷君，有蘇氏獻妲己，紂以其妖淫而寵之；擴沙丘之苑台，置野獸飛鳥於其中，建受仙宮，使妲己居其內，孌臣師涓作靡靡之樂，歌於紂前，妲己則以嬌舞和之。紂亦為酒池肉林，使裸女相逐，而自肆長夜之筵。」

紂王與妲己縱慾或許是事實，但這絕不是商朝滅亡的原因。商朝覆亡的原因主要有二：一是殷商為討伐擅長使用弓箭的東夷，連年征戰，使國家元氣大損，所以古籍中曾有「紂克東夷而殞其身」、「紂之百克而卒無後」的話。第二，商朝在兵器上被周朝佔了優勢，因為西周使用硬度較高的鐵兵器，而商朝仍使用硬度較低的青銅兵器。就好像現代文明國家以槍炮火箭對付仍以弓矢戈矛為武器的原始土著，不說在兵器上佔盡優勢，反說土著酋長好色縱慾，所以被滅亡，天下寧有是理乎？

司馬炎羊車行幸無礙

南北朝時的晉武帝司馬炎也是個風流好色之君，他的後宮佳麗據估計總數在萬人以上，武帝每日退朝之後，真是目迷眾色，不知要找那個美人兒狂歡縱慾才好。

司馬炎最後想出了一個辦法，他坐在一輛羊拉的車子上，隨便羊兒往後宮別館嬪妃的住所漫步而行，羊在那裡停下來，他便在那兒下車，進到館苑中，與住在裡面的宮妃雲雨交歡。他今朝東、明朝西，好像一隻花蝴蝶一般，隨意遊幸。

狡黠的宮妃為了能獲得君王的雨露恩寵，便在宮苑門外插上羊最喜歡吃的青竹枝葉，又在地上灑羊最喜歡舔的鹽汁，引誘羊走過來，把武帝帶到自己的宮苑中。

司馬炎如此風流，西晉武帝的政權卻依然穩固，他做了二十五年的皇帝才把政權交給兒子司馬衷（晉惠帝）而宣告壽終正寢。西晉政權不長，只傳四主、五十二年，癥結在於武帝偏袒后黨，使外戚當權、奸佞滿朝；明知太子司馬衷昏愚（他聽說老百姓餓得連草根樹皮也沒得吃，驚訝地問大臣：「他們為什麼不吃肉丁稀飯？」）不堪負荷大業，而仍傳位給他，終於釀成了骨肉相殘的八王之亂，動搖了西晉的國本，西晉之亡與晉武帝的風流好色，並無太大的關係。

武則天縱慾仍為英主

唐中葉時，中國歷史上第一位女皇帝武則天也是個沈溺肉慾的君主，她曾與白馬寺的和尚薛懷義、馮小寶打得火熱，又寵幸「天賦異稟」、「有兼人之具」的薛敖曹，又跟御醫沈南璆、明崇儼共效于飛，又跟年輕英俊的張昌宗、張易之兄弟縱慾狂歡……，她的面首真多得令人咋舌。

可是性愛歸性愛、政治歸政治，武則天把兩者分得很清楚，絕不混為一談，絕不因薛懷義、薛敖曹、沈南璆等人在床笫之間表現出色，能滿足她肉慾的饑渴，就把這些人帶到朝上去作宰相、作尚書。武則天把政權交給狄仁傑、魏元忠、婁師德等人；這些正直的忠臣得罪了她的情夫，她也絕不私袒情夫。

有一次，恃寵而驕、目空一切的薛懷義在朝堂遇到了左相、同鳳閣鸞台三品蘇良嗣。懷義對蘇良嗣倨傲無禮，良嗣大怒，命左右把薛懷義拖翻在地，打了幾十個嘴巴。懷義哭到宮中，求武則天代他報仇，則天帝說：「阿師當於北門出入，南衙是宰相往來之地，你怎可冒犯？」按，當時王公貴族和元老朝臣上朝奏議，都是由南門（向南開的午門）進殿，恩倖小人和科舉新進士才走北門（後宮門），故則天有上面的話。從這個小故事，也可見武則天縱慾歸縱慾，治理國家大事還是秉公處理的，絲毫不讓情慾影響了她的領導統御。

元朝忽必烈享盡豔福

元世祖忽必烈汗是元朝的開國君主，他建國號、定都邑、制文字、開運河、興水利、設驛站、定國教……種種建國措施，在在表現出恢宏的氣象，這位一世英主在位時，蒙古人建立了橫跨歐亞的空前大帝國，國勢聲威足以傲視全球。

日理萬機的元世祖，在後宮也享受著傲視所有帝王的性愛之歡。忽必烈汗的縱慾程度，古往今來罕見其匹，但這絲毫也不妨礙他治理國家，並且，他還健康地活到八十歲才壽終正寢。

關於元世祖的性愛生活，當時旅華的義大利商人馬可孛羅，在其《馬可孛羅遊記》中，曾有如下的記載：

韃靼有一部落名稱宏吉剌（Ungart），其人甚美，每年由此部貢獻室女百人於大汗。命宮中老婦與之共處，共寢一床，試其氣息之良惡、肢體是否健全，體貌美善健全者，命之輪番侍主。六人一班，三日三夜一易。君主內寢之事，悉由此種侍女司之，君主惟意所欲。三日三夜期滿，另由其他侍女六人更番入侍。全年如是，概用三日三夜六人輪番入侍之法。

過了一年，這些輪番入侍忽必烈汗的美女全部淘汰，由中亞宏吉剌部族再進貢另一百名美貌的處女，供忽必烈汗享用，如此年復一年，夜夜春宵的國君，歷史上還不多見。

幽王寵褒姒亡國殺身

但是因寵愛美人而把政治弄的一團糟的君王，在歷史上也多得不勝枚舉；頭一個值得介紹的是周幽王。

周幽王是西周末年的好色之君，他寵愛豔妃褒姒，在褒姒的蠱惑下，終於把王后和太子宜臼廢了，改立褒姒為后、以褒姒的兒子伯服為太子。

廢太子宜臼出奔王后母家的申國（今河南南陽縣），周幽王欲殺宜臼，申國拒絕交出宜臼，幽王大怒，舉兵伐申，王后的父親申侯遂起兵反抗，並向西邊的犬戎求助。

褒姒是個不苟言笑的美女，周幽王為了想讓這位心愛的美女開懷一笑，真是傷透腦筋。有一天，周幽王靈機一動，點燃起邊境烽火台的火，狼煙直衝霄漢；這是外敵入侵的信號，諸侯便紛紛帶兵來援救。等他們慌張地趕到京城，發現沒有敵人，真是又氣又惱，站在鎬京城牆上看熱鬧的褒姒卻哈哈大笑了起來。

周幽王果然博得了美人一笑。他隔了不多久，又點燃起烽火，把諸侯的救兵召來，讓褒姒看他們的模樣而後開懷大笑，到了後來，大家都不相信烽火是敵兵入侵的求救信號時，申侯卻帶著西夷犬戎的兵圍攻鎬京。在孤立無援的情況下，周幽王被殺、褒姒被擄，西周滅亡。

西周的滅亡，周幽王寵溺褒姒要負絕大部份的責任。

後主為女色耽誤戎機

北齊是北朝之一，據有今河北、山東、山西、河南等省及遼西之地，建都鄴城（今河南省臨漳縣），傳至後主高緯時，以寵溺馮淑妃（名小憐），終至亡國。

馮小憐工歌善舞、能彈琵琶，兼又美豔而媚，北齊後主對她愛憐萬分，常願與她「生共一個衾，死共一個槨」。

北齊的勁敵是西邊的北周，西元五七六年，北周武帝親自率大軍攻北齊之平陽（今山西省臨汾縣西南），當時北齊後主正帶著馮小憐，率大軍在三堆（今山西省靜樂縣治）圍獵。平陽派人向後主告急，後主正欲率眾馳援，馮小憐卻意猶未盡，請皇帝再圍獵一回（動員大批士卒包圍山林，把野獸困於其中，逐漸縮小包圍圈，把野獸驅趕到預定的空地上獵殺），後主不忍拒絕。結果等打完獵、率大軍趕到平陽時，平陽早已被北周攻陷了；後主率領的十餘萬大軍也在平陽城下吃了大敗仗。

唐人李商隱〈北齊〉詩慨詠此事說：

巧笑知堪敵萬機，
傾城最在著戎衣；
晉（當係「平」之誤）陽已陷休迴顧，
更請君王獵一圍。

另一首〈北齊〉詩說：

一笑相傾國便亡，
何勞荊棘始堪傷；
小憐玉體橫陳夜，
已報周師入晉陽。

晉陽（今山西太原市）是北齊西陲扼拒北周之重鎮，晉陽陷則齊亡，最後一句說北齊後主得到馮小憐時，已兆北齊亡國之禍。果然，西元五七七年，北齊後主就被北周俘殺，國亡。

陳後主溺女色遭覆亡

陳後主陳叔寶是個文藝氣息濃厚的詩人和音樂家，年輕時好學不倦，即位後卻荒於酒色，不修政事。

他每天與嬪妃狎客遊宴賦詩，還創「黃鸝留」、「玉樹後庭花」、「金釵兩鬢垂」等曲，歌辭綺豔輕薄。在眾多嬪妃中，他最寵張貴妃和孔貴嬪；甚而在臨朝批閱奏章，聽百官奏事時，也捨不得與愛妃暫別，每次都當著文武百官的面，把張貴妃和孔貴嬪抱坐在左右大腿上，一邊批閱奏章，一邊與兩妃商議國家大事，如此政治，豈非兒戲？

張貴妃就是南朝絕色張麗華，史稱她髮長七尺、神采豔麗，難怪陳叔寶會被她迷得荒怠政事了。

當隋朝的大兵攻殺到金陵（今南京）時，陳後主正忙著與嬪妃吟詩飲酒，演伎奏樂，等到隋將韓擒虎率軍攻入朱雀門，後主才與張、孔二寵妃匿於宮中的景陽井中，結果還是被搜了出來，成了亡國的俘虜。

這位好色之君僅當了六年的皇帝，政權就被女色腐蝕垮了。

吳三桂為紅顏引清兵

歷史上因女色而把政治搞得一團糟的君主還有很多，如隋煬帝、唐明皇（玄宗）、明世宗、明神宗……，限於篇幅，不一一舉例說明了；最後只談一談吳三桂惑溺女色對政治的影響。

明朝末年時，流寇四起，闖王李自成帶兵自關中殺到北京，明思宗急詔駐守山海關防禦清兵的大將軍吳三桂入京勤王；可是吳三桂率軍自寧遠入關，行至河北省豐潤縣時，京師已被攻陷，思宗也在煤山上吊自殺。吳三桂便屯兵山海關，觀望形勢。

李自成捉住吳三桂的父親吳襄，令吳襄寫信勸兒子投降，三桂已打算投降李自成了，卻傳來北京家中愛妾陳圓圓被李自成霸佔的消息，他妒恨惱怒，拔劍斫案道：「豈有此理？」便打開了山海關，引清兵入關討伐李闖，使清人得以入主中原，使中國的歷史為之改寫，這就是清初人吳梅村〈圓圓曲〉中所形容的「慟哭六軍俱縞素，衝冠一怒為紅顏」。

假使李自成沒有貪戀陳圓圓的美色而把她姦佔了，假使吳三桂不投降滿清而死心塌地與李自成合作，一邊閉關自守，阻止清軍趁火打劫，則李自成的統治或許可以鞏固下來，或許逐漸地走向資本主義進步的道路，兩百年後，也不會有歐美列強侵略中國的事情發生。可是為了陳圓圓，吳三桂不惜開門揖盜、為虎作倀，使中國歷史走上另一條佈滿荊棘、充滿苦水的道路，能說性愛對政治沒有影響嗎？

「色不迷人人自迷」，性愛對政治是否有影響，就端視政壇風雲人物的定力和手段了。

性技術篇

性愛與養生

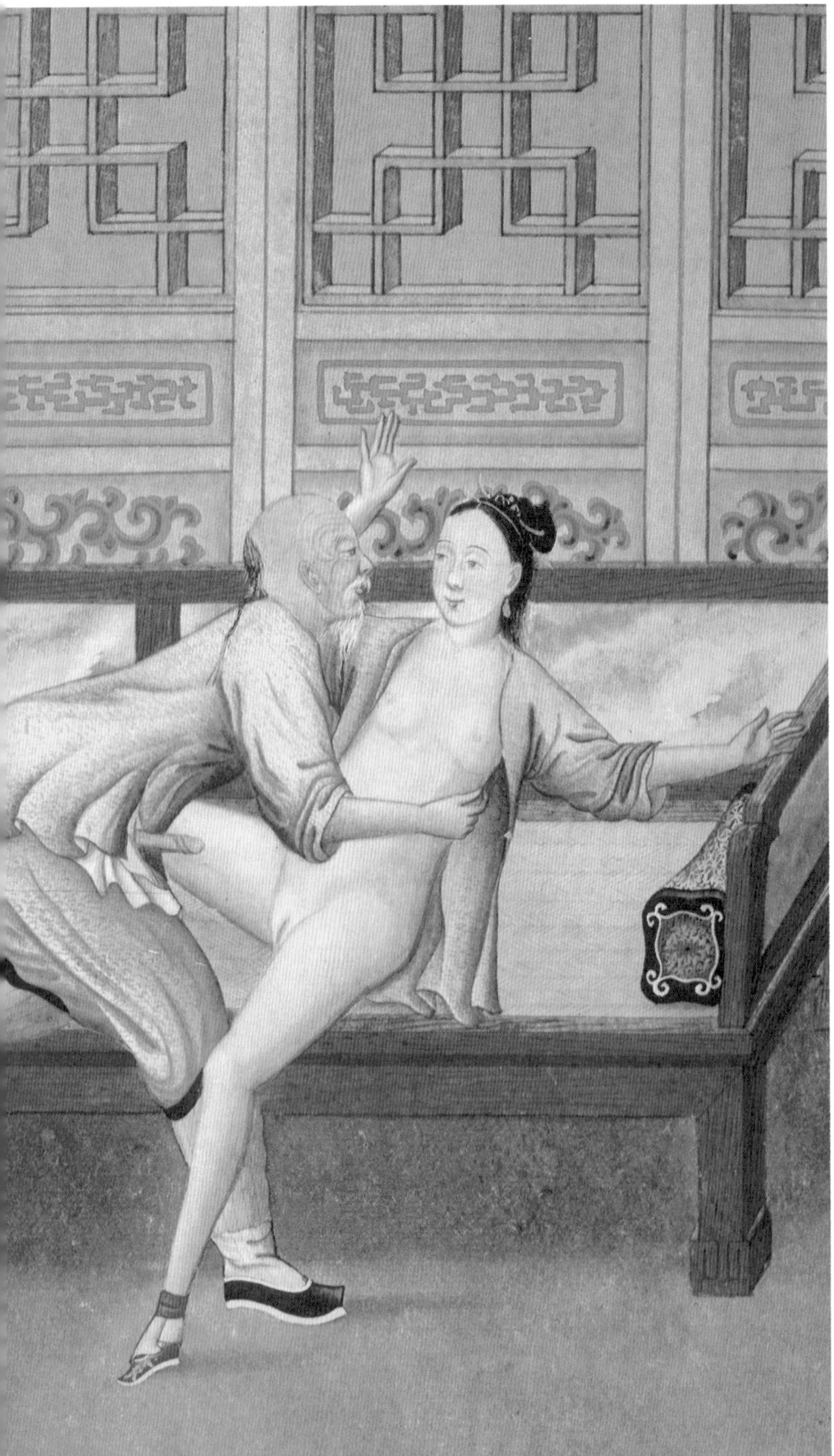

節制的性愛攸關養生（清朝佚名春宮畫）。

在佛教傳入中土以前，中國最大的兩派哲學是儒家與道家；儒家是入世的，強調犧牲小我、完成大我，強調國家社會的利益比個人優先；道家是出世的，強調獨善其身而非兼善天下，強調個人的成就比國家社會更重要；而所謂「個人的成就」，就是「成仙得道」。

雖然截至目前為止，長生不老仍是件渺不可及的事情，但是兩千多年來，道家方士在追求仙道的途徑上，也有許多意料中與意料外的收穫（像煉丹對化學的進步、對火藥發明的刺激等），而他們的養生之道，也頗有值得今人借鏡之處，簡述於後，以供珍惜健康的諸君作為參考。

清靜恬淡

諺云「當了皇帝想成仙」，這句俗諺典出黃帝；據明人李攀龍《列仙全傳》卷一裡說：黃帝在位十九年時，聽人說崆峒山石室中，有個仙人，名叫廣成子，乃軒轅時候人。黃帝便親自造訪崆峒山，拜見廣成子，向祂請教「至道之精」，也就是「養生訣」。廣成子說得好：

> 至道之精，窈窈冥冥，至道之極，昏昏默默，無視無聽，抱神以靜，形將自正，必靜必清；毋勞爾形，毋搖爾精，毋俾爾思慮營營，乃可長生，慎內閉外，多智多敗，我守其一而處其和，故千二百年未嘗衰老。

廣成子的這一席話，可用「清靜恬淡」四個字來概括，後世養生家無不奉為圭臬。

像晉人葛洪《抱朴子》卷二〈論仙〉說：「學仙之法，欲得恬愉澹泊，滌除嗜欲，內視反聽，尸居無心。」「仙法欲靜寂無為，忘其形骸。」「仙法欲止絕臭腥，休糧清腸。」

唐人孫思邈《六書》裡所說的，較葛洪更為言簡意賅：

> 口中言少，心中事少，腹裡食少，自然睡少，依此四少，神仙訣了。

「四少」何以能長保身體健康，清人梁章鉅《歸田瑣記》中曾有所解釋：「今人以飽食安眠為有生樂事，不知多食則氣滯，多睡則神昏，養生家所忌也。」

道家的養生論，是從個人日常生活飲食起居入手，研究出一種清靜恬淡的生活習慣，一直到今天，仍為大多數愛惜身體健康的中國人所奉行不渝。

胎息練氣

「多食則氣滯」，說明了腹中長存清氣，是長生的祕訣之一；所以道家養生者研究了一套如何長存清氣的呼吸法，稱作「胎息」或「吐納」。

清氣來自清晨時的東方，所以練習吐納之術的人要早起，在日出之前面向東作深呼吸；把新鮮的空氣吸入肺裡。

吐納術的神效，在晉人張華《博物志》卷十中，有段傳奇性的例證：「人有山行墜深澗者，無出路，饑餓欲死。左右見龜蛇甚多，朝暮引頭向東方，人因伏地學之，遂不饑，體殊輕便，能登巖岸，經數年後，竦身舉臂，遂超出澗上，即得還家，顏色悅懌，頗更黠慧勝故。還食穀、啖滋味，百餘日中復本質。」張華舉這個例子，認為只要練習吐納之術，不但可以辟穀（不食不饑），還有顏色悅懌、體殊輕便的神效哩。

佛教傳入中土後，道家的胎息吐納跟佛家的打坐修性結合為一，於是後世的長生家，用打坐來調節呼吸，達到健身的效果。

打坐不一定要盤腿端坐，散盤亦可、垂足亦可，甚至於躺著亦可，只要順其自然，求得四肢的舒適，這也說明了打坐的目的仍在於調息和滌盡思慮。

北宋的大文豪蘇東坡對打坐調息的養生之道頗有研究，他有一篇〈修養〉（見《蘇東坡全集》卷一）說：

> 已饑方食，未飽先止，散步逍遙，務令腹空。當腹

▍皇帝恣意縱欲，多半無法高壽（明朝佚名絹本春畫）。

空時，即便入室，不拘晝夜，坐臥自便，惟在攝身，使如木偶。常自念言，今我此身，若少（稍）動搖，如毛髮許，便墜地獄，如商君法，如孫武令，事在必行，有犯無恕。又用佛語，及老聃語，視鼻端白，數出入息，綿綿若存，用之不勤，數至數百，此心寂然，此身兀然，與虛空等，不煩禁制，自然不動，數至數千。或不能數，則有一法，其名曰隨，與息俱出，復與俱入，或覺此息，從毛竅中，八萬四千，雲蒸霧散，無始以來，諸病自除，諸障漸滅，自然明悟……。

蘇東坡的養生之道，是藉著身如木偶和數呼吸來約束雜念，最後達到心無障礙，與虛空等的境界；於是諸病自除、百邪不侵。他曾因政見與王安石不合，被貶謫到南方瘴癘之鄉，隨行的人大半都病死在嶺南，只有他安然地熬過這段艱困的歲月，最後活著回鄉，這是他研究並且身體力行打坐調息養生之道的結果吧！

導引按摩

除了清靜恬淡和胎息練氣之外，上古道教方士還有「導引」健身術，也就是今人所習稱的「健康操」。

宋人張君房輯錄的道教經典《雲笈七籤》卷三十二，是無名氏所撰的《養性延命錄》，裡面有一則〈導引按摩〉就提到了「叩齒」（上下齒互相叩擊）、「咽唾」、「握固」（雙手握拳，屈大拇指於四小指下，置於腰腹間）、「吐納」和各種姿勢的體操。

《癸辛雜識》一書裡，也引述了張安道〈養生訣〉說：「每日以子時後（深夜十一點之後）披衣坐（床上擁被坐亦可），面東或南，盤足坐，叩齒三十六通，握固（兩拇指掐第三指，或以四指都握拇指，兩手置腰腹間可也），閉息（閉息最是道家要妙，先須閉目靜慮，掃除妄想，使心源湛然，諸念不起，自覺出入調勻細微，即閉口屏鼻，不令出氣，方是工夫），內視，五臟肺白肝青脾黃心赤腎黑，次想心為炎火光明洞徹，入下丹田中（丹田在臍下三寸是），待滿腹氣極，則徐徐出氣（不得令耳聞聲），候出息勻調，即以舌攪唇齒，內外漱煉津液，未得嚥下，復前法閉息，內觀納心，丹田調息，漱津皆依前法，如此者三，津液滿口，即低頭嚥下，以氣送下丹田中，須用意精猛，令津與氣汩汩然有聲，逕入丹田中，又依前法為之，凡九閉息、三嚥津而止。然後以左右手熱摩兩腳心（此湧泉穴上徹頂門氣訣之妙）及臍下、腰脊間，皆令熱徹（徐徐摩之，微汗出不妨，不可喘），次以兩手摩熨眼面耳項，皆令極熱，仍按捏鼻樑左右五、七次，梳頭百餘，梳散髮而臥，熟寢至明。」

明人鄭瑄《昨非庵日纂》卷七〈頤真〉裡有關於十二段錦的簡要說法：「髮宜多櫛，齒宜多叩，液宜常嚥，氣宜清鍊，手宜在面，此為修崑崙之法。」記憶力不好、怕麻煩的人，照樣可依此法而常保青春健康。

男歡女愛人之常情，孔夫子也說：「食、色，性也。」可見性慾是人生裡不可免的一樁大事；但歷來的養生家大多主張要節制性慾才是養生之道，以下按時代先後，將這些理論臚列於下：

「人大怒破陰，大喜墜陽。」（《淮南子》卷一）

「徼幸者伐性之斧也，嗜慾者逐禍之馬也。」（《韓詩外傳》）

「恣則裂身之車，淫為破年之斧。」（《漢武帝內傳》）

「魚勞則尾赤，人勞則髮白。」（唐人李石《續博物志》卷二）

「服藥千裹，不如一宵獨臥；服藥千朝；不如獨臥一宵。」（明人楊慎《古今諺》）

「寡居獨宿鍊元陽，鍊得元陽性命長，無為大道有為作，執定念頭勒馬轠……。」（明人吳所敬《國色天香》卷四〈謹慎十章〉之九）

「脂刀截骨，花箭鑽心，一片歡場，即狠羅剎湯沐邑也。」（清人沈起鳳《諧鐸》卷十〈鬼嫖〉）

「軟蒸飯，爛煮肉，少飲酒，獨自宿，此養生之妙法也。」（清鐵腳道人《霞外雜俎》）

「男人三禁：晚茶，早色，空腹酒。」（民初諺語）

宋朝時無名氏所撰《三朝野史》中還有個故事，與節慾長生有關：

> 宏齋先生包恢，年八十有八，為樞密，陪祀登拜郊臺，精神康健。一日，賈似道忽問曰：「包宏齋高壽步履不艱，必有衛養之術，願聞其略。」恢答曰：「有一服丸子藥，乃是不傳之祕方。」似道欣然欲授其方，恢徐徐笑曰：「恢喫五十年獨睡丸。」滿座皆哂。

「滿座皆哂」，看來長壽倒是件「知易行難」的事呢！

壯陽術蒐奇

古代中國是個「男尊女卑」的社會，男人之所以尊貴，全在於他比女人多了那「四兩肉」。正因為大家都重視男人的這「四兩肉」，所以它也稱之為「勢」；「勢力」也因而成了「具有重要影響力」之意。

勢之所以成勢，全在於能夠壯大持久，如果和「男子九醜」發生關係，勢必要弄巧成拙而貽笑「女」方了。

要讓男子之勢壯大持久的方法，稱為「壯陽術」，古往今來，壯陽術大致可分成兩大類：一是吃藥，使男子的「那話兒」更為勇猛持久，這種藥古時稱為「媚藥」，今人稱為「壯陽藥」；一是練功，經由持之以恆的運氣或按摩，達到上述吃藥的同樣效果，這種「特殊體操」古時稱為「陰道」，今人稱之為「房中術」。以下就按時代先後，分述這兩種壯陽之術。

漢成帝以春䘏膠助興

根據可靠的歷史記載，西漢成帝劉驁因為又愛趙飛燕、又愛趙合德，在趙家姊妹的輪番夾攻下，未免顯得有些力不從心，便只好求助於媚藥；漢人伶玄《趙飛燕外傳》說：「……帝病緩弱（見色不舉，舉而不堅，為男子九醜之二），大（太）醫萬方不能救，求奇藥，嘗得春䘏膠，遺昭儀（即趙合德），昭儀輒進帝，一丸一幸。」

春䘏膠的配方，可惜今已不可考，否則可作為擁有一妻一妾者的好幫手；不過，稍後的魏晉南北朝時，丹家方士所著的《玉房祕訣》一書中，有一個「治男子陰痿不起、起而不強、就事如無情」的藥方，應與春䘏膠相去不遠。

其方如下：

菘蓉（二分）五味（二分）蛇床子（四分）

菟絲子（四分）枳實（四分）

以上五物搗篩，酒服方寸匕（一小湯匙），日三（每天服用三次）。

何晏首開服食媚藥之例

魏晉南北朝時候，人們流行服用寒食散，以為助長性慾的媚藥。

寒食散是漢朝人張仲景所研究發明的藥方，主要的藥材是石鐘乳、朱砂、赤石脂、紫石英和硫黃，因為藥性太熱，服食之後三餐需要吃冷的東西，所以名叫「寒食散」，因為藥方有五種礦石，所以又叫「五石散」。

張仲景雖然研究出寒食散，但是第一個以寒食散作為媚藥的是魏晉之間人何晏。何晏年經、英俊又有錢，當然經常有漂亮的女人纏著他，日子久了，難免覺得有些吃不消。他從古代醫書中找幫手，發現了寒食散，便試著服用此藥。《通鑑》晉紀三十七胡三省注引蘇東坡的意見說：「世有食鐘乳烏喙而縱酒色以求長年者，蓋始於何晏；晏少而富貴，故服寒食散以濟其欲。」何晏服用寒食散後，果然有效，一時傳揚開來，世人便競相服用這種媚藥了；隋人巢元方《諸病源候總論》說：「皇甫謐云：寒食藥者，……近世尚書何晏，耽好聲色，始服此藥，心加開朗，體力轉強。京師翕然，傳以相授……。」

魏晉之世，人們競相服用寒食散，稱為「服石」，但這種媚藥藥性太猛，久服之後不但容易全身發熱、神志顛狂，甚而會各處潰爛，痛苦不堪，最後成為終身痼疾或死於非命。

像頭一個服用寒食散的何晏，後來落得「魂不守宅、血不華色，精爽煙浮，容若槁木」，像是被火所燒的「鬼幽」（見《魏志•管輅傳注》）；晉人裴秀在久服五石散後，全身乍寒乍熱；眼睛吊得高高的，只見眼白不見瞳仁，他的家人用幾百石的冷水替他澆洗，結果還是暴斃於水中；可見此藥之毒烈。

唐朝皇帝多迷信丹藥

雖然魏晉時有不少人因服用礦石研製的媚藥而喪命，但後世仍有人重蹈此一覆轍：唐人李肇《國史補》卷中說：「韋山甫以石流（硫）黃濟人嗜欲，故其術大行，多有暴風死者。」

不光是老百姓如此，唐朝的皇帝更需要服用此類丹藥；結果好多位皇帝因而暴斃；近代佚名作家《封建時代的淫穢》一書中，有一則〈唐代諸帝之煉藥〉說：「唐代諸帝，多有秦皇漢武之長生不死之念，信賴方士，而夭其天年。貞觀二十二年，太宗使方士那羅邇娑婆，造延年之藥於金飈門。高宗欲服胡僧盧伽、阿逸多之煉藥，以諫而止。憲宗使山人柳泌、僧大通，採天台山之藥，煉金丹，服之而暴崩。穆宗聽僧惟賢及道士趙歸真之說，而服金石之丹。敬宗惑於道士劉從政之長生久視術，而搜異藥於湖南、江南及天台。武宗在藩邸（作太子）時，好補益之術；即位後，召趙歸真等八十一人至禁中，煉丹藥，服之，日加枯槁、喜怒無常，旬日而崩。宣宗服太醫李元伯之長年藥，疽發於背而崩。」

唐朝諸帝迷信丹藥，為求長生只是藉口（聰明如皇帝者恐怕未必相信此一從未經證實的虛誕故事），或溺於女色太深才是服用丹藥的主要目的。而從「喜怒無常」、「疽發於背」等病徵來看，這些丹藥都含燥烈的礦石成份。

韓愈久服媚藥而身亡

硫黃等礦石確有壯陽之效，但久服對人體有害，唐人韓愈便想出一個變通的辦法，先把硫黃末拌飯餵公雞，等公雞長大了再吃雞肉，期能間接獲得硫黃之效；宋人陶穀《清異錄》上說：「（韓）昌黎公愈（字退之）晚年頗親脂粉，故可服食；用硫黃末攪粥飯，啖雞男（童子雞），不使交，千日，烹庖，名『火靈庫』，公間日進一隻焉……。」

這個辦法初行時甚為有效，但火靈庫吃多了，殘存在雞肉裡的硫黃照樣能致人於死。所以《清異錄》上說：「（韓愈）始亦見功，終致絕命。」唐人白居易也說：

韓愈吃含有硫黃的雞肉「火靈庫」最後喪命（明刊《三才圖會》）。

「退之服硫黃，一病迄不痊。」

可見，不管是直接或間接服用硫黃等礦石所煉製的媚藥，都不免會有毒發暴斃的危險。

張居正服食海狗腎　不畏嚴寒

鑑於礦石製媚藥藥性過於霸道，明朝時的縱慾者改服動物性或植物性的媚藥。

明神宗時的宰相張居正，家中妻妾成群，便靠服用海狗腎來助興；海狗產於山東海濱，當時戚繼光正在河北、山東擔任統帥，每年冬天海狗來時，戚繼光便派人到海裡捕捉公海狗，割了海狗外腎（陰莖）臘乾後專程進獻給張居正玩女人。

明人沈德符《萬曆野獲編》卷二十一裡說：「媚藥中又有膃肭臍，俗名『海狗腎』，其效不減春卹膠。然百中無一真者。試之，用牝犬牽伏其上，則枯臘皮間陽莖挺舉，方為真物；出山東登州海中。昔張江陵相（張居正為湖北江陵人），末年以姬侍多，不能遍及，專取以劑藥。蓋薊帥戚繼光所歲獻。戚即登之文登人也。」這種藥果然有效，服用之後渾身發熱，再冷的冬天也不用戴貂帽；按照往例，每年十月初一，皇帝就下令文武百官在早朝時可以戴皮帽煖耳，可是年高德劭的「行政院長」張居正先生沒戴，別人哪敢戴？張居正是服了海狗鞭，熱得戴不住帽子，其他文武百官可慘了，凍得直發抖還得拼出笑臉，跟別人說天氣好熱，回去後感冒流鼻涕，只好快服老薑熬紅糖祛祛風寒。當時文武百官每年冬天這個凍罪受到張居正縱慾過度、壽終正寢才告解除；前引書說：「……（海狗腎）藥雖奇驗，終以熱發，至嚴冬不能戴貂帽；百官冬月雖承命賜煖耳，無一人敢御，張竟以此病亡。」

福王藉蟾酥驢勢　縱情聲色

南明福王偏安江左，不思力挽狂瀾，與清軍放手一搏，以重光大明江山，卻專心致力於飲酒作樂玩女人，還請人在端午節捕蟾蜍（癩蝦蟆），用針刺其兩眉之間、刮取眉心冒出之白色汁液，研製房中祕藥「蟾酥」。方士說蟾酥要在端午這天刮取才有神效，所以一到端午節，那些乞丐、兒童就紛紛到草叢裡去捉蟾蜍，好賣給太醫院煉媚藥。清初人吳偉業《鹿樵紀聞》卷上說：「丙戌（清世祖順治三年）端陽節，福王在宮演劇，內旨：召乞兒多捕蝦蟆為房中藥。……故時人又稱（福王）『蝦蟆天子』……。」清人陸圻《纖言》一書上也說：「五月初五日午時，內監車天祥言：北信急且危。帝復大怒，擲碗而起，殊不欲聞也；敕民夫覓蟾酥二萬隻開剝，押收大內取酥。」

除了蟾酥外，福王還吃驢勢為房中藥（此時山東已陷入清軍之手，吃不到海狗腎了）；福王吃的驢勢非一般之驢勢，另有一套繁複的飼養法，割取驢勢時也相當別緻。前引《纖言》一書說：「弘光（南明福王年號）中，朝天宮道士袁本盈進春方，用人參飼羊、羊飼犬，細切狗犬拌入草中餵驢，候驢交峻作（勃起）時，割其勢，以獻至尊，御宮人，多以洪巨創死。」即是指出福王吃了間接餵藥的驢勢，竟能把宮女搞死，藥效之強也實在太可怕了。

閨房祕訣　採戰春方

關於如何壯陽的藥方，古代中國醫書如《千金要方》、《寶元帶》、《清宮祕方大全》等書中俯拾皆是，不值抄錄，以下只抄錄一首比較罕見的道家《閨房祕訣採戰春方》，它以一首詩而羅列了各種藥物，一般醫書所舉的媚藥丹方，大致都不出它的範圍。

其方如下：

洞房何藥可與陽，海馬相兼石燕強；
蛤蚧丁香共巴戟，熟地茱萸五味良；
堅強更有破故紙，能令快美羨蛇床，

硫磺性熱宜輕用，木香麝子要參詳；
人龍木鱉絲瓜子，乳香沒藥是奇才；
遠志紫稍堪動興，桂心龍腦白礬添；
柏子鹿茸香附子，洞房徹夜可追歡；
蜂房細辛地龍等，陰陽並美乃仙傳；
狗骨乾羌和定粉，相思美婦不能忘；
花椒沉香菟絲子，杏仁草麻共茴香；
石灰胡椒烏骨膽，金纓蒼朮酸棗當；
人參茯苓能大補，乾薑山奈菊花涼；
蓯蓉青木香龍骨，石榴皮要用心煎；
全蝎紅花兼山藥，柯子山仁與僵蠶；
狐心乾葱陽起石，硃砂五倍瓦松全；
蠶蛾藿香川牛膝，川芎甘遂白砂霜；
封霜紅蜻蜓二個，更兼絕妙安息香。
此是洞房神妙藥，若要遇仙配春方。

古代房術理論　至今仍奉行

限於篇幅，媚藥只介紹到此為止，以下再談古代中國的房中術。

上古時候，中國出現了好幾位房術高手，這些人的事蹟，在《後漢書・方術列傳》和晉人葛洪《神仙傳》、明人李攀龍《列仙全傳》裡都有記載。這些人包括了容成公（主張「煉精於玄牝」，著有《容成陰道》二十六卷，後世因為他而稱「房術」為「容成之術」）、廣成子（主張「毋勞爾形，毋搖爾精」，對後世影響最大）、素女（古代中國性學研究大師，提出「五徵」、「五欲」、「十動」、「九氣」等理論，可謂「放諸四海而皆準，百世以俟聖人而不惑」）等。

東漢魏晉時，容成、素女之術出現了傑出的傳薪者，如左慈、甘始、東郭延年、封君達、冷壽光等人，他們的房術技巧，在正史中曾留下一鱗半爪的記載。

如《後漢書・方術列傳》中說：「甘始、東郭延年、封君達三人者，皆方士也，率能行容成御婦人術，或飲小便（明朝時方士以童尿煉秋石為房中藥，本於此）、或自倒懸（瑜珈術）、愛嗇精氣，不極視大言（廣成子之理論）……。」

晉人葛洪《抱朴子・釋滯篇》中也說：「房中之術十

餘家，或以補救傷損、或以攻治眾病、或以採陰益陽、或以增年延壽，其大要，在於還精補腦之一事耳。」

左慈、甘始、東郭延年等人的房術理論，至今仍可從殘存的《素女經》、《玉房祕訣》等書中略見一斑；事實上，這些房術書即魏晉南北朝時左慈等人的徒弟所撰，偽託為上古容成、黃帝、素女、玄女等人的房術對談錄。書上所云「男子欲得大益者，……當御童女」、「數數易女則益（好處）多，一夕易十人以上尤佳」、「臨動欲施（瀉精）時，仰頭閉氣、大呼瞋目，左右視，縮腹還精氣，令入百脈中也」等理論，至今猶為許多人尊為金科玉律，奉行不違。

「提肛術」可提高男女性愛之樂

房中之術歷代皆有傳承，如唐朝初年方士所撰的《洞玄子》、宋人蘇東坡有「搬運法」、「養生偈」等理論，都值得一述。

《洞玄子》一書頗受印度古典性學祕笈《愛經》（Kama-sutra）之影響，因而和魏晉南北朝時的房術書有若干明顯的不同，反而與《愛經》之內容有不少雷同之處，如書上強調交歡時男女雙方都要「入戲」（傳統中國理論根本不重視女性的反應，只把女性當作男人養生修道的「鼎器」），強調實用的技巧，說明接吻的方法、做愛的方法，並列舉了許多性姿勢，替它們各取一個別緻的名稱等，都是例子。

世人皆知蘇東坡詩文俱佳，為北宋一代大儒，比較少知道他對養生之道也頗有研究。

《蘇東坡全集》卷六有一則〈搬運法〉云：「揚州有武官，侍其長官於二廣十餘年，終不染瘴，面紅膩，腰足輕快。初不服藥，每日五更起坐，兩足相向，熱摩湧泉穴（在足心正中凹處）無數，以汗出為度。歐公（歐陽修）平日不信仙佛，笑人行氣，晚年云：數年來足瘡一點，痛不可忍，近有人傳一法，用之三日。不覺失去（疼痛消失）。其法重足（盤腿）坐，閉目握固縮谷道（肛門），搖颭兩足，如氣毬狀，氣極則休，氣平復為之，日八九度，得暇即為，乃搬運捷法也，文忠（歐陽修）痛已即廢，若不廢當有益。」蘇東坡末句有益云云，實指房中。

而其「閉目握固縮谷道」之術，即唐朝醫學大師孫思邈的「谷道以常攝」之法，今人稱為「提肛術」，經常做提肛的動作，男子可以延長做愛時間、女子可以獲得更大的魚水之歡，其要領詳見下文。

古籍中的固精術與壯陽術

元人俞琰在《席上腐談》一書卷上，提到了兩種固精術，辦法都很簡單。

書上說蘇州有一個姓吳的酒店老闆，「病精滑不禁」，也就是早洩，群醫束手無策。俞琰告訴他：平常多做「脅腹縮尾閭，閉光瞑目」（壓迫小腹，緊縮脊椎骨末端和肛門，把眼睛閉起來做）的動作，「即引氣自背後直入泥丸（在腦頂正中腦海之內），而後嚥歸丹田。」半年之後，依法練習的吳老闆不再早洩了。

同書又說道家有「鼻吸口吐」之說，平時呼吸如果養成用鼻子吸入、用嘴吐出的習慣，就可以「不漏」，並且能根治「夢遺」。俞琰說他起初不信，後來親身試之，果然十分靈驗。

禪密（喇嘛教）也有壯陽功，頗為類似而更繁複，其法如下：每日凌晨及臨睡前各一回，端坐，雙手交叉輕貼肚臍，吸氣脹腔，吐氣縮腹。吸氣慢而輕，到底後閉氣，不耐時吐氣；吐氣也慢而輕，到底後閉氣，不耐時再吸氣，如此反覆五次。

接著以自然的呼吸來提肛，用力慢提，到底後，慢慢放鬆；放鬆到底後再用力慢提，如此反覆八十一次。

以上動作稱為「一周天」，每回共做五周天。

做完後會全身發熱，約一小時後熱退，以冷水肥皂來沖搓全身各部，搓時需用力。

練禪密壯陽功之時，應由少而多、自輕而重，不宜一開始即猛烈練習，練習此功宜在空氣新鮮、安靜之處，以免受到干擾。如果只單獨反覆做慢吐（稱「吐納」）的動作，也有消除疲勞及強身之效，這是現代西醫也同意的事實。

春去春又回
——回春術奇譚

宋朝時，薄傳正出任杭州太守；有回他遇見一位年踰九十卻紅光滿面的道士，便好奇地邀請道士到家裡，熱忱地款待他。席間，薄太守問道士養生長年之術。道士說：「這個簡單，只要戒絕色慾就可以了。」

薄太守低頭想了想，回問道士：「如此，雖壽千年何益？」

其實大多數的人都跟薄傳正一樣，雖然企盼長壽長生，但是更割捨不掉色慾的歡愉；如果有方法既能長壽、又能享受性愛，那是最好不過的事了；如果只能二者擇其一，絕大多數之人都寧可不要長壽，只要魚水之歡，這也就是俗話說的「只羨鴛鴦不羨仙」。

性愛之歡既是比長壽成仙更吸引人的事，如何追求性樂、擴展性樂的強度與時間，也就成了古代中國人努力專研的學問之一。這件事情，儒家不敢去做，佛家不能去做，就全落到道家術士的肩頭上了。

在古籍裡，這類追尋性樂祕方的道士，可謂不勝枚舉；他們以房術春方獻媚於帝王公卿的登龍術這裡且不去說它，這些道士的葫蘆裡，究竟賣的是什麼回春仙丹，倒值得後人以科學和歷史的眼光重新加以評估一番。

性愛之歡愉比長壽更重要（清乾隆間紙本春畫）。

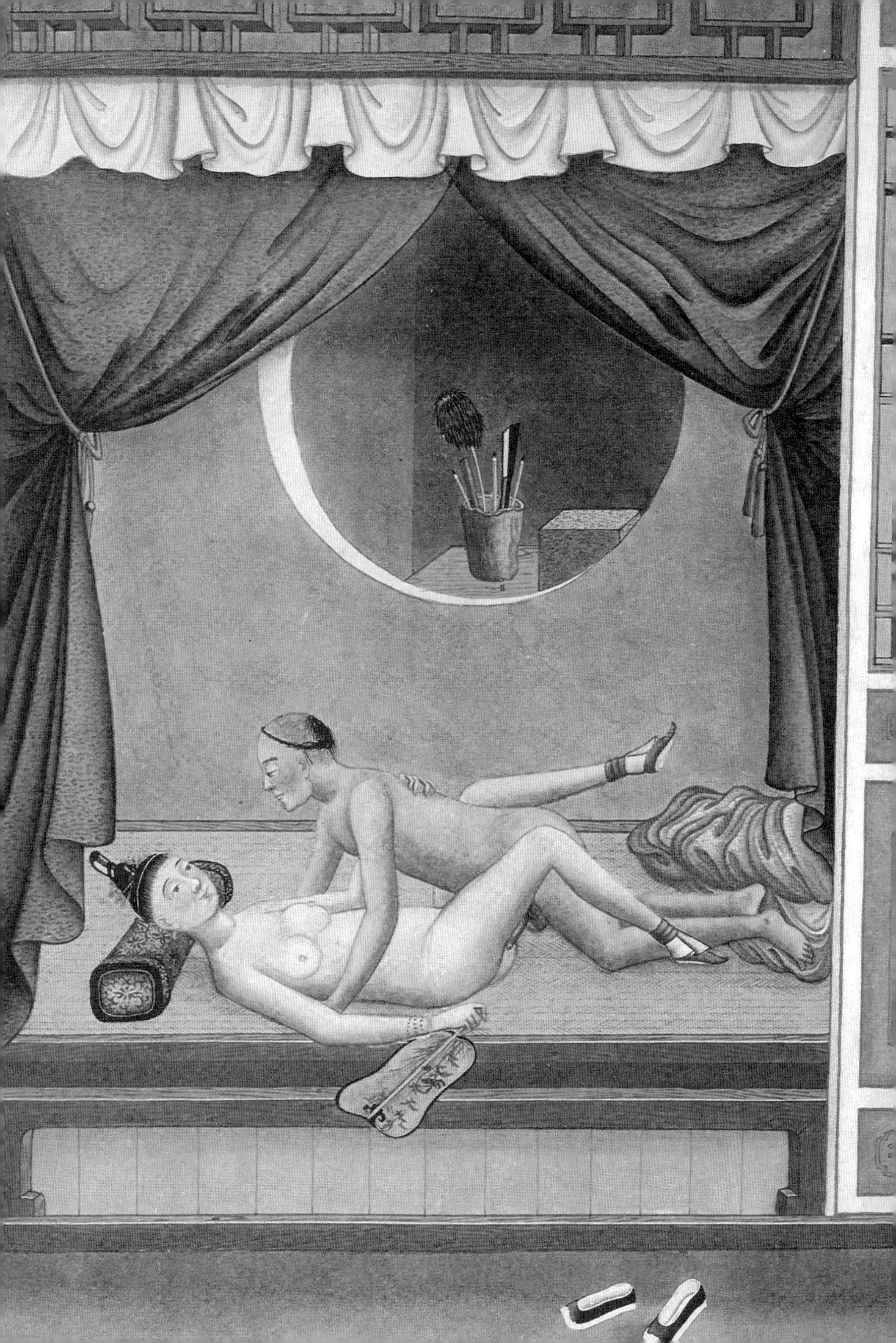

草木之實強身益壽

秦漢以前，中國的道士們以草本之實來強身補體、益壽延年，並以此來追求更豐實的性生活。道士們常向世人宣傳，某某人吃什麼仙草靈藥，效果如何，說得天花亂墜，讓一般小民又羨又妒。

在《搜神記》、《神仙傳》、《列仙全傳》等書上，此類上古術士藉草藥壯陽強身的故事真是不勝枚舉，如說：山中毛女食柏實，不飢不寒、不知年歲；彭祖常食桂芝，壽八百餘歲；魯定公母服五加皮，以致不死；張子聲服五加皮酒，壽三百年，房室不絕；任子季服茯苓，能夠輕身隱形；韓泉服菖蒲，遍體生毛，隆冬裸袒而不寒；移門子服食五味子，容色豔麗如玉女；林明子服朮，身輕如燕，行動敏捷；楚子服地黃，夜間可以視物；陵陽子仲服遠志，生了二十七個兒子，到老還是黑髮童顏；杜子微服天門冬，八十歲了還可以每天走三百里路；庾肩吾服用槐實，七十幾歲了，鬢髮又由白轉黑；趙瞿食松脂，百歲以後仍髮不白、齒不落……。

這些草木之實，是否真有強精補血、長生不老之效？今人大多抱持著懷疑的態度，認為這些「神話」全是「鬼話」。

但是至今五加皮、地黃、茯苓等物，仍是中藥舖裡的補藥和人們冬補時的藥材，可見上述故事也並非全然不可相信，只是古人把這些傳說加以誇大罷了——說一個人可以活八百歲、長生不死、隱形飛天……，固然是瞎扯淡，但說一個人可活到八十、一百歲，鬢髮不白、牙齒不落、老更少容、房室不絕，也不是什麼不可能的事情。

五石散熱劑有大毒

《神農經》說：「上藥養命，謂五石之練形、六芝之延年也；中藥養性，謂合歡蠲忿、萱草忘憂；下藥治病，謂大黃除實、當歸止痛……。」原來你我平日生病時吃的藥，對古代中國的養生家而言，全只是「下藥」，他們所要研究發明的，是延年益壽的「上藥」五石六芝。

這種理論傳到兩漢魏晉時，就由術士研究出了「五石散」——一種可以強身壯陽的回春藥。

五石散是用丹砂（水銀）、雄黃、雲母、石英、石鐘乳等五種礦石作藥材，經過炮製煆淬的手續之後研磨成粉，混合在一起，服食下肚。因為食用後體內大熱，需穿薄衣、喝冷水、吃冷食、睡冷榻，所以五石散又叫「寒食散」。

五石散的配方早在漢朝時就為術士張仲景所發明了，但是當時服用的人還不多，並且是用來治療傷寒之疾；直到三國時代，魏國的尚書何晏服用之後，覺得身體強健輕便了許多，廣為宣傳，大家才紛紛效尤，蔚為風尚，並用它來治療腎虧；好色之徒有了五石散作「靠山」，便更放心大膽地「竭澤而漁」、追求雲雨之歡了。

五石散的五種礦石成份為何？藥效如何？據唐人孫思邈《千金翼方》卷二說：雲母有除邪氣、安五臟、益精補中、治療五勞七傷之效，久服可輕身延年、悅澤不老；石鐘乳可明目、益精、益氣、補虛損，久服可容顏不老、令人有子；石英（分白石英、紫石英）味甘辛，主治消渴陰痿不足、補五臟、安神氣；這些藥效大致也為現代的生藥學家所同意；但是雄黃卻甘辛大溫而有毒，丹砂更有大毒，把這五種礦石吃下肚後，雖可取熱取壯於一時，但礦石之毒逐漸在人體中貯積起來，終將毒發而暴斃；魏晉隋唐時許多服食五石散的人的悲慘下場可為殷鑒。也因此孫思邈在《備急千金要方》卷廿四裡，也再三告誡世人說：「寒石、五石更生散方，……自皇甫士安（晉朝名醫皇甫謐，曾服用五石散，毒發時痛苦得想自殺）以降，有進餌者，無不發背解體，而取顛覆（翹辮子），余自有識性以來，親見朝野仕人遭者不一，所以寧食野葛，不服五石，明其大大猛毒，不可不慎也。」野葛是一種有劇毒的草，孫思邈勸人寧可吃野葛，也不要服五石散，可見五石散對人體的毒害有多劇烈。

石硫黃與火靈庫

雖然服用五石散暴斃之事例甚多，雖然孫思邈再三告誡，但是寧可「牡丹花下死，作鬼也風流」的男士們仍然不少，依然有許多人冒險服用礦石以逞一時之快。

前文已述及唐朝的術士韋山甫曾經向世人推銷石硫黃。以作為壯陽濟慾的回春藥。事實上，石硫黃的確是一味熱劑，可以藉此激發人體內的「潛能」，但這種作法無異是「飲鴆止渴」。

在〈壯陽術蒐奇〉一文中，我們已提及「文起八代之衰」的韓昌黎，為了「武起一身之衰」而食用「火靈庫」，最後因硫黃毒發而以身殉藥，這樣血淋淋的慘痛教訓並不能成為前車之鑑，到了五代時，仍有人想用韓愈的老辦法來壯陽。

前引宋人陶穀《清異錄》說：「開運中（五代時後晉出帝年號，西元九四四至九四六年），術士曹盈道來謁（陶穀），自陳能『肉竈燒丹』、『借廳修養』；詢其說，『肉竈』者，末（研磨）生硃砂飼羊，膏腯（羊長肥了），乃供廚；『借廳』者，素女容成閉陽采陰之道」曹盈道來拜訪作官的陶穀，推銷間接吃石硫黃的壯陽藥，博學多聞的陶穀大概不會輕易上當吧！

陽起石令人想入非非

在所有可以回春的礦石藥材中，陽起石似乎特別值得一提；因為它的名字就給人一種「想入非非」的印象。

陽起石也叫「白石」、「石生」或「羊起石」，是雲母之根，以齊山山谷、琅玡、雲山、陽起山所產的最道地。這種礦石的功效，在唐人孫思邈《千金翼方》卷二裡有所記載：「陽起石，味鹹微溫無毒，主崩中漏下……、無子、陰痿不起、補不足、療男子莖頭寒、陰下濕癢……，久服不飢，令人有子。」

陽起石以色白、尖似箭鏃者藥效最佳，狀如狗牙者稍差。如果在閨房中不能隨心所欲時，怎樣服用這種回春礦石呢？明人李時珍在《本草綱目》卷十載有服法說：把陽起石放在火中燒紅，取出浸酒淬冷，再取出入火中燒紅，再入酒淬冷，如此七次後，將石研成細粉，即可以服用了；一次服用二錢，以鹽酒混合吞送下肚。

李時珍也說陽起石可治療「陰痿」，陰痿就是「男子九醜」中的「陽痿」。

迷信陽起石神效的人還很多，像明中葉人謝肇淛《五雜俎》卷三就說：「……山東有陽起石，煅為粉，著紙上，日中暴（曝）熱便能飛起，蓋此石為陽精，相感之理固宜爾也；其石入藥，能壯陽道。」

雖然李時珍、謝肇淛都沒說服用陽起石之後，對人體產生的弊病，但既同為礦石，想必也不能獨免吧！

插翅春、龍鹽與海狗腎

宋人鑑於古人服石毒發、痛苦暴斃的可怕，漸漸捨金石礦物的回春丹，而改尋其他的壯陽藥；當時所服用的有龍鹽、山獺骨等。

宋朝佚名作家《士林紀實》一書上說：「龍鹽，士大夫共知之，龍方交有所遺（精），用鹽漬之，服之治虛敗，有益幃薄之事。」可證宋朝時，士大夫以「龍鹽」作為回春丹，是件很普通的事；但龍既是神話中的動物，豈有遺精可供人們採作房中媚藥？民初學者胡樸安以為，龍鹽就是紫稍花。

胡樸安《中華全國風俗志》下篇卷十說：「峒中所出物，……插翹春（山獺骨）、龍鹽（一名紫稍花，二者皆媚藥）皆奇品也。」峒人是中國西南部僰撣族系的邊疆民族，分佈於湖南西部的通道、綏寧、城步、晃縣，貴州東半部的思南、石阡、黎平、三都、荔波和廣西北部的三江、龍勝等縣，峒人居處生長的紫稍花，千里迢迢地運至中原，對中原的漢人而言，一定如同今日之「印度神油」、「西班牙蒼繩」一樣，是「異國神藥」，而為腎虧之中國人奉為至寶，倚為救命恩物吧！

胡樸安提到峒中出產的另一種媚藥山獺骨，早在宋朝時也已名揚中土、享譽閨房之內了。

宋人范成大《桂海虞衡志》上說：「山獺出宜州（今廣西宜山縣），溪洞（峒）俗傳為補助要藥；洞人云：獺性淫毒，山中有此物，凡牝獸悉避去。獺無偶，抱木而枯（說公獺找不到配偶，抱著樹木把生殖器插入樹幹裡而死）。洞獠尤貴重，云能解藥箭毒，中箭者，研其骨少許，傅治立消；一枚直金一兩。人或求買，但得殺死者，功力甚劣。」

漢人向峒人買山獺骨，當然不是用來外抹解箭毒，而是作為內服藥，希望吃下山獺的骨粉後，能跟山獺一樣的「勇猛」，博得異性的讚佩。

但是「抱木而枯」的山獺可遇而不可求，峒人往往用獵殺來的山獺充數，藥效就比較差了。

不光是山獺骨可作回春藥，山獺鞭更可回春，與山獺品種接近的水貂、海狗、狗，牠們的生殖器——貂鞭、海狗腎、狗鞭，也都被我們的老祖先視為房中補虛的聖品。

明人謝肇淛《五雜俎》卷十一裡，就提到山獺鞭、海狗腎和狗鞭等回春藥，並說它們的藥效各有差等：「……又有山獺，淫毒異常，諸牝避之，無與為偶，往往抱樹枯死，其勢入木數寸，破而取之，能壯陽道，視（比）海狗腎，功力倍常也。今山東登（今山東牟平縣）、萊（今山東掖縣）間，海狗亦不可多得，往往偽為之，迺取狗腎而縫合於牝海狗之體以欺人耳；蓋此物一牡管百牝，牡不常得致也。」

這是說山獺的外腎比一般常用的海狗腎效力更好，可是市面上甭說山獺鞭、就連海狗鞭也不可多得，不肖的藥材商便把家裡養的公狗的生殖器割下來，縫在母海狗身上，充當海狗鞭來出售。其實狗鞭一樣能壯陽回春，只是人們都有「物以稀為貴」的心理，所以覺得山獺鞭最有效、海狗鞭次之、狗鞭又次之。

紫河車修合媚藥

在宋人服用的回春藥物裡，最引人非議的，要算用嬰兒的胞衣和腎囊來製造媚藥了。

胞衣也叫「人胞」、「衣胞」、「混元毬」、「仙人衣」或「紫河車」，它就是嬰兒的胎盤。

近代的人都知道，嬰兒胎盤可以提煉成胎盤素，擦在皮膚上有滋潤、美化皮膚的功效，是一種高級的營養霜，也有人接受胎盤移植手術，把胎盤「種」到自己皮膚裡，以求青春永駐、返老還童。由於胎兒在母體內所需的營養，都是經由胎盤來供給的，所以它的營養價值很高，的確具有回春之效；宋朝時，人們已經開始食用胞衣來進補了。

宋人張師正《倦遊雜錄》上就說：桂州婦女生了男孩，一定把胞衣留下，洗乾淨後切絲，加五味佐料烹調成名菜後，準備好酒配菜，召集至親好友一起來共嚐佳餚；小小的一碗，一人挾不了一兩筷子，可是沒被邀請參加「人胞筵」的，事後常會生氣地大罵主人小器呢！

胞衣所以貴重，不光是因為它大補、可以回春，也因為一般人家生得男嬰後，都把胞衣埋起來，古代中國人認為，胞衣如果不埋起來的話，胞衣的主人——嬰兒會夭折，所以胞衣就格外珍貴了。

明人謝肇淛在《五雜俎》卷五中就說：「……余習見富貴之家，取紫河車為丸，千錢一具，皆密令穩婆盜出，血肉腥穢，以為至寶。……紫河車，欲得首胎生男者為佳。相傳胞衣為人取去，兒必不育，故中家以上，防收生嫗如防盜然；而嫗貪厚利，百計潛易以出。其功不過壯陽道、滋氣血而已，而忍於賊人之子，噫！嫗不足責也，富貴之人亦獨何心哉？」

古人相信吃人胞有損陰德，晚清上海刊印的《點石齋畫報》上，還有一則好色之徒吃了許多付人胞，害人家嬰兒夭折，結果積孽過重，遭小鬼索命的新聞說：「會稽人陸某，體素羸弱而有登徒子之癖，肆意戕伐、精神日耗，幾成癆瘵，心憂之。聞人言小孩胞衣如能生致（殺嬰取胞？），食之，病可立愈。某遂以重賂倩某穩婆謀之。穩婆涎其重利，設計取之，某服之，病果稍瘳，方沾沾自喜，而嬰孩性命不知喪了多少矣！一夕，某忽痛如刀割，夢群孩爭囓其肉，搏膺而言曰：『還我命來。』驚駭而號。家人集視，痛仍不止，某乃浩然長歎曰：『予殺人子多矣，能無及是乎？』言畢而斃。世有食胞衣者，可弗鑒歟？」

今人已不信胞衣與嬰兒的夭壽有任何關係，所以服用胞衣的人，並不會覺得自己是在做一件「傷天害理」之事，也不會以此苛責古人；但如果把嬰兒殺死、取其腎囊來修製回春藥，就真是令人髮指的行徑了——而這種事情在宋朝時也真的發生過。

宋人龐元英《談藪》上記載說：朱中直府判在池州青陽縣擔任主簿時，有個老吏對他說：紹興（南宋高宗年號，西元一一三一至一一六二年）初年，青陽縣丞夫婦都三十歲而無子，要屬下替他們找男嬰入繼為嗣；可是找來的小孩沒幾天就夭折了，而後又託屬下去找，幾年間一共「找死」了十幾個小孩。最後一個小孩死了、在裝入棺材裡準備焚化前，小孩的親生父母來送終，摸到孩童屍體，只覺兩股微熱，再仔細檢視，發現小孩陰囊已破，兩個睪丸卻不見了。他們抱出屍體，到官府衙門裡告狀，上級把縣丞夫婦逮捕追究，才拷問出實情。原來縣丞聽信道士的話，用嬰兒腎囊入藥，煉製回春媚藥，他們名為求子嗣，實則是找藥材，結果這對傷天害理的夫婦全被判處死刑。

這類以活人器官修製回春藥的事例，在後代還曾發生過，因為事情太過殘忍，這裡就略過不提了。

人精月水均可修煉壯陽藥

為了壯陽補虛，古代中國的好色之徒還有服用人體排泄物作為回春妙藥，這些排泄物包括童男小便、童女月經和男子的精液。

最早吞食人精壯陽的記載，見於唐人張文成的《朝野僉載》說：「周（武則天朝）舒州刺史張懷肅好服人精，唐左司郎中任正名亦有此病。」張某、任某不避腥穢，當然不是貪圖人精美味，亦無非是想「以精補精」罷了。

明朝初年駙馬都尉趙公輝則喜歡吃女人的月水；明人顧起元《客座贅語》卷九說：「國初駙馬都尉趙公輝，年九十餘而卒，所畜姬妾百餘人，……《獻徵錄》載：趙公老而彊健，有得於內養之術，人傳趙公以婦女月水為餌，採鍊有法。或言不待鍊也，取未孕婦人者，以糕糝而吞之。」

這段記載說趙輝用米糕沾女人月水進補，結果他活到九十幾歲，暮年仍有姬妾百餘人而能夜夜春宵，看來，這真是「吃得穢中穢，方為人上人」了。

以女人月水為回春劑，到了明朝中葉時竟大行其道，由術士加以研究改進，添加了其他的壯陽藥材，合練成「紅鉛」，以供腎虧體虛的皇帝和王公大臣服用。

明人沈德符《萬曆野獲編》卷廿一〈進藥〉一則曾記載明世宗服用紅鉛之事說：「嘉靖（明世宗年號）間，諸佞倖進方最多，其祕者不可知，相傳至今者，若邵（元節）、陶（仲文）則用紅鉛，取童女初行月事煉之，如辰砂以進。」

同書補遺卷一〈宮詞〉也說：「嘉靖中葉，上餌丹藥有驗，至壬子（嘉靖三十一年，西元一五五二）冬，命京師內外選女八歲至十四歲者三百人入宮；乙卯（嘉靖三十四年，西元一五五五）九月，又選十歲以下者一百六十人，蓋從陶仲文言，供煉藥用也。其法名『先天丹鉛』，云久進可以長生……。」

看來紅鉛真有回春之效，否則明世宗不會一而再地選取童女入宮，等著利用她們的初潮。

但紅鉛究竟是如何煉製的呢？前引明人謝肇淛卷十一裡有詳細的說明：「醫家有取紅鉛之法，擇十三、四歲童女、美麗端正者，一切病患殘疾、聲雄髮粗及實（石）

女無經者俱不用，謹護起居，候其天癸將至，以羅帛盛之，或以金銀為器，入磁盆內，澄如硃砂色，用烏梅水及井水、河水攪澄七度，晒乾，合乳粉、辰砂、乳香、秋石等藥為末，或用雞子抱（賴抱母雞熱孵）、或用火煉，名『紅鉛丸』，專治五勞七傷，虛憊羸弱諸症。」

在這帖帝王服用的回春紅鉛丸裡，除了乳香是用來制壓臭氣外，像乳粉是石鐘乳研製的粉末、辰砂是修煉術士服用的丹砂、秋石是人尿提煉的「人中白」（詳下文），全部是燥熱興陽之物，把它們混入女人月經裡煉藥，當然「有效」了。

但紅鉛也並非理想的回春丹，因丹砂有毒，所以它也會產生後遺症，會威脅到服用者的生命；明人李時珍就在《本草綱目》卷五十二〈婦人月水〉條中，提出嚴重的警告說：「今有方士邪術，鼓弄愚人，以法取童女初行經水服食，謂之『先天紅鉛』，巧立名色，多方配合，謂『參同契』之金華、〈悟真篇〉之首經，皆此物也，愚人信之，吞嚥穢滓，以為祕方，往往發出丹瘮，殊可嘆惡。按，蕭了真〈金丹詩〉云：『一等旁門性好淫，強陽復去採他陰：口含天癸（月經）稱為藥，似恁沮洳（齷齪）枉用心。』嗚呼，愚人觀此，可自悟矣……。」

明人謝肇淛也反對世人服用紅鉛，他還在《五雜俎》卷十一裡舉個服用紅鉛而喪命的故事說：「滁陽有聶道人，專市（出售）紅鉛丸，廬州龔太守延賓時多內寵，聞之甚喜，以百金購十丸，一月間盡服之。無何，九竅流血而死，可不戒哉？」一般中毒而死的是「七竅流血」，而服紅鉛過量的竟然「九竅流血」，想想真令人毛骨悚然。

讀者也許會問，那明初駙馬都尉趙輝不也是服食女人月水嗎？他怎麼可以活到九十多歲，還玩那麼多女人卻安然無恙？這可以從好幾方面來解釋，一則趙輝只服食月水，並未加人乳石、丹砂一類的礦物燥熱劑，所以不會中毒；第二，趙輝服用的劑量有限，加上他天賦優厚，如果不是服用月水來縱慾，或許他能活得更久也說不定呢！

人尿提煉秋石滋腎壯陽

除了紅鉛外，明朝中葉時還流行用童男、童女的小便提煉雪白的「秋石」作為回春之妙藥靈丹。

秋石並非始於明朝，早在唐朝時，就有人煉服了；像白居易的好友元稹（字微之），就曾燒煉秋石；白居易〈感舊詩〉說：「微之煉秋石，未老身溘然。」可以為證。

但元稹煉秋石似乎並未成功，結果英年就去世了；而明朝時的術士們煉秋石卻的確有效，連皇帝都服用它。《萬曆野獲編》補遺卷二〈尚書被嘲〉一則說：「顧可學……無他方技，惟能煉童男女溲液為秋石。謂服之可以長生，世宗餌之而驗，進秩禮部尚書加太子太保。」同書卷廿一〈進藥〉也說：「顧（可學）、盛（端明）則用秋石取童男小遺，去頭尾（只取尿到一半時的小便）煉之，如解鹽以進……。」

沈德符對秋石的提煉法語焉不詳，明人陳嘉謨《本草蒙筌》裡說得比較詳細：「秋石，須秋月取童子溺，每缸入石膏末七錢，桑條攪，澄定，傾去清液；如此二、三次，乃入秋露水一桶，攪澄，如此數次，滓穢滌淨，鹹味減除，以重紙鋪灰上曬乾，完全取起，輕清在上者為秋石，重濁在下者刮去。古人立名，實本此義，男用童女溺、女用童男溺，亦一陰一陽之道也。」原來秋石是因在秋天裡用秋露來過濾提煉成的，所以取名為「秋石」；而要補虛的男人服食童女尿提煉的秋石、要補虛的女人則服食童男尿提煉的秋石，也是很別緻的規定。

秋石有怎樣的功效呢？陳嘉謨《本草蒙筌》說它「主治虛勞冷疾、小便遺數、漏精白濁，滋腎水、養丹田，反本還元、歸根復命，安五臟、潤三焦、消痰欬、退骨蒸、軟堅塊，明目清心，延年益壽。」真是「萬靈丹」。但醫藥舖出售的秋石常有假貨，有時用成人的尿充當童尿、有時冬天、夏天、春天裡也煉秋石，沒有秋露，就用皁莢水來澄淨，嫌日曬、雞抱太慢，就用火來煅煉，這樣粗製濫造的「秋石」，功效自然大打折扣了。

秋石雖可回春，但服用時仍需有節制，宋人溫革《瑣碎錄》上說：「秋石味鹹走血，使水不制火，久服令人成渴疾。蓋此物既經煅煉，其氣近溫，服者多是淫慾之人。藉此放肆，虛陽妄作，真水愈涸，安得不渴耶？」渴疾就是今人所稱的「糖尿病」，嚴重的糖尿病患者不但不能行房，更有性命之憂，豈可不謹慎呢？

安分守己愛精嗇命

古代中國的回春藥材還有很多，如植物性的人參、枸杞、黃精、淫羊藿、巴戟天、鎖陽、列當、肉蓯蓉等，又如動物性的鹿茸、虎鞭、蛤蚧、淫羊脯、洋虫等，因較為尋常，限於篇幅，此處不一一引介了。

上述這些五花八門的回春藥，雖可供人逞一時之快，但是若服用時日一久，卻多半對身體健康有礙，因此還是少服為妙；明人謝肇淛有一段話便說得很有道理，引於文尾，供讀者參考：

人受天地之生，其本來精氣自足供一身之用，少壯之時酒色喪耗，宴安鴆毒，厚味戕其內，陰陽侵其外，空餘皮骨，不能自持，而乃倚賴於腥臊穢濁之物，以為奪命返魂之至寶，亦已愚矣。況服此藥者，又不為延年祛病之計，而藉為肆志縱欲之地，往往利未得而害隨之，不可勝數也。

皇帝的看家本領

中國的帝王擁有的后妃及宮女數目眾多，據史書所載，黃帝、桀、紂的嬪妃各在一千八百人以上，漢靈帝、吳歸命侯、晉武帝、宋蒼梧王、齊東昏侯、陳後主等人的後宮，嬪妃約達萬人，隋煬帝的嬪妃有六萬人左右，唐玄宗的嬪妃也多至四萬人。一般小老百姓只有一個老婆，都常有「吃不消」之嘆，皇帝有那麼多女人要應付，難道真是「龍體」，有用不完的精力嗎？

宮女三十六年猶未見皇帝面

這裡頭有兩個「假相」需要澄清。首先，並不是所有的嬪妃宮女都能跟皇帝上床的！唐人杜牧〈阿房宮賦〉說：秦始皇阿房宮中的嬪妃宮人「一肌一容，盡態極妍，縵立遠視，而望幸焉，有不得見者三十六年！」唐人白居

明朝佚名畫家絹畫，描繪隋煬帝淫幸妃嬪情景。

易〈上陽白髮人〉，也形容唐玄宗時上陽宮中嬪妃「守活寡」的情形說：「上陽人，上陽人，紅顏闇老白髮新，綠衣監使守宮門，一閉上陽多少春。明皇末歲初選入，入時十六今六十，同時采擇百餘人，零落年深殘此身。憶昔吞悲別親族，扶入車中不教哭，皆云入內便承恩，臉似芙蓉胸似玉。未容君王得見面，已被楊妃遙側目；妬令潛配上陽宮，一生遂向空房宿。宿空房，秋夜長，夜長無寐天不明，耿耿殘燈背壁影，蕭蕭暗雨打窗聲……。」由此可見帝王後宮嬪妃雖多，但真正有機會與皇帝發生肉體關係的，也許幾十分之一還不到。

第二，就算有幾十分之一的嬪妃有機會和皇帝做愛，也是樁「嚇殺人」的事。皇帝事實上也不是每天晚上都和這麼多宮妃敦倫的，他可能一晚只選一人或兩三人愛一愛，也可能連一人也不選，高掛「免戰牌」，所以歷代帝王所面臨的「女色壓力」，事實上並不如後世之外人所猜想的那麼嚴重。

但是無論如何，皇帝的性生活，總比一般小老百姓來得更頻繁而多采多姿。如何頻繁而多采多姿不在本文討論範圍之內，這裡先談談皇帝憑什麼「罩得住」後宮佳麗三千人？是有一套獨得之祕的「御女術」，還是吃了什麼「大力丸」？也好讓一些「吃不消」的小老百姓有個借鏡。

黃帝御千二百而登仙？

據說，中國上古時的黃帝，曾跟容成公、廣成子、素女等房術家學習「御女術」，結果「黃帝御千二百女而登仙」。黃帝和他的老師討論性愛技巧的對談錄，在六朝時被道家方士整理彙集成《素女經》一書，成為六朝時帝王閨房中的寶典。

《素女經》中的立論並沒有什麼神奇，像剖析男女情慾激動時的種種徵候、強調事前事後愛撫的重要性和技巧……，在今人看來都只不過是「普通常識」而已。以房事來治療各種疾病，也只是一種誇誕的神話，說明了當時醫療技術的落後與不普遍，各種性的禁忌（如初一、十五、日月蝕、颱風、打雷下雨時不可行房，剛洗完頭，剛遠行疲勞、大喜大怒時不可行房等），也常規定得太過迷信；其中真正有關性愛技巧的主張，只有「多御少女而莫數瀉精」這九個字而已。黃帝就因為這「九字真言」而得以成仙，也就是煉得金剛不壞之身。忍精不瀉的方法，前文已提過，此處不再贅述。

近代醫學主張，男人的精液並不如古代養生家所云「一滴精，九滴血」那般珍貴，精液排泄後身體自會很快地生產補充，以「無漏」為健身之道是錯誤的觀念。而所謂「閉關」、「還精補腦」更是荒謬無稽之談；因為人體中就算有「髓海」，精液也無法由此通行，上達腦中不存在的「泥丸宮」，「捏尾閭」只能使精液經由尿道擠進了膀胱，以後與尿一同排出體外，如此何能「滋補」身體呢？

一方面，方士的辦法不切實際，一方面，這些性愛祕笈在北宋初年已全部佚失了；事實上，古代中國的皇帝大多是靠藥物來幫助自己夜夜春宵。

隋唐後宮的大丹與助情花

隋煬帝是中國歷史上有名的好色之君，他在東都洛陽大建迷樓，廣召民間美女充當嬪妃。為了對付這麼多的女人，隋煬帝在「鞠躬盡瘁」之餘，只好乞靈於媚藥。唐人韓偓《迷樓記》說：煬帝白天黑夜都在迷樓中玩女人，玩得又累又倦，後來有個方士進獻「大丹」，結果煬帝服用之後，果然立刻神勇無比，一天可以玩好幾十個女人呢！

唐朝時的許多皇帝，也愛服用春藥來助興。唐朝皇帝因姓李，與道家的祖師爺李耳同姓。因此唐朝政府特別尊崇道家，連帶地，道士也跟著走運。道士知道皇帝夜夜春宵，身體需要補，便拼命向皇帝推銷可以壯陽的丹藥。

唐朝二十個皇帝裡，聽信道士之言，服用長生兼壯陽的靈丹妙藥的皇帝，有太宗、玄宗、憲宗、穆宗、敬宗、武宗、宣宗等七個皇帝。唐朝有三分之一的皇帝靠大力丸來力戰群雌，這樣的比例可真駭人。

茲以唐玄宗為例作一番說明，這位風流天子便曾以媚藥「助情花」來增進魚水之歡。五代人王仁裕《開元天寶遺事》卷上說：唐玄宗寵愛妃子，不理朝政，乾兒子安祿山為了巴結乾爹乾娘（楊貴妃），便弄來一百粒「助情花」，這種玩意兒如米粒般大小，紅色的，每當唐玄宗要跟貴妃雲雨巫山時，就含一粒在嘴裡，助情發興，可以徹夜不倦。唐玄宗比楊貴妃整整大三十四歲，他封楊玉環為貴妃時已經六十一歲了，男的是耳順之年、女的是虎狼之年，唐玄宗若不靠服用助情花，又怎能把楊貴妃「擺平」呢？

道士一直到北宋時仍然很神氣，北宋的皇室對道教也很崇敬，道士常出入禁宮。北宋哲宗時的劉混康、徽宗時的林靈素，都很得皇室的寵信。哲宗的老婆對劉混康尤其尊敬，道士們給皇帝、皇后那些祕藥，史書雖沒有明言，但是想必不可少。宋徽宗本來老是沒有兒子，後來劉混康替徽宗改換風水，把汴京城東北角地勢填高（興建艮嶽），果然徽宗一舉得男。這換風水只不過是掩人耳目之舉，私下裡劉混康一定給了宋徽宗和他的嬪妃一些「種子丹」、「回春丹」，徽宗才可能子嗣興旺。

金廢帝海陵王縱欲亡身

金廢帝海陵王也是個好色的皇帝，他玩過的女人至少也有上千名，除了三宮六院七十二嬪妃之外，連大臣的妻妾、宗室的親眷都不放過。

因為「旦旦而伐之」，海陵王難免也有「力不從心」的時刻，於是又有小人進獻淫藥給海陵王，以便他縱情聲色。

明人馮夢龍《醒世恆言》卷廿三〈金海陵縱欲亡身〉裡說：有個名叫梁珫的人，原是大家貴族的家奴，後來隨著被選為宮妃的小女主人一同進宮，進宮時就把「那話兒」閹了。梁珫擅於逢迎，見人說人話、見鬼說鬼話，很得海陵王的寵信。梁珫見海陵王好色，便派人四處找尋壯陽的藥物，調製成媚藥來送給海陵王；海陵王一試有效，便更加縱情聲色了。

元朝時的皇帝，似乎比較不愛吃壯陽藥，他們似有用不完的精力，自能應付後宮眾多的嬪妃。據說，元太祖成吉思汗天賦異稟，只要是跟他睡過一夜的女人，就會對他死心塌地、愛戀不已，就算成吉思汗從此不再跟她做愛，她也會對成吉思汗忠誠地守貞，不再喜歡別的男人。

元朝末年的順帝，比起他的老祖宗們，似乎精力差些，只好跟西域來的喇嘛僧學習「演揲兒法」，漢譯「大喜樂」。這種玩意兒又叫「雙修法」或「祕密法」，也就是調息運功一類的房中術。

《元史》或《新元史》上，並沒有詳言這種房中術的練習方法，明人《僧尼孽海》一書中，說此法乃喇嘛教密傳房中術的九種體位性交法，這九種體位法和《素女經》

所載的性交九法大同小異，不知何所本。

明朝皇帝普遍荒淫好色

明朝時的皇帝最荒淫好色了，他們不但吃春藥，還兼習房中術，好雙管齊下，以便盡可能地玩盡天下美女。

明仁宗在位僅九個月就駕崩了，死時才四十八歲；據當時的翰林院侍讀羅汝敬說，仁宗因荒淫而敗腎，遂求丹藥以濟慾，終於毒發而死；羅汝敬曾寫一封信給大學士楊士奇說：「先皇帝（仁宗）嗣統未及期月，奄棄群臣，揆厥所由，皆儉壬小夫獻金石之方以致疾也。」明人陸釴《病逸漫記》也說：「仁宗皇帝駕崩甚速，疑為雷震，又疑宮人欲毒張后，誤中上。予嘗遇雷太監，質之，云：皆不然，蓋陰症也。」說得含蓄，卻也說出了真相。

明憲宗朱見深即位之初，頗能任用時賢、尊崇儒教，後來寵任太監汪直、梁芳等人，又沈迷女色，才把朝政搞得一塌胡塗；朱見深中年後，更為留意房中術與房中藥，大臣萬安（字文康）、道士李孜省、和尚繼曉等人，都因進獻房中祕術春方而大受寵幸。

明人沈德符《萬曆野獲編》卷廿一〈祕方見倖〉條說：「……萬文康（安）以首揆久輔憲宗，初因年老病陰痿，得門生御史倪進賢祕方，洗之復起，世所傳為『洗屌御史』是也。萬以其方進之上，旁署『臣萬安進』。……」

同書同卷〈士人無賴〉條也說：「憲宗朝萬安居外、萬妃居內，士習遂大壞。萬以媚藥進御，御史倪進賢又以藥酒進萬，至都御史李實、給事中張善，俱獻房中祕方，得從廢籍復官。」

明憲宗四十一歲就駕崩

僧人繼曉原本是湖廣江夏賣春藥之輩，因犯罪匿於京師。他用媚藥巴結萬安、梁芳等人，由萬、梁向皇帝引薦，得以大談房中淫褻之術，而受到憲宗的寵幸；連繼曉當娼妓的娘也受到朝廷的旌表。為了方便出入宮廷，繼曉把頭髮剃光了扮成僧人，他後來卻不得善終；憲宗一死，繼曉就被繼位的孝宗逮捕下獄，最後斬首示眾。

妖道李孜省也曾以「黃袱進謄寫之祆書，硃砂養修煉之祕藥」而大獲寵幸，在憲宗駕崩後，也被捕而死於獄中。

憲宗四十一歲就駕崩了（西元一四六五至一四八七年在位），這跟他親近房中術士、講求房術、服用春藥、徵逐色慾自然有密切的因果關係。據《明史》卷一六八〈萬安傳〉說：「孝宗在宮中發現一小盒的憲宗朝疏，裡頭全是大談房中術的奏疏，疏的末尾都有「臣安進」的署名，亦可見憲宗對女色之沈迷，終於縱慾過度而死的真相。

關於萬安進獻給明憲宗的這些房術祕方，後來還被精裱成冊。成為歷屆皇帝研習「槍法」時的參考書，到清朝康熙年間（西元一六六二至一七二二年）還珍藏於北京皇宮裡，至少保存了兩百多年。清初大官王士禎在其《池北偶談》一書卷下說：「高學士（士奇）在內（皇宮）直（值班），一日理內府書，見有明成化（憲宗年號）中大學士萬安進房術書一冊，裝潢精緻，署『臣安進』字尚宛然。」亦可見此房術書備受明、清歷屆皇帝之珍視了。

明世宗朱厚熜也是個貪淫好色之君，他在位時，方士邵元節、陶仲文等人，都曾以媚藥進獻世宗，以滋其淫慾、駕馭後宮群雌。

前引沈德符《萬曆野獲編》補遺卷廿一說：「邵（元節）、陶（仲文）取童女初行月事煉為紅鉛，世宗中年始餌此及他熱劑，以發陽氣，名曰『長生』，不過供祕戲耳。」

同書卷一也說：「壬子（世宗嘉靖三十一年）冬，帝命京師內外選女八至十四歲三百人入宮，乙卯（嘉靖三十四年），又選十歲以下者一百六十人，蓋從陶仲文言，供煉丹也。」

清代帝王喜愛秋獮強身

清朝的皇帝在歷代帝王中算起來水準最整齊、最有藝術才情、最為英明幹練（清朝前期的五個皇帝大都如此），但是在玩女人方面，與其他各朝好色的皇帝比起來，卻也毫不遜色。

清朝歷代帝王如何玩女人，因在題外，此處且不去細說，要說的是清宮帝王憑什麼有用不完的精力，把宮中的嬪妃一一「擺平」。

清朝中葉以前的皇帝大多文武兼備，身體強壯，他們尤其喜歡打獵，既是娛樂、又可強身。

在熱河承德府北方四百里處，有一片廣大的林區（東西長三百多里、南北寬兩百多里，周圍共一千三百多里），稱為「木蘭林區」，林中水草茂盛，除了有大批的麋鹿之外，還有野馬、老虎、野豬、熊、豹、野狼和其他各種小動物。這塊原屬蒙古人的獵場，在滿清人統一中國後，由蒙古王公獻給了康熙皇帝，成為清朝帝王在秋後打獵的好去處。

清朝皇帝到木蘭去打獵主要是獵鹿，因「木蘭」正是滿文「哨鹿」的音譯——用哨子模仿鹿鳴聲，引誘公鹿出現而加以獵殺。有時皇帝也動員了大批人力把獵場圍起，把野獸圈到預定的空地中，由皇帝騎馬彎弓獵殺。

清朝皇帝常選擇一頭最大的公鹿作為目標，射殺後生飲其血，如此就可以達到滋補壯陽的目的了。

康熙、雍正、乾隆、嘉慶等皇帝都維持每年秋天到木蘭打獵的慣例，後來嘉慶皇帝在西元一八〇一年秋獵時意外遭到電擊，秋獵才改為不定期舉行。咸豐以後，因諸帝養尊處優，身氣漸趨荏弱，木蘭秋獵就完全放棄了。

文宗避走因無鹿血駕崩

雖然不去獵鹿，但是清中葉以後的皇帝仍靠飲用園養的鹿血來滋補身子。

民初燕北老人在《滿清十三朝宮闈祕史》一書中說：「文宗（咸豐皇帝）御宇時，耽於聲色，體多疾，面常黃，時問醫者以療疾法。醫者謂鹿血可飲，蓋藉以補陽分之虛也。文宗然之，於是養鹿百數十，日命取血以進。」

到了咸豐十年七月，英法聯軍攻北京時，文宗倉促避走熱河，臨行前，還捨不得北京御園中所飼養的這批鹿，竟下詔把御園中的鹿一起帶走，大有「不可一日無此君」之勢。臣下勸文宗說：「外兵以逼京師，方避寇之不暇，何必率是以為累？他日事平，再飲鹿血未晚也。」文宗這才打消了驅鹿群避難的念頭。

燕北老人說：文宗到熱河後，因行宮防禁不嚴，大臣常帶他外出狎邪，文宗更沈溺於聲色；咸豐十一年七月，文宗因精力透支，咯疾大作，御醫趕緊派人去找鹿血來救急，倉卒間找不到鹿，文宗竟因此駕崩了。

除了鹿血外，清宮御醫還頗擅長調配各種大補的藥方，供皇帝平日服用，培元固本、養精蓄銳，讓他們在幸御嬪妃時能力克群雌。這些皇清宮廷祕方，被後人彙集成書，書名《寶元帶》。

《寶元帶》中，關於壯陽之藥方有「周天生精再造固本遠真膏」（可興陽助氣、固精不洩）、「貼臍膏」（可防止早洩）、「鐵鈎丸」（可興陽耐久）、「立效丸」（可興陽）、「千金祕精方」（可不洩）、「興陽保腎丹」（可護腎助陽）、「壯陽益腎丹」（可壯陽益腎）……等十六個方子。

二帖宮闈祕方僅供參考

茲舉二方為例以作說明。

壯陽益腎丹：沈香、乳香、木香、沒藥、菟絲子（各五錢）、大茴香（一錢）、破故紙（五兩酒浸）、核桃（四十個去殼）。將上述藥材研成細末，和蜜煉為藥丸，如梧桐子大，每次服三十丸，空腹用溫酒送下。

千金祕精方：旱蓮蓬、頭粉、蓮花蕊、蓮子心（各等分）。將上述藥材研成細末，和蜜煉為藥丸，如雞頭子（芡實）大，口啣一、二丸慢慢融化而下，可不洩，車前子（草名）擦手心即解。

《寶元帶》一書中還有種子奇方、治療各種房中病奇方、攝生驗方……，因不在本文討論範圍之內，此處就不多引介了。

《滿清十三朝宮闈祕史》上的另一個故事，也說明了清宮中媚藥的高明和氾濫：「丁文誠官翰林，一日，召見於圓明園，公至時過早，內侍引至小屋中，令其坐俟叫起。文誠坐久，偶起立，忽見小几上有葡萄一碟，計十餘顆，紫翠如新摘。時方五月，不得有此，異之，戲取食其一，味亦絕鮮美。俄頃，覺腹熱如火，下體忽暴長至尺許。時正著紗衣，挺然翹舉，不復可掩，大懼欲死，急俯身以手按腹，倒地呼痛；內侍聞之，至詢所苦，詭對以暴犯急痧，腹痛不可忍。內侍以痧藥與之，須臾，痛益厲，內侍無如何，乃飭人從園旁小門扶之出，而以急病入奏。公出時，猶不敢直立也。」

有御醫調製如此具奇效的「鮮葡萄」，清朝皇帝在與嬪妃敦倫時，當然可以穩操勝算了。

性行動篇

打開中國「接吻史」

人類和許多高等哺乳類動物（如猩猩、猿猴、馬、狗……）一樣，都有用自己的口舌或肢體去舔咬愛撫異性的身體以示愛的動作，當兩性都以口舌向對方示愛，並且彼此口舌互相撫觸時，就是接吻，所以接吻是人類最原始的本能之一，接吻的歷史應當和人類一樣久遠，是史前史的事情。

接吻歷史　由來已久

若從文物記載來探尋，接吻這個浪漫的動作在中國也有兩千年以上的悠久歷史；漢朝時四

上：四川滎經縣出土漢朝石棺上刻有男女接吻情景。
下：四川彭山出土漢朝石雕擁吻圖。

川、山東等地的石棺上，已出現了男女擁吻的祕戲圖畫。

在四川滎經縣出土的一具漢朝石棺上，有一側刻了四個大斗栱，當中用一座門隔開，在右邊的兩個斗栱當中設有帷幔，帷幔下坐了一個人，手捧一物，身前有一矮几；在左邊的兩個斗栱當中，坐了男女兩人，男的右手撫著女的下頷，正作親密的接吻狀（見附圖）。此圖高七十九公分、寬二三二公分，是中國目前所知最古老的祕戲圖，也是傳世最早的接吻資料。

另外，在山東莒縣龍王廟鄉出土的一座東漢墓中，也有一座石碑上刻了祕戲圖。此圖高八十八公分、寬三十八公分，畫分兩格，上格為西王母坐像，下格則是一男兩女擁吻的畫面。畫中的男子裹巾幘、穿長衫，兩女子均頭戴花釵、穿長裙，一前一後與男子相對站立在幃帳前，前面的女子上身前傾，與男子雙臂相互擁抱，作親吻狀；後面的女子則將手臂放在接吻女子的肩上。

接吻名稱　各朝互異

「接吻」是晚近的說法，習於以接吻表示愛情的漢朝人，如何稱呼「接吻」這樁事情呢？

從現有的資料來看，當時大概還沒有一個專門的動詞來形容接吻；所以在漢朝時寫成的《素女經》一書上，描述男女擁吻做愛時只說：「臨御女時，先令婦人放平安身，屈兩腳；男入其間，銜其口、吮其舌……。」「銜口吮舌」也只是普通的描述用詞而已。

魏晉之世，人們用「嗚」或「歍」字來表示「口與口相就」之意。如《世說新語‧惑溺篇》上說：「賈公閭（充）後妻郭氏酷妒，有男兒名黎民，生載周，充自外還，乳母抱兒在中庭，兒見充喜踊，充就乳母手中嗚之……。」又如東晉末年姚秦時，佛陀耶舍共竺法念所譯的《四分律藏》卷四十九上說：「時有比丘尼在白衣家內住，見他夫主共婦嗚口，捫摸身體，捉捺乳……。」

由上述資料，即可清楚地顯示出，「嗚」字是中國人最早用來形容「接吻」的一個專門性的動詞。

唐朝時，人們還沿用「嗚」來形容接吻，如唐僧義淨譯的《根本說一切有部毗奈耶》卷三十八云：「問言少女何意毀離，女人便笑。時鄔波難陀染心遂起，即便捉臂，徧抱女身，嗚咂其口，捨之而去……。」

除了「嗚」以及「嗚咂」之外，唐人還發明了許多動詞來形容接吻，如唐人張文成《遊仙窟》這篇駢文小說裡有「兩唇對口」的描述，唐人白行簡「天地陰陽交歡大樂賦」中有「舌入其口」、「含朱唇之詫詫」（詫同咤，狀

西藏密宗木刻版畫《密集金剛》男、女神公開擁吻。

聲字，意與咂同），「含奶嗍舌」……等，都是對接吻的寫實描述。

明朝以降接吻記載俯拾即是

宋元之際，西藏密宗佛教（喇嘛教）也隨之傳入中土，而喇嘛教中有許多的男神、女神頗喜歡擁吻做愛，經常當著善男信女的面毫不忌諱地公然「宣淫」，稱為「歡喜佛」，把中國人的接吻藝術推往更公開、更健康的境地，真是「功德無量」，難怪到了明朝以後，描繪接吻的文字圖畫，會像雨後春筍般大量出現於坊間。

例如明人蘭陵笑笑生所寫一百回的《金瓶梅詞話》裡，關於接吻的描寫俯拾皆是並且極為可觀，如第四回裡：「西門慶……向袖中取出銀穿心、金裹面，盛著香茶木樨餅兒來，用舌尖

奴有並頭蓮，
贈與君關髻；
凡事同頭上，
切勿輕相棄！

民初畫家曹涵美描繪西門慶、潘金蓮接吻情景。

遞送與婦人（潘金蓮），兩個相摟相抱，如蛇吐信子一般，嗚咂有聲……。」第十一回裡：「潘金蓮……被西門慶走向前，雙關抱住，按在湖山畔，就口吐丁香，舌融甜唾，戲謔做一處……。」第十九回裡：「不一時，春梅篩上酒來，（西門慶與潘金蓮）兩個一遞一口兒飲酒咂舌，咂的舌頭一片聲響，婦人一面撩起裙子，坐在（西門慶）身上，噙酒哺在他口裡……。」第二十一回裡：「應伯爵道：『……（桂姐）妳過來，且與我個嘴溫溫寒著。』于是不由分說，摟過（桂姐）脖子來，就親了個嘴。」第二十五回道：「西門慶見無人，就摟她（宋惠蓮）過來親嘴。老婆先遞舌頭在他口裡，兩個咂做一處……。」書中有關這類接吻的描寫，真是多得不勝枚舉，而且描繪的語詞完全不重複、而接吻的花樣更是變化多端，具見蘭陵笑笑生的筆力、和明人將接吻藝術發揚光大的情形。

另外，明人李在躬也有一首〈點絳唇〉小詞詠「幽歡」說：「殢雨尤雲，靠人緊把腰兒貼。

清中末葉絹本春畫，描繪男女一絲不掛擁吻交歡的情景。

明朝木刻版畫《花營錦陣》描寫男女接吻情景。

顫聲不微，肯放郎教歇！笑吐丁香舌，噴龍麝，被郎輕囓，卻更嗔郎劣。」形容情郎咬吻、少女嬌嗔之情，歷歷如繪。

而在明朝的祕戲圖中，也有不少關於接吻的描繪。如明神宗萬曆年間杭州養浩齋刻印、一套二十四張的《花營錦陣》木刻版畫圖冊裡，第十三圖就是描寫一雙男女一絲不掛地坐在澡盆中接吻交歡的情景。

明人對接吻一事之用語，除了《金瓶梅詞話》裡的「親嘴」外，還有「做嘴」、「做了個呂字」。如淩濛初《二刻拍案驚奇》卷十中的一首詞云：「老人家再不把淫心改變，見了後生家只管歪纏；怎知道行事多不便：搵腮是皺面頰，做嘴是白鬚髯，正到那要緊關頭也，卻又軟軟軟軟軟。」馮夢龍《醒世恆言》卷十五說：「（赫）大卿道：『仙姑臥房何處，是什麼紙帳，也得小生認一認。』空照此時慾心已熾，按納不住，口裡雖說道：『認他怎麼！』卻早已立起身來。大卿上前擁抱，先做了個『呂』

字……。」「呂」字是兩口上下交疊，中間多的那一點當然是舌頭了。

清朝時的民歌裡，也有頗多關於接吻的描繪。如一首江北民歌道：「……嘴對嘴來心貼心，藕尖子對將蓮花盆，那一個倒有俺兩個親？」

另一首江北民歌說：「山歌要唱好私情，買肉要買坐臀精，摸奶要摸十七八歲蓮蓬奶，鬪嘴要鬪彎眉細眼紅嘴唇。」「鬪嘴」即是「親嘴」之意。

又如江南的一首灘曲〈採桑〉民歌中也提到：「……八幅羅裙當帳子，荳麥田內當床行，桑葉遮陰當房屋，桑園地內好風光，郎向姐兒姐向郎，快活逍遙勝洞房。郎抱姐兒姐抱郎，金蓮鈎住小情郎，郎掮小腳高高起，好比掮藕上黃塘。丁香舌郎口裡吐，勝如舐蜜吃酥糖……。」

據今日生理科學家研究結果表示，接吻所以發生快感，乃是由於雙方在親嘴之時，血壓升高、血液循環加速，使口腔內唾液中之葡萄糖分解也加速，所以會覺得對方舌頭是甜津津的。

本文通篇敘述都用「接吻」一詞，對這兩個字的來歷似乎也當有個交代。在清霽園主人《夜譚隨錄》（序刊於乾隆五十六年，西元一七九一年）卷七裡，有一則〈邱生〉，敘述狐妖素娟和其婢女楚楚以美色蠱惑鄞江貢生邱某的故事，其中有一段文字說：「（邱）生不能復耐，猝捉其（楚楚）臂，捺之床上，開掌作欲打狀曰：『小婢子敢再嘲笑人，此一掌——』楚楚斜臥榻上，並不轉側，但瞑目作嬌音，應曰：『一掌便如何？欲打誰耶？』生隨勢接吻曰：『忍打卿耶？聊相戲耳。』」

原來「接吻」一詞，也是我們老祖宗自己發明的。

房中怪癖何其多

清中葉春畫描繪男女行房時以銅鏡中的淫態助興。

世間人形形色色，就拿房中一事來說，也是個人有個人的習慣癖好，每個人的玩法都不盡相同；有些人的房中癖習，更鮮得令人絕倒。

漢人陳伯敬，每次與妻子敦倫時，必先查看黃曆，挑選吉日良辰，並再三地派遣丫環通報妻子，下達「戰書」，而後才到妻子房中去。

唐人薛昌緒每次打算與妻子相處，必先命女僕通知再三，而後才秉燭而至，談談天、喝喝茶、吃吃果點，而後告退。如果想要跟老婆行「周公之禮」，夜晚留宿在妻子房中，也必先派女僕以書面請示太座說：「薛某以繼嗣事重，輒欲卜其嘉會，不知娘子可否慨允？」等女僕回報說老婆答應了，這才入室行禮如儀。

明人陳獻章每次要跟妻子行房時，必先請命於他母親說：「獻章求嗣，請示裁奪。」他母親說可，陳獻章才進房跟妻子做愛。他的朋友顧餘慶知道以後，扳起臉來當面教訓陳獻章說：「這是什麼話？令堂是守寡的孀婦，你居然每回還拿這種事情來問她？」陳獻章一聽，默然而退。（以上三則見明人馮夢龍《古今譚概》卷一）

清人李剛主（名因篤，陝西富平人），研讀正心誠意之學，並且把每天所做的事情，全部忠實地記在日記本上，不敢有絲毫欺瞞；如果這天與妻子交媾了，必然以楷書恭整地在日記本上寫道：「某月某日與老妻敦倫一次。」（見清初人袁枚《子不語》卷廿一）

最鮮的是晚清人採蘅子《蟲鳴漫錄》卷一裡提到江寧管鹽政的某道台，他討了許多小老婆，每天晚上都要「辦事」；但是他睡覺時習慣獨眠，絕不許婦人跟他一起睡過夜。當番的妻妾聽說老公興致來了，便應召而至；等老公把事情辦完後，立刻得起身穿衣告退，一秒鐘也不准多留，如果妻妾覺得還有些意猶未盡，在床上賴著不起身的話，這位鹽道立刻會把剛剛讓他盡興的女人一腳踢下床去，毫不留情。

這些房中怪癖雖然難登大雅之堂，卻足以博君一粲。

親愛的，請借我一個「種」

小時候淘氣，挨母親狠打時，總是邊哭邊喊：「不打了，不打了。」母親則一邊繼續打、一邊叱責道：「不打你留著作種？」當時並不懂何謂「作種」，長大以後，才漸漸曉得是怎一麼一回事。

在農村鄉下，每年種瓜種稻都要留最好的種子以便明年播種；母豬發情時，也把「風流權」讓給牽豬哥所養的品種優良的公豬；可見得中國人自古即懂得「優生學」的道理了。

不獨農作牲畜講求品種的優良，自認為品種欠佳的人家，成婚後多年不得子的婦女，也往往到外頭去借種；這類事情在古籍裡並不罕見。

宋人《葦航紀談》裡就有一則故事說：南宋寧宗嘉泰年間（西元一二〇一至一二〇四年），內臣李大謙在杭州九里松玉泉寺側建功德寺，有個受雇的漆匠張某，有天晚上從外頭洗澡回來，半路上遇到一個老太婆；老太婆說要帶他去個好地方，左拐右繞來到一間屋中，老太婆就走了。接著進來一個尼姑，又提著燈籠引他曲曲折折地來到一間華麗的屋子裡，只見燈燭酒肴，一一具備，氣派顯然是個大戶人家；張某驚住了，也不敢多問。尼姑暫別張某，不久就帶了一個美麗華貴的婦人進來。張某有些害怕，尼姑卻拉他跟她坐在一塊兒，斟酒挾菜，頻頻勸進。經席，婦人一句話也不說。張某吃完了，說時間已晚，他要回去了；尼姑說：且睡一覺再走。說完，就把燈燭攜出房，把門鎖上。張某也不是柳下惠，就跟這位陌生的婦人辦起事來。事情辦完後，也沒聽那婦人說半句話。不久，尼姑又進來，引著張某出去；左彎右拐，繞了老半天，才走到他當初遇見老太婆的地方，離他住的地方有二里多路。張某回去後，對人談起這番豔遇，以為是遇到了鬼，別人卻說是豪門之妾「固寵借種」。

宋人王明清《投轄錄》裡說：神宗、哲宗時，擁護王安石變法的尚書左僕射章惇（子厚），年輕時也曾有過類似的豔遇，但來就枕的婦人有好幾個，章惇差一點沒給累死，後來還是一個年紀較大的姬人偷偷放他出去，才撿回一條小命。

清人梁恭辰《池上草堂筆記》卷二〈陳扶昇〉也說：衡山有個姓譚的，辭去縣官之職回鄉，有一天下鄉收租，見佃戶的老婆很漂亮，就軟硬兼施地去勾引她，但她卻不肯順從，反而跑去把這件事告訴她婆婆。她婆婆說：「似此富貴之家，謀其風水猶恐不得，今來就你，有何吃虧，而反不從耶？」媳婦答道：「恐夫知見責耳。」婆婆說：「我先為你言之，無慮也。」第二天，譚某再遇到這位漂亮的女人，再向她調戲搭訕時，她就不抗拒了。也可見有些鄉下婦女有「借種」的優生觀念。

譚某會讀書、會做官，農婦當然渴盼得到他的好種；宋人筆記小說裡的例子卻有些奇怪，為什麼富貴人家的妻妾，也要到外頭借一般小市民的種呢？除了「饑不擇食」外，有沒有其他的原因呢？

明人謝在杭《五雜俎》卷五說得好：「人而無子，天之僇民也，然貧賤之家，百無一二，富貴之家，此患不絕。其故何也？種有貴賤，多寡自殊，一也；血氣未定，多所斲喪，二也；嬖幸既眾，功不專精，三也；藥石助長，無益有害，四也；專求美曼，不擇福相，五也；嬰兒飽暖，多生疾患，六也。」富家子既有這許多缺點，品種欠佳，或無子或殤子，難怪妻妾們要到外面去「借種」了。

尼姑思凡，上帝也瘋狂

描寫尼姑不守清規的風月小說。

林語堂曾將崑曲集《綴白裘》裡的〈尼姑思凡〉一曲翻譯成英文，和原文對比刊登在民國五十七年七月一日的《中央副刊》上，結果引來軒然大波，一時間論戰四起，最後林語堂終於孤掌難鳴，敗下陣來，這就是喧騰一時的「尼姑思凡的風波」。

林語堂吃虧在涉獵古籍不多，不知道發生在尼姑身上的故事比思凡更香豔的還多著呢，思凡又有什麼好大驚小怪的？

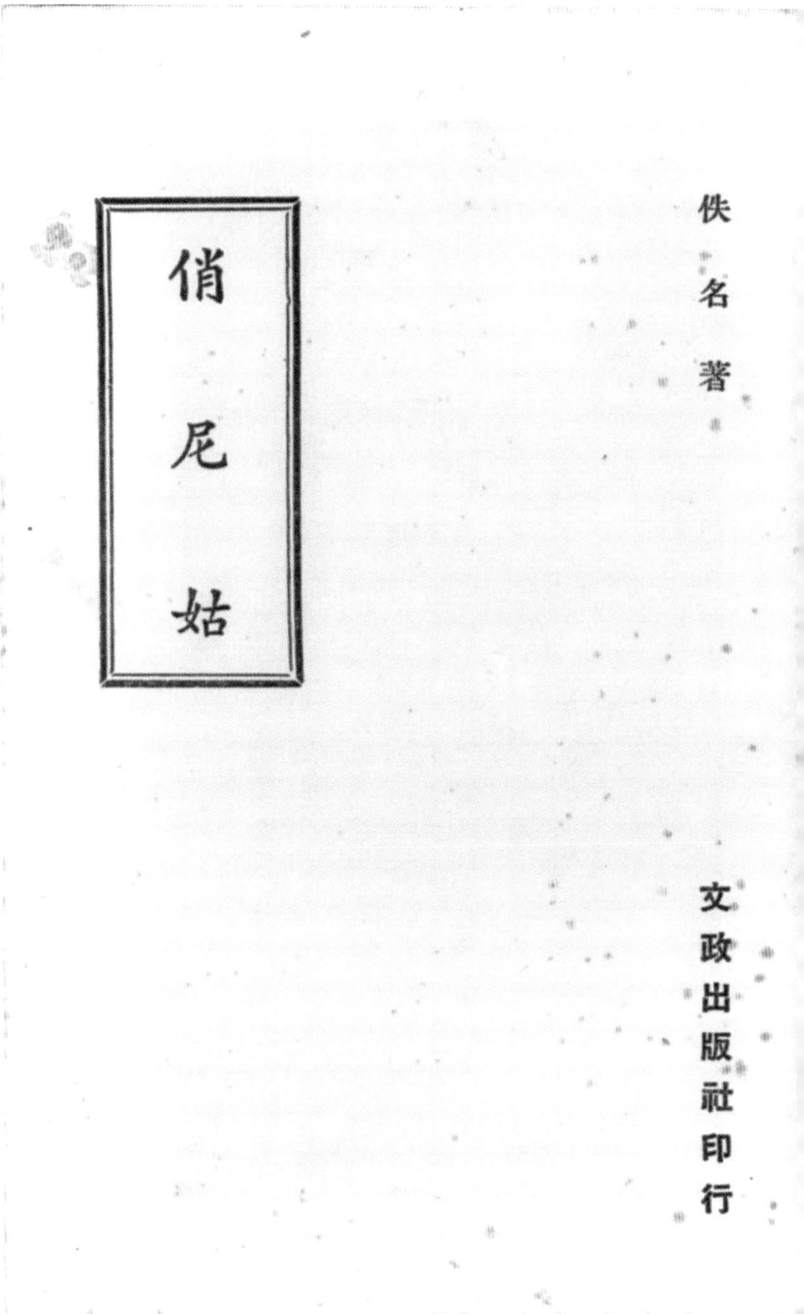

春晴階下弄花枝

語云：「飲食男女，人之大慾存焉。」尼姑也是人，是人就難免有「思凡」的時刻；唐人王建有一首五言律詩〈貽小尼師〉（見《全唐詩》卷二九九）說得好：

> 新剃青頭髮，生來未掃眉；
> 身輕禮拜穩，心慢記經遲；
> 喚起猶侵曉，催齋已過時；
> 春晴階下立，私地弄花枝。

「春晴階下立，私地弄花枝」形容得極微妙而深刻：在春暖花開的時刻，尼姑也有思凡的權利啊；誰人不觸景生情呢？

尼姑因觸景而生情的故事，在晚明馮夢龍的《笑林廣記》裡，有一則更為鮮活赤裸的例子：

> 一尼到一施主人家化緣，暑天見主人睡在醉翁椅上，露出物事甚偉；進對主家婆曰：「娘娘你幾世上修來的，如此享用？」主家婆曰：「阿彌陀佛！說這樣話。」尼曰：「這還說不修哩！」（卷八〈幾世修〉）

而另外在中研院珍藏的民初蕩湖調雜曲〈大姑娘十八摸〉裡，也有「尼姑聽了十八摸，睡到半夜無奈何；睡到半夜思（私）心動，只把手兒搓幾搓」的話，對尼姑在受到外界的挑逗刺激後，內心情慾的描寫，都很大膽而露骨。

《綴白裘》中的崑曲〈尼姑思凡〉絕非空前絕後之作，類似的俗曲還多著呢！像清人王楷堂輯《霓裳續譜》中的西調〈俺雙親看經念佛把陰功作〉，就與前者有「異曲同工」之妙：

> 俺雙親看經念佛把陰功作。每日裡，佛堂中燒鉢火，生下奴疾病多，命裡犯孤魔。把奴捨入空門，削髮為尼，學念佛，薦亡靈，敲動鐃鈸，眾生法號，不住手擊磬搖鈴擂鼓吹螺，平白的與地府陰曹把功果作。多心經也曾念過，孔雀經文孔雀經文

好教我參不破，惟有九蓮經卷最難學，俺師傅精心用意也曾教過。念一聲南無佛，哆呾哆囉安波訶，般若波羅，念的我無其奈何。

遶迴廊把羅漢數著：一個兒抱膝頭，口兒裡便念著我。一個兒手托腮，心兒裡想著我。惟有布袋羅漢笑哈哈，他笑我時光錯過，青春耽擱，有一日葉落花殘，有誰人娶我這年老的婆婆？降龍的惱著我，伏虎的他還恨我。長眉大仙瞧著我，他瞧只瞧，到老來那是我的結果？到老來那是我的結果？

奴把這袈裟扯破，藏經埋了，丟了木魚，我摔破了鐃鈸，學不到羅剎女去降魔，學不到水月觀音（去）作（佛）。夜深沈獨自臥，醒來時俺獨自個。這淒涼這淒涼誰人似我？總不如將鐘樓佛殿遠離卻，拜別了佛像，辭別了韋馱下山去，辭別了韋馱下山去，尋一個年少的哥哥，我與他作夫妻永諧合，任他打我、罵我、說我、笑我，一心心不願成佛，我也不念彌陀，願只願生下一個小孩兒，夫妻到老同歡樂，願只願夫妻到老同歡樂。

另外，崑曲〈下山〉就是描寫僧尼思凡，下山結為夫妻的經過，思凡就是還俗，也不算什麼太大的罪過，頂多不過是受人揶揄一番而已，像清人戴宗吉就曾經嘲笑一個嫁給張生的女尼：

短髮蓬鬆綠未勻，袈裟脫卻著紅裙；
於今嫁與張郎去，贏得僧敲月下門。

——清伍餘福《苹野纂聞》

這總比藏身空門，卻屢犯淫戒的尼姑要坦誠率性多了。

風月消瘦尋芳客

思凡的尼姑如果不還俗，就難免走上偷情的路，清人華廣生輯《白雪遺音》有一首馬頭調俗曲〈小尼姑〉說得好：

小小尼姑才十六，還未剃頭，風流事兒從來沒有，學著把情偷。叫情人：「你可將就、將就、多將就！緊皺眉頭。你將就奴年輕幼小身子瘦，不慣風流。……。」（刪去十七字）。雲雨後，身子有彀心無彀，「得空再來遊！」奴害羞，銀牙咬定法衣袖，渾身戰抖擻。

在筆記小說中，關於尼庵風月的描寫很多，常常是一群尼姑饑不擇食地輪番上陣，把入庵的尋芳客榨得乾乾的才肯甘休。像明朝時官至浙江右參政的陸容，在其《菽園雜記》卷六中說：「天順間，常熟一會試舉人出遊七日不返，莫知所之，乃入一尼寺被留；每旦，尼即鐍戶而出，至暮，潛攜酒殽歸，故人無知者。一日，生自懼，乃踰垣而出，出則臞然（瘦貌）一軀矣。」雖然陸容沒明白說出舉人和尼姑整夜關在一房裡幹什麼，相信讀者心裡都有數。

清人采蘅子《蟲鳴漫錄》卷一裡的一則故事，說得就比較具體了：

白下旱西門大街有茶肆，相距里許有尼庵，庵中雛尼日市餅餌於肆，與店夥某目成（以目傳情），久未得隙。某一日歸家，半月不至。家中以某久未歸，來肆詢問，彼此互詰，遂至爭鬨，幾成訟。同店夥忽憶自某去後，庵尼久不赴肆，疑之，偕數人入庵覓之無踪，再覓亦然。後向各處尋訪無耗，計前後已幾兩月矣，終不能無疑於此尼；相約入庵細搜，徧尋仍無跡。將出，忽聞大殿佛櫃下有呻吟聲，舁櫃視之，某臥其中，頹然病夫，乃扶歸細詢。據云：是日歸，過庵門，尼邀入茗飲，共相狎媟，庵尼七、八人，無論老幼，……（刪去廿八字），月餘無間晝夜，遂病。歸後醫治半載方愈，終身不能近女矣……。

以庵門穢事為題材的筆記小說，還有傳為明人唐伯虎所寫的整本短篇小說集《僧尼孽海》、明人馮夢龍《醒世恆言》卷十五的〈赫大卿遺恨鴛鴦絛〉、明人淩濛初《拍案驚奇》卷三十四〈聞人生野戰翠浮庵　靜觀尼晝錦黃沙衖〉、清人俞樾《右台仙館筆記》卷八〈尼庵多淫〉等，民國三十七年，孟德蘭還以此為題材，在上海出版了四集的《庵堂風月》哩，限於篇幅，不再引述內容了。

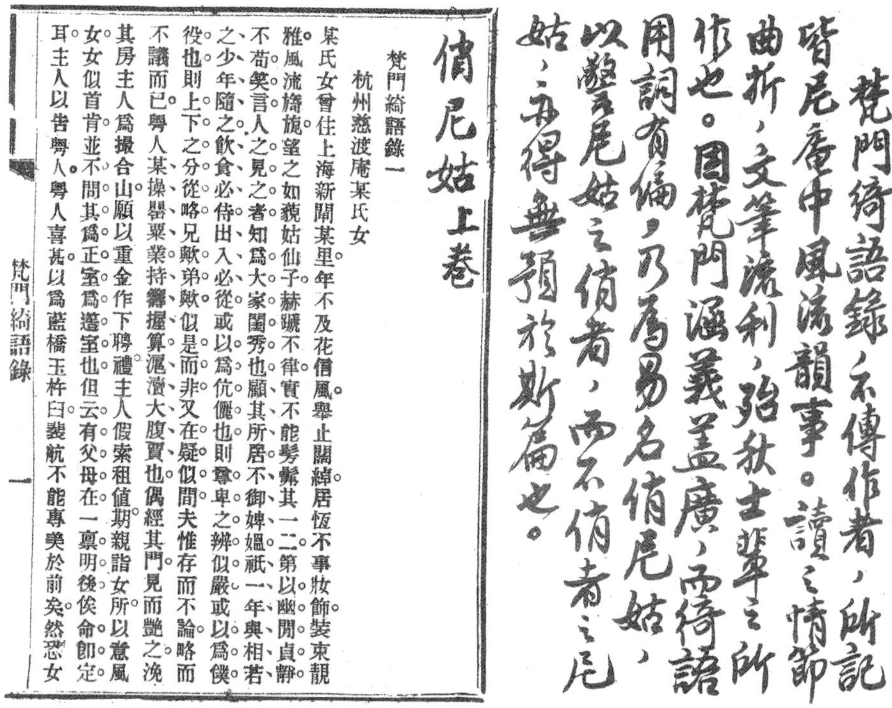

俏尼姑弁言　編者

梵門綺語錄，不傳作者，所記皆尼庵中風流韻事。讀之情節曲折，文筆流利，殆秋士輩之所作也。因梵門涵義蓋廣，而綺語用詞有偏，乃為易名俏尼姑，以盤尼姑之俏者，而不俏者之尼姑，亦得無預於斯篇也。

俏尼姑　上卷

梵門綺語錄一

杭州慈渡庵某氏女

某氏女曾住上海新閘某里。年不及花信風。舉止閑綽。居恆不事妝飾。裝束靚雅。風流旖旎。望之如藐姑仙子。赫蹏不律。實不能髣髴其一二。第以幽閒貞靜。不苟笑言。人之見之者。知為大家閨秀也。顧其所居。不御婢媼。祇一年與相若之少年。隨之。飲食必侍。出入必從。或以為伉儷也。則尊卑之辨似嚴。或以為僕役也。則上下之分從略。兄歟弟歟。似是而非。又在疑似間。夫惟存而不論。略而不議而已。粵人某操罌粟業。持籌握算。瀝濆大腹賈也。偶經其門。見而艷之。浼其房主人。為撮合山。願以重金作下聘禮。主人假索租值期。親詣女所。以意風女。女似首肯。並不問其為正室為簉室也。但云有父母在。一禀明後。俟命即定耳。主人以告粵人。粵人喜甚。以為藍橋玉杵臼。裴航不能專美於前矣。然恐女

梵門綺語錄　一

《俏尼姑》原名《梵門綺語錄》編者為民初人姚靈犀。

一半胡盧一半瓢

古籍中述說尼姑要偷情的對象，往往就是和尚，語云「和尚廟對著尼姑庵——沒事也有事」；到底有些什麼事，且看古籍上的記載吧！

南宋末年的周密在其《癸辛雜識》上說：「臨平（杭州境內）明因寺，尼刹也；往來僧官每至，必呼尼之少艾者供寢。寺中苦之，於是專作一寮，貯尼之有違濫者，以供不時之需，名白『尼站』。」尼站就是尼姑應召站，這事在明人田汝成《西湖遊覽志餘》卷二十五中也有記載，諒非虛構。

清初的小說家夏敬渠在《野叟曝言》第一四五回裡也說：「……皇陵這邊大寺裡數百和尚，個個吃酒吃肉、偷婆娘、養小廝，無惡不作，寺半邊就住尼姑，與和尚往來姦宿，毫無顧忌的。那尼姑更是往各人家穿房入戶，說是掠非、偷盜財物、布化米糧、牽引婦女入寺燒香，去與和尚通姦，或是得人財物，勾騙良家婦女與他姦淫，也是無惡不作的……。」原來她們除了犯淫戒與和尚鬼混之外，

清朝乾隆年間春畫，描繪兩尼爭與野漢偷情之狀。

還兼差拉皮條哩！

對於僧尼同床而眠的情景，明人蘭陵笑笑生在《金瓶梅詞話》第五十七回裡有很生動的描寫：

> 尼姑生來頭皮光，
> 拖子（了）和尚夜夜忙；
> 三個光頭好像師父師兄並師弟，
> 只是鐃鈸緣何在裡床？

如果您要問：明明是兩個光頭，那來第三個光頭，那您可就太外行了。

上述諸例均引自小說，或許有人以為那是作者所杜撰的，尼姑決不至於如此放浪形骸；下面再舉一個事例來作說明。近人鍾叔蒼在《畫家的氣節》一書裡，提到清初人鄭板橋當山東濰縣縣令時，經手的一件僧尼苟合的案子說：

> 板橋在濰縣時，邑之崇仁寺與大悲庵相對，有寺僧私尼，為地鄰覺，勒索不遂，傳之官。板橋見僧尼年齡相若，乃一對天生嘉耦，不忍煮鶴焚琴，令二

▍民初紙本春畫，描繪尼姑庵內的風月，嫖客既可買春與俏尼姑雲雨，又可吸鴉片大煙。

人還俗，配為夫婦。乃提筆判云：「一半胡盧一半瓢，合來一處好成桃，從今入定風規寂，此後敲門月影遙。烏性悅時空即色，蓮花落處靜偏嬌，是誰勾卻風流案？記取當年鄭板橋。」

大殿改作相思閣

正因為有些尼姑私生活不謹，難免就會「通貨膨脹」起來，古代墮胎技術不理想，不想有小孩的婦女，多半是等懷胎十月、小孩呱呱墜地後，再把他掐死、淹死，偷偷埋了或丟到水中。尼姑也是用這個辦法來解決她們的私生子。

在清初旗人文康的小說《兒女英雄傳》第三十八回裡，安學海安老爺閒逛涿州城裡鼓樓兩邊的天齊廟，遇到幾個上天齊廟兩廂娘娘殿求籤的婦女，不認得籤上的字，安老爺說：「不必看了，不必看了，我曉得這廟裡娘娘的籤靈得很呢，凡是你們一齊來求籤的都要養小子的。」沒想到抽籤的婦人中有一個是靈官廟的姑子。她立刻嚷道：「喂，你悠著點兒，老頭子。我一個出家人，不當家花拉的，你叫我那兒借小子去呀！」別的婦女正替安老爺打圓場，說對方怎知妳是出家的，同伴中有個女的卻說：「你罷呀，你們那廟裡，那一年不請三、五回姥姥哇，怎麼說呢？」姥姥就是接生婆，尼姑庵居然也請起接生婆了。

清人華廣生在《白雪遺音》裡，也有一首南詞〈小小庵門〉說：「小小庵門八字開，尼姑堂內望夫來；大殿改作相思閣，鐘樓權作望夫台。去年當家懷六甲，新來徒弟又種胎，幸虧後面有塊三寶地，不知埋了多少小嬰孩，早早另投胎。」

尼姑偷人生子而後私下處決掉的情形，明人李贄在《疑耀》一書中有很憤慨的評語：「劉晝與高歡書，尼與優婆彝，實是僧之妻妾，損胎殺子，其狀難言。今僧尼二百許萬，并俗女向有四百餘萬，六月一損胎，如是則年族二百萬戶，驗此，佛是疫胎之鬼也。」（引自清人趙吉士《寄園寄所寄》卷下〈二氏〉）

清者自清濁自濁

中國人向有「非遭大難，不入空門」的話，因此許多尼姑削髮出家的動機，往往並非看破紅塵，只是消極的避「難」而已；她們或許從來也不曾認為「克制七情六慾」是件正當的、應該嚴格遵守的戒律吧！難怪會做出一些惹人譏評的事來。

然則「清者自清、濁者自濁」，上述古籍中的俏尼姑，實在只是歷代尼姑中的少數而已，她們並沒有資格稱作尼姑的，稱之為「剃了髮的俗人」或許更恰當些吧！阿彌陀佛，善哉！

性獵豔篇

深宮裡的春天

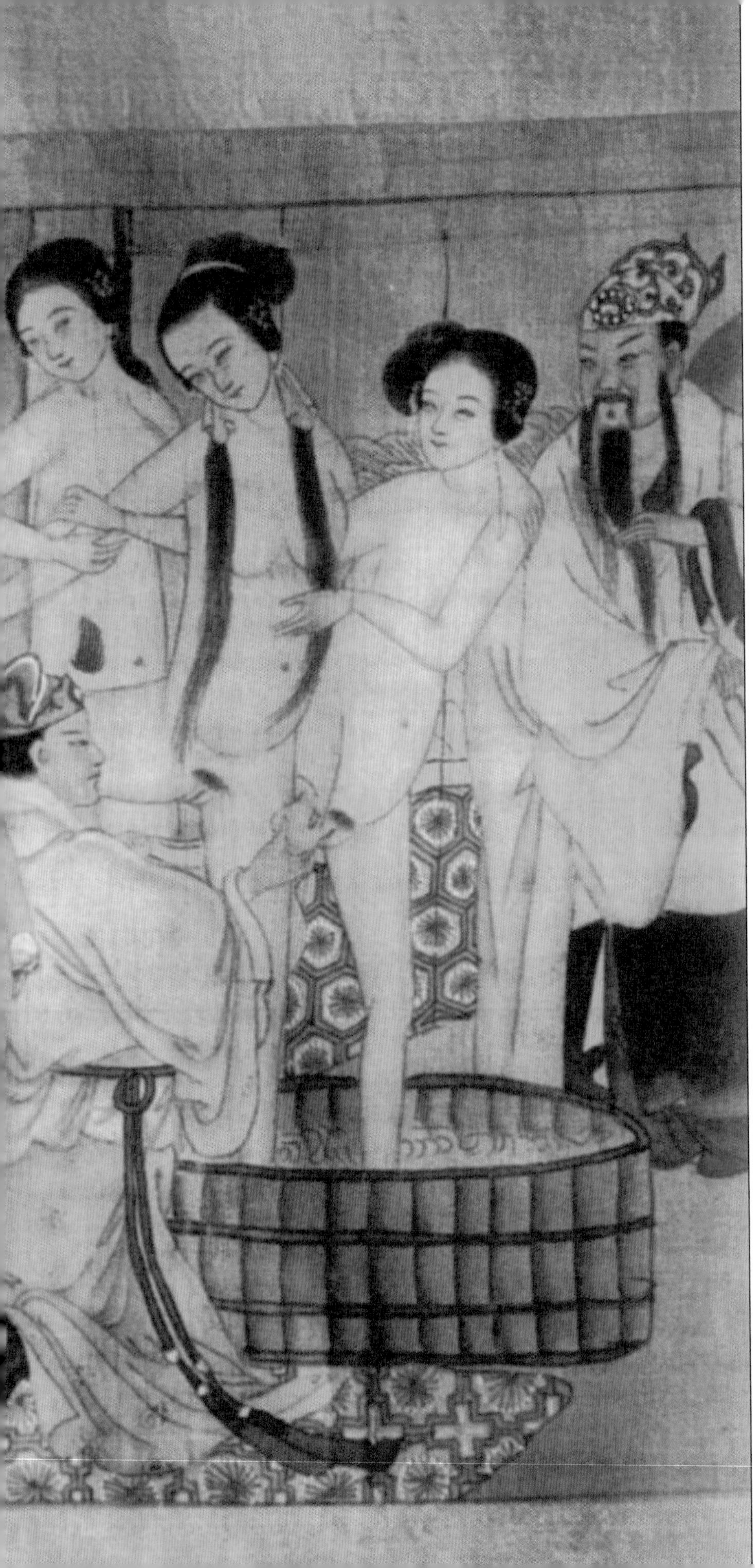

清人仿明朝之「楊妃出浴圖」，太監以黃帛拭牝，唐明皇微笑旁觀。

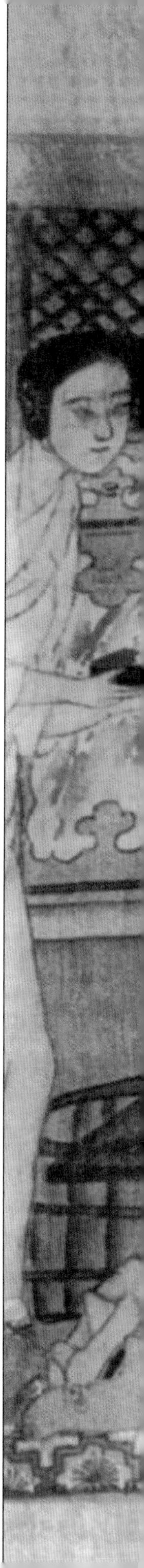

中國有句俗諺說得好：「人不風流只為貧。」古往今來，有錢人的風流故事，常是筆記小說裡習見的題材，蘭陵笑笑生不就因而寫了一百回的《金瓶梅詞話》嗎？但有錢人的風流還有個譜兒，不能超過法律許可的範圍。

對於「富有四海」、「君臨天下」的古代帝王來說，只要他喜歡，性愛永遠是一件「百無禁忌」的事。歷史上荒淫的君主究竟怎麼玩女人？以下就讓筆者作一個嚮導，穿過時光隧道，帶您遊覽帝王的後宮吧。

脫衣表演　裸體相撲

提到荒淫的君主，大家往往先想到殷紂王，想到他的「酒池肉林」，據《竹書紀年》說，盤庚遷都到殷後，過了兩百七十三年都不再徙居，傳到紂王時，不但廣建宮室別館，還「以酒為池，懸肉為林，男女裸而相逐於其間」。在晚清以銅版刊行的《欽定書經圖說》裡，就有一幅出自當時人想像的「酣身荒腆圖」，描寫紂王和寵妃妲己在後宮荒淫作樂的情景。因為是官方出版的書，不能立法犯法，有傷風化，所以畫圖的人擅自給宮中男女加上了衣服。

紂王發明的這種玩法——看男男女女一絲不掛的嬉笑戲逐，在南北朝時曾大大流行於帝王後宮。《宋書》上就說，宋廢帝劉子業在位期間（西元四六四年五月至四六五年十月），曾在竹林堂遊樂，「命宮女裸體跳舞，相逐相戲。」又說宋明帝劉彧常在深宮舉行宴會，「擇妃嬪中之美者，強奪其衣服，使演醜狀而悅之。」明朝時，汪氏增輯的《列女傳》卷七上，還曾收了這個故事，說宋明帝正在宮中大宴，要宮女表演脫衣舞時，王皇后卻用扇子遮住了臉，回身而拒看。明帝生氣地說：「這麼精彩的表演，妳為什麼不看？」皇后答說：「天下的樂事很多，那有在自己小姑面前看這個的？」明帝一怒之下就把不看脫衣表演的皇后趕出去了。

不獨宋君如此，陳後主陳叔寶也喜歡欣賞豔舞，《陳書》上說：「後主叔寶喜酒色，與張貴妃、孔貴人以下之美婦人千數百人酣飲達旦，又喜令宮女裸體跳舞……。」

光看脫衣舞還不過癮，還有看婦女光著身子表演摔角的。北宋仁宗趙禎就曾在嘉祐年間（西元一〇五六至一〇六二年）的某個元宵節，在宣德門召各種藝人進宮表演，其中就有「婦人裸體相撲者」（見明人李贄《疑耀》）；據清人喬松年《蘿藦亭雜記》說，當時的丞相司馬光還上奏了「請停裸體婦人相撲為戲」的劄子哩！

更刺激露骨的就是看真人表演「妖精打架」了，歷史上，喜歡看這種表演的君王還真不少，有的是看人跟人表演，像宋人陶穀《清異錄》上說：五代十國時南漢君主劉鋹獲得了一個皮膚黝黑的波斯美女，封她為「媚豬」；劉鋹「好觀人交，選惡少年配以雛宮人，皆妖俊美健者，就後園褫衣使露而偶，鋹扶媚豬巡行覽玩……。」

有的更喜歡看人獸表演，像明人謝肇淛《文海披沙》裡有一則〈人與物交〉說：「漢廣川王裸宮人與羝羊交，（漢）靈帝於西園弄狗以配人。」清人趙翼在《廿二史劄記》卷三也說：西漢時，江都王劉建「令宮人裸而據地，與羝羊及狗交」，齊王劉終古「使所愛奴與妾八子（妾號）及諸御婢姦，或使白晝裸伏，與犬馬交接，終古臨視之。」似乎漢朝的君王宗室，對人獸表演特別有觀賞的興趣。

幽房祕室　銅屏映春

也有的皇帝認為，看別人玩還不如自己玩來得過癮，反正後宮佳麗眾多，人人渴盼君主臨幸，天下還有什麼比皇帝玩宮妃更方便的事呢？

「戲法人人會變，巧妙各有不同」，男女之事也是如此；歷史上最會玩宮妃的皇帝，頭一個要算隋煬帝。據晚明齊東野人編撰的《隋煬帝豔史》第三十回說，工匠項昇替煬帝在東都洛陽宮苑東邊建造了一座「迷樓」：

> 外邊遠望，只見樓閣高低相映，畫棟與飛甍，隱隱勾連，或斜露出幾曲朱欄，或微窺見一帶繡幙；珠玉的光氣，映著日色，都漾成五綵。……到了裡邊，一發稀奇，正殿上花榱繡桷，不要說起，轉進

去到了樓上，只見幽房祕室，就如花朵一般，令人接應不暇；前遮後映，各有一種情趣。這裡花木扶疏，那裡簾櫳掩映，轉過去只見幾曲畫欄，依依約約，折轉來，早斜露一道迴廊。走一步便別是一天，轉轉眼就另開一面。前軒一轉，忽不覺就到了後院，果然逶迤曲折，有愈入愈奇之妙；況又黄金作柱，碧玉為欄，瑤堦瓊戶，珠牖瑣窗，富麗無比，千門萬戶，迴合相通……。

煬帝怎樣在迷樓裡作樂呢？他除了把洛陽宮中的美女召入迷樓侍候外，還令人廣徵良家十二、三歲的幼女，一共找來三千人，到迷樓充作宮女。煬帝便日夜在迷樓中和宮女嬪妃們交歡。煬帝喜歡玩處女，可是處女往往因害羞害怕而百般抵拒，不能讓煬帝盡興嘗歡，於是巧匠何稠便獻上了一頂「四圍都是錦幃繡幔、底下都是玉轂金輪」的小車，並告訴皇帝，這車是專為「行幸童女」而設計的。煬帝問有何方便，何稠說：「此車雖小，卻是內外兩層，要幸童女，只消將車兒推動，上下兩傍便有暗機縛其手足，毫不能動，又且天然自動，全不費行幸之力。」煬帝看後大喜，便賜名為「任意車」，並且拿宮中童女來試驗。作者用一首五言律詩形容當時情景道：

心驚香玉戰，喘促乳鶯低；
紅透千行汗，靈通一點犀；
雖生嬌欲死，帶笑不成啼；
漫惜花揉碎，蜂癡蝶已迷。

煬帝在這車上嚐著甜頭之後，便日夜挑選宮中有容色的幼女，到任意車中任意玩弄。

由於日夜宣淫，煬帝自覺精神有些不濟，便想了一個法子：「叫畫院官將男女交合的春圖，奇奇怪怪畫上無數遍，迷樓中都懸掛起來，卻攜了幼女細細觀看，看到興動之時，不覺精神震躍，就乘著興頭，與幼女去宣淫狂蕩，略不濟事，便重新又看……。」這個辦法果然有效，可是牆上的畫畢竟是死的、不動的，久久也就生厭了，這時有個名叫上官時的人，抬了三十六扇五尺來高、三尺來闊，兩邊都磨得雪亮，像寶鏡一般的「烏銅屏」來獻。太監把

清朝紙本春畫，描繪夫妻敦倫時以床頭大鏡助興。

烏銅屏一扇一扇的排成一間瑤房，煬帝在屏中和愛妃交歡時，只見「那些淫形慾狀，流入鑑中，纖毫不能躲避」。樂得煬帝笑道：「繪畫的春圖，不過止描寫大意，怎如鑑屏中活活潑潑神情態度都摹畫出來，真令人銷魂欲死也，此銅屏勝似春圖何止萬倍！」

烏銅屏的玩法，唐武則天皇帝還曾仿傚過，稱作「鏡殿」，今日旅館中的床頭鏡、某些人家臥室天花板上的大鏡，不都是煬帝這種玩法的再版嗎？

和音伴奏　衆樂獨樂

唐朝時的穆宗李恆也是個生性淫侈、荒於酒色的君主，他曾令繡工將淫靡香豔的詩詞文章繡在宮女所穿的衣服上，如果衣服的質料是黑絹，就繡白色字；如果是素紗，則繡黑字。穆宗稱這種衣服為「諢衣」，每次臨幸嬪妃時，便一邊玩、一邊唸誦妃子所穿諢衣上繡著的淫詩豔文以助興。

比唐穆宗更過份的是五代十國時的閩惠宗王延鈞（西元九二七至九三五年在位）。王延鈞和皇后陳金鳳在繡彩縷金而透明的九龍帳中做愛時，不但在帳裡四角吊掛了四盞宮燈，還下令宮女太監們在九龍帳外觀看；有時還命令宮女摹仿皇后的叫床聲，皇后叫一句、宮女學一句，皇后哼一聲、宮女哼一聲地助興；這樣的玩法，虧閩惠宗想得出來。

稍後的金朝廢帝海陵王也是「獨樂樂不如眾樂樂」的擁護者。據《金史》說：「海陵每幸婦人，必使人奏樂，撤其帷幄，或使人立於其前，說淫穢之語。嘗強姦處女，為處女抵抗而未遂，即使元妃及妃嬪執處女之手足而強姦之。或使妃嬪列坐，觀其姦淫處女之狀；或使人倣其淫狀，以為笑樂。」不是正史這樣記載，還真令人不敢相信歷史上竟有這些畜生不如的皇帝。

元朝時的末代君主順帝（西元一三三三至一三六七年在位），也是個荒淫好色的皇帝，喜歡把獨樂之事以眾樂的方式來表現。據《續資治通鑒》卷二一一上說，順帝至正十三年（西元一三五三年）十二月，大臣哈瑪爾（《元史》作「哈麻」）從宮外找來了西天僧，指導順帝的房中術，稱為「延澈爾」法（《元史》作「演揲兒」法），這個名詞是音譯，意譯就是「大喜樂」。後來又有個西番僧策琳沁，也以「祕密法」受寵於順帝。西天僧來自天竺（印度）、西番僧來自西藏，他們都是喇嘛教中供奉歡喜佛一派——稱「天吐拉」（Tantra）的信徒，據晚明風流短篇小說《僧尼孽海》一書的記載，這些喇嘛僧告訴元順帝的「延澈爾」法，其實只是《素女經》一書中所記載的「九法」——九種性交的姿勢而已；西番僧的房術到底是學自印度的「天吐拉」，還是剽竊古代中國道教方士性學醫籍中的記載，就不得而知了。

可以確定的是，後宮佳麗太多，原本已有些不濟事的元順帝，在學了「延徹爾」法之後，又立刻「抖」了起來，《續資治通鑑》卷二一一說：「哈瑪爾之妹婿集賢學士圖魯特穆爾，故有寵於帝，與婁都爾蘇、巴朗等十人俱號『伊納克』。圖魯特穆爾性奸狡，帝愛之，言聽計從。……伊納克輩用高麗女為耳目，刺探貴人之命婦及士庶之室家，擇其美而善淫者，媒入宮中，數日乃出。巴朗者，帝諸弟也，與諸伊納克皆在帝前，相與褻狎，甚至男女裸處……，君臣宣淫，而群僧出入禁中，無所防閑，醜聲穢行，著素于外……。」不這樣荒唐地縱慾，怎會成為亡國之君呢？

迷魂閣中　美麗殭屍

明朝時武宗皇帝朱厚照（西元一五〇六至一五二一年在位）雖然蓋了一座華麗的「豹房」，成天在裡頭和宮女鬼混，但豹房中的花樣前不如隋煬帝的「迷樓」，後不如清乾隆皇帝的「迷魂閣」，本文就略而不提了，下面專談乾隆帝的迷魂閣。

在北平清宮中，有一幢乾隆皇帝時建造的迷魂閣，由於乾隆皇帝時，它就被下令封鎖了，裡頭有什麼花樣，一百多年來一直是個令人疑惑好奇的謎。

民國成立後，宣統廢帝逃至天津，清宮雖被開放，而迷魂閣則仍舊是重門緊閉、圍牆高鎖，只見門前有塊蒼苔斑駁的碣石，石上依稀可見鐫刻著「此處為地獄之所在，永遠不許開放」幾個大字。

後來，北平的執政者遣匠人修理清宮，迷魂閣之謎才逐漸公諸於世。

據說迷魂閣之四壁均用大理石砌成，庭中巨樹森立、濃蔭蔽日，幽邃而陰森；迴廊各處也矗立著大理石之裸像，別室則琉璃光明如水晶，中有閨房，其錦繡之帳幔、彩色之宮燈，極為壯麗華美。匠人開扉登閣，赫然發現閣中牙床上，有穿著前清宮裝的美女，面目如生地躺在那兒。看到美麗殭屍的匠人，不久就病發而喃喃囈語，於是迷魂閣又被執政者下令封鎖了。

迷魂閣中的美女是怎麼來的呢？據清宮的掌典官吏說：「乾隆皇帝常微服出宮，遊行市中；見民間美女，則命人劫之至宮，幽禁於迷魂閣裡任意姦淫。美女之入此閣者，永無出閣之日，除供皇帝玩弄外，惟有度淒涼悲慘之生涯，一直到老死為止。當時北平民間有一位名叫梨娘的美女，乾隆皇帝聽說後，便派人將她劫入閣中。皇帝對梨娘寵愛特甚，一有空就溜到迷魂閣中和梨娘幽歡。這件事被皇后知道了，有一天趁皇帝他往，突然率領眾多侍從來到迷魂閣，把梨娘剝得一絲不掛地手腳反綁吊縛在屋樑上，下面燒起熊熊的炭火，把梨娘活活炙死了。皇后又下令將閣中所有美女賜死，而後封鎖了迷魂閣，在門前建碑，永遠不許開放。」

從荒淫縱慾到妄誕殘酷，自古帝王深宮裡的風流故事，竟然也有這般令人不忍聞問的一面。

皇帝愛用「外國貨」

清朝春畫，描寫皇帝在後宮臨幸嬪妃之香豔情景。

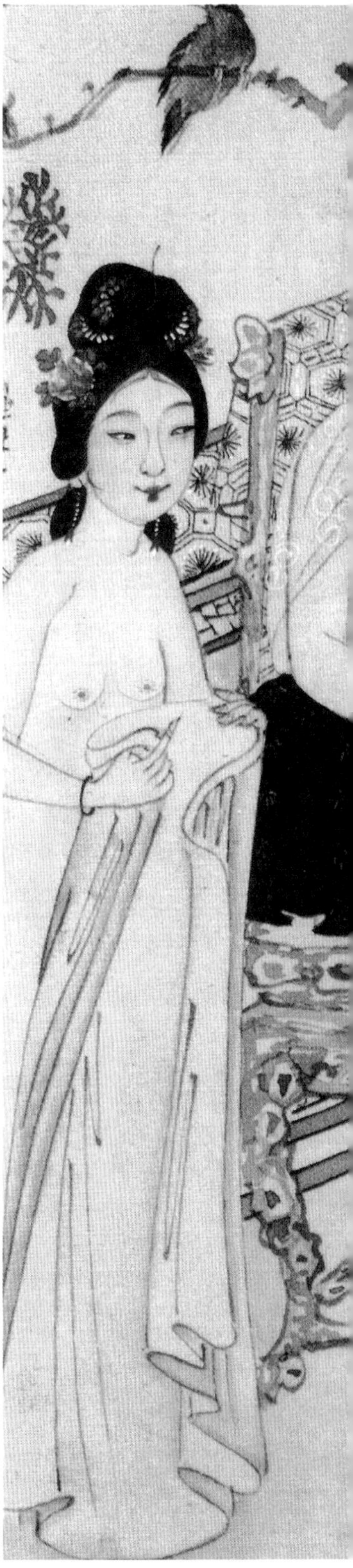

中國的皇帝，在聲色犬馬的享受上，常有許多出人意表的花樣，而尋歡做愛的對象也極為廣泛，只要是漂亮的女人，不管她是已婚未婚、是處女孀婦、是在家出家、是良家娼家……，都可以召進宮裡任意取樂，甚而有些皇帝玩中國女性不過癮，還要嚐嚐外國女人的滋味。

皇室與外族通婚，在歷史上原非稀罕，古代中國人為了懷柔外族，以公主宗室或宮妃下嫁域外，名曰「和親」，漢之王昭君嫁予匈奴、唐之文成公主嫁予吐番，都是例子；而隨著貿易交通或征戰討伐，也有些外族的美女來到帝王深宮，成了漢家皇帝臨幸的對象，如五代十國時南漢君主劉鋹、元太祖成吉思汗、元文宗圖帖睦爾、元順帝妥懽帖睦爾、明太祖朱元璋、明成祖朱棣、明宣宗朱瞻基、明武宗朱厚照、清高宗乾隆皇帝等，都開過洋葷，嚐過洋女人的味道。

五代十國時南漢主劉鋹身邊的洋婆子，是個皮膚黝黑的波斯美女，雖然她跟中國「膚白為美」的審美標準相去甚遠，卻自有她媚惑男人的本錢；據宋人陶穀《清異錄》說，這位波斯女「年破瓜，豐腴而慧豔，善淫，曲盡其妙」——不但年輕聰慧、豐滿豔麗，還會床功呢！劉鋹十分寵愛這個中東美女，見她雖有些黑，卻黑得俏、黑得迷人，乾脆賜他「媚豬」之號；因為豬的皮膚就是黑的。

劉鋹有個癖好，喜歡看真人表演活春宮，他常指派一些不良少年，在後宮花園裡跟那些年輕貌美的宮女在光天化日下恣意交歡，劉鋹則帶著媚豬在旁欣賞。看了真人表演，劉鋹和媚豬的餘興節目當然就可想而知了。

成吉思汗　奪人妻女最樂

成吉思汗是蒙古帝國的創業者，成吉思汗的鐵騎所至，被征服的部落或國家的公主、豔后，都成為他的戰利品，被送到他所居住的蒙古包裡。西人多桑（C.Dohsson）《蒙古史》上說：「成吉思汗一日問那顏不兒古赤：『人生何者最樂？』答曰：『春日騎駿馬、拳鷹鶻出獵……，斯為最樂。』……汗曰：『不然，人生最大之樂，即在勝敵逐敵，奪其所有，……納其妻女也。』」而他在世時，也一直樂此不疲。

據正史所載，成吉思汗於西元一一九四年征討塔塔爾（Tartar為呼倫貝爾湖畔之部落），後來又數次討伐並侵滅該部後，奪得美貌的也速倫、也速干二公主，均納為「哈敦」（蒙古語皇后之意）。

西元一二〇三年，成吉思汗滅克烈（Kerait）部（位於外蒙古庫倫南邊），獲得阿卜兒哈、別克托、梭魯禾帖尼三位公主，他自納長公主，次公主配給長子朮赤，三公主配給四子拖雷，父子三人「有福同享」。

西元一二〇四年，成吉思汗滅乃蠻（Naiman突厥部落，據貝加爾湖西岸、阿爾泰山一帶），納乃蠻主太陽汗之豔后古兒八速。這位古兒八速本是太陽汗父親的妃子，作了寡婦後，太陽汗與其弟不亦魯黑汗兩人都想要這位年輕貌美的庶母（此為草原民族通行的烝報婚俗，子可娶寡母，弟可妻寡嫂），竟因而兄弟鬩牆，分國而治，最後古兒八速為太陽汗所得。乃蠻被滅後，成吉思汗又納古兒八速，並照隆重的蒙古婚禮娶她，除了因古兒八速貌美之外，也因乃蠻是當時塞外第一大國，如此可籠絡其臣民。

一二〇四年，成吉思汗還在追討貝加爾湖東岸的蔑兒乞部時，獲得該部酋長答亦兒兀孫的女兒忽蘭。成吉思汗跟忽蘭歡愛時，發現忽蘭還是個處女，便對她寵愛有加，在成吉思汗西征花剌子模時還曾攜之同行。一同獲得的另一酋長脫克脫的女兒，則被賜給了他的三子窩闊台，也就是日後著名的監國皇后馬真。

一二一〇年，成吉思汗征西夏，獲西夏公主察合；但成吉思汗與察合燕好幾次後，又將她送給大將速哈特。

一二一四年，成吉思汗三次征金國（女真），獲金之歧國公主。歧國公主雖然長得不出色，但成吉思汗仍納之為哈敦，以示籠絡金人（二十年後，金國才被蒙古所滅）。

一二一六年，成吉思汗派遼之降將乞奴鴉兒率兵數萬渡鴨綠江，進攻高麗（朝鮮），一二一八年，高麗敗績，成吉思汗納高麗妃。

一二二四年，成吉思汗西征歐洲、北非凱旋，獲蘇丹之母后禿而堪可敦及公主四人，以長公主、二公主賜次子察合台，己則納三公主、四公主。

綜上所述，成吉思汗玩過的女人真是種族複雜，竟連非洲蘇丹的公主也網羅入宮，可謂豔福不淺。

在成吉思汗所玩過的異族女子當中，有始有終、恩愛不渝的要算他的髮妻孛兒帖兀真。

孛兒帖是貝加爾湖畔弘吉剌（Ungrat或譯作翁吉剌）部長德色辰之女，該部向以出產美女著名，成吉思汗之父於成吉思汗童年時即替他跟德色辰之女訂立了婚約。

成吉思汗二十歲時跟這位外族美女成親，她替丈夫生了朮赤、察合台、窩闊台、拖雷四個兒子，橫跨歐亞的蒙古大帝國就是靠這四個兒子建立的。

高麗美女　元朝皇帝新寵

除了弘吉剌族外，被蒙古人打敗的高麗也被迫每年向蒙古皇室進貢美女；蒙古人還在高麗境內設置「結婚都監」專門來搜求高麗美女，以便供應元朝帝王之所需。

清人趙翼《廿二史劄記》卷三十中「元時選秀女之制」一則就提到：「元時并有選高麗女之例，文宗（西元一三二九至一三三二年在位）以宮中高麗女不顏帖你賜丞相雅克特穆爾（舊名燕鐵木兒），高麗王請割國中田以為資奩。順帝（西元一三三三至一三六七年在位）次皇后奇（祁）氏完者忽都，本高麗女，選入宮中有寵，遂進為后。」高麗美女竟然當上了中國皇后（按元制，皇帝可以同時封數十位、數百位皇后），可見受寵之程度。另外，趙翼在書上還說：因為元朝常派使節到高麗去選美女，帶回中國當宮妃皇后，竟使得高麗人「不重生男重生女」，生下男的就「不舉」（把男嬰掐死或淹死），生下女的，如果漂亮的話，長大了也不讓她們出嫁，一心只等元朝使節來「相親」，好帶回中國作飛上枝頭的鳳凰哩！

而當上了次皇后的高麗女祁氏，自己更私蓄了一批高麗美女作為禮品，不時送給有權有勢的元朝大臣，以為籠絡的手段。明人權衡《庚申外史》上說：「徽政院使者官者高麗人禿滿滿夕兒首薦高麗女子祁氏於宮，立為次宮皇后。祁后蓄高麗美女，大臣有權者輒以此女送之，京師達官貴人娶得高麗女，婉媚善事人，至則立見奪寵，自至正（元順帝年號，西元一三四一為至正元年）以來，宮中給事使令大半為高麗女，以故事方衣冠靴帽大抵皆依高麗矣。」從這段敘述中，也可看出高麗美女的擅於媚惑，和元朝末年時她們在中國朝野的勢力。

附帶一提的是，元世祖忽必烈至元十一年（西元一二七四年）十月，蒙古、高麗聯軍由合浦（今韓國之昌原）坐艦船渡對馬海峽，在日本九州北岸登陸，猛攻筑前、博多等地，後來又再次征日。雖因颶風而遭敗績，但也擄掠了不少子女財帛，是否有日本美女因而入宮，史籍語焉不詳，此處不敢斷言；可是跟中國關係友好而密切的高麗，一直到明朝時還不斷地進貢美女。

明朝天子　最愛朝鮮佳麗

明太祖朱元璋的妃子當中，就有高麗人；民初柴小梵《梵天廬叢錄》卷一說：「太祖有妃碽氏，高麗人，貌昳麗，而性慧敏，太祖命從宋學士濂學詩，金針得度；為五、七言，有王、孟法，太祖殊愛之。一夕，幸妃所，正卸妝，粉容與紅燭輝映，愈增嬌媚，太祖悅甚，索筆賦『麗人行』，命妃付裝潢，張諸壁中，每年增脂粉費銀三千兩、綵段千匹。」

靠「靖難」從侄兒手中奪得政權的明成祖朱棣，也頗喜歡臨幸高麗美女。朱棣選高麗女子為妃之事，中國史籍上記載甚為簡略，往往以貢紙（朝鮮紙光潔細白，遠近馳名）為名，掩飾帝王的好色；但《明實錄》中仍透露了一點消息。在《成祖實錄》永樂七年（西元一〇四九年）二月己卯說：「冊立張氏為貴妃、權氏為賢妃、任氏為順妃。命王氏為昭容、李氏為昭儀、呂氏為婕妤、崔氏為美人。張氏故追封河間忠武王之女，王氏為蘇州人，餘皆朝鮮人。」

而同時期朝鮮（高麗）《李朝實錄》，經日本影印發表後，透露了不少中國向所不知的史實；據《李朝實錄》所載，永樂朝時，朝鮮前後共進貢美女三批，上述權氏、任氏、李氏、呂氏、崔氏是第一批，經過情形和五人的年齡籍貫等資料如下：「永樂六年（西元一四〇八）四月十六日，欽差太監黃儼等到國，傳奉宣諭：恁去朝鮮國和國王李芳遠說，有生得好的女子選揀幾名將來，欽此。臣芳遠依於本國文武並軍民家女子與同欽差等選揀到女子五名，差陪臣李文和跟同欽差太監黃儼等官赴京外，今將各女子生年日月並父職名籍貫，一一開坐，謹具奏聞。一名嘉善大夫工曹典書權執中女，年一十八歲，辛未十月二十六日巳時生，籍貫慶尚安東府，現住漢城府。一名通訓大夫甯府左司尹任添年女，一十七歲，壬申十月二十六日戌時生，籍貫忠清道懷德縣，現住漢城府。一名通德郎恭安府判官李文命女，年一十七歲，壬申十月十八日戌時生，籍貫畿內左道仁州。一名宣略將軍忠佐侍衛司中領護軍呂貴真女，年一十六歲，癸酉十一月初二日巳時生，籍貫豐海道谷城郡，現住漢城府。一名中軍副司正崔得霏女，年一十四歲，乙亥十月初八日午時生，籍貫畿內左道水原府。從者使女十六名，火者十二名。」

明成祖對高麗妃子權氏十分寵愛，《明史》卷一一三《權賢妃傳》云：「恭獻賢妃權氏，朝鮮人，永樂時，朝鮮貢女充掖庭，妃與焉，資質穠粹，善吹玉簫，帝愛憐之。七年封賢妃，命其父（當係兄之誤）永均為光祿卿。明年十月，侍帝北征，凱還，薨於臨城，葬嶧縣。」權氏之死，成祖甚哀，每次召見其兄永均時，每每「含淚傷嘆，至不能言」。

永樂七年（西元一四〇九年），朝鮮再次進貢兩名美女，據《李芳遠實錄》上說：「永樂七年五月初三日，欽差太監高儼到國，欽傳宣諭，去年你這裡將進去的女子都不甚好，只看你國王敬心重的上頭，封妃的封妃、封美人的封美人、封昭容的封昭容，都封了也。王如今有尋的好女子，多便兩箇、少只一箇，更進將來，欽此。於是儘情尋覓，選揀到女子二名，侍候進獻，……一名……鄭允厚女子，年十八歲……，一名……宋瓊女子，年十三歲……。」

到了永樂十七年（西元一四一九年）五月，朝鮮第三次選美女進獻，「以黃氏、韓氏為上等，黃氏容貌美麗，故副令何信之女，韓氏嬋娟，故知淳昌郡事永矴之女也。」

韓氏是自權氏賢妃之後最受明成祖寵愛的高麗美女，有左右帝意的份量；當成祖跟另一高麗美女黃氏做愛，發現她居然不是處女時，成祖像花錢買到冒牌貨般勃然大怒，便寫好敕令要去責難朝鮮國王，韓氏知道此事後，哭著乞哀於成祖面前說：「黃氏在家私人，豈我王之所知也。」成祖一聽，便要韓氏去責罰黃氏，於是韓氏便打黃氏耳光以為懲處。

明宣宗宣德年間，韓氏的妹妹桂蘭還被選中，獻給宣宗皇帝享用，可見明朝許多皇帝對朝鮮美女都有偏好。分析箇中原因，除了高麗女子白晰美麗、溫柔可愛外，另一個原因是她們隻身在異域，不會結黨營私，竊奪權柄，只會柔順地當皇帝的洩慾工具。

乾隆皇帝　為香妃動干戈

明中葉時的荒淫君主明武宗，曾建造了一座專供他尋歡做愛玩女人的祕室——豹房，在豹房裡，他不但玩中國女人，還大玩回回、色目等中亞女子。

清人毛奇齡《明武宗外記》裡說：「有言錦衣衛都督同知于永善陰道祕術（房中術），（帝）遂召入豹房，與語，大悅。永色目人，進言回回女晰潤而瑳粲，大勝中土；時都都呂佐亦色目人，永矯旨索佐家回女善西域舞者，得十二人以進，歌舞達晝夜。顧猶以為不足，乃諷上請召諸侯伯中故色目籍家婦人入內，駕言教舞，而擇其美者留之不令出。」所謂「色目人」，乃是元朝統治中國時的階級劃分，包括欽察、回回、唐古諸姓，他們大多是西北草原之游牧民族，或是波斯（今伊朗）、中東人移居於中亞、西域，與當地人混種的結果。色目人深目高鼻、皮膚白晰，經過混血後變得更漂亮，難怪明武宗對她們寵幸不已了。

清朝乾隆皇帝曾為回族美女香妃大動干戈，派大將兆惠率眾攻打回疆，生擒香妃回北京。

香妃原是中亞烏茲別克人，娘家在葱嶺以西的塔什干，這位中亞美人不但容顏絕世，並且在肌膚中會自動散發出一種似蘭似麝的香氣，所以人們都稱她為「香妃」。

香妃嫁給了回族小和卓（和卓意指聖裔——回教創始者穆罕默德聖人的後裔）霍集占堂兄弟布魯汗和卓後，卻因豔名遠播被乾隆帝聽到了，結果惹來一場國破家亡的災禍。

清兵遠征回疆，經過三年奮戰，兆惠果然不負帝望，把香妃生擒來獻，乾隆帝見後，對她大感「性」趣，可是香妃卻矢志不貳，並身懷利刃圖謀刺殺乾隆帝以為亡夫報仇。太后知道此事後，便趁乾隆帝出城郊天之際，將香妃賜死了。

以上是一般史籍對香妃的記載，但也有人認為香妃不可能身懷利刃而事先不被搜出，事實上香妃並無拒絕乾隆之意，並且也跟乾隆皇帝「真箇消魂」了，是因為乾隆專寵香妃，引起其他嬪妃之妒嫉，到皇太后面前進讒言，說香妃有意謀刺皇帝，皇太后才下令將香妃賜死的。

前引柴小梵《梵天廬叢錄》卷二說：「乾隆時，與香妃先後進御者，尚有銀妃，妃山東青年州人，父某諸生……，（帝）征回部，獲香妃，寵冠三千，居與（銀）妃宮近。每晨，（香妃）必來諧（銀）妃，互訴衷曲，相對泣下。未幾，香妃遷他宮（指寶月樓），上夕夕幸之，甚憐惜，甚於（銀）妃，妃妒恨，得間，譖諸太后，謂香妃將不利於上。太后乃迫香妃死，上聞之，嗟悼不已……。」這似乎才是合理的推測。

中國皇帝為何迷戀外國女人？這當然是男人在性慾上向有好奇嚐鮮、喜新厭舊的心理在作祟；諺云「遠來的和尚會唸經」，換個說法，這些開洋葷的皇帝們一定認為「遠來的婆娘會叫床」吧！

青樓裡的異國風情

日人竹久夢二的「咖啡店女侍」，描繪日本賣春女子色誘洋人之情景。

日人竹久夢二「長崎十二景」之「化妝台」、「領帶」、「鴉片窟」。

九〇年代中共當局針對外國觀光客赴大陸嫖妓一事，採取了「釜底抽薪」的政策，下令「大陸嫖妓客一律送勞改」。這件事在台北、香港、東京的旅遊業界引起了相當大的「回響」，業者紛紛鄭重告誡打算前往中國大陸旅遊的觀光客，不要以身試法，觸犯中共的禁令。

古老行業　難以禁絕

娼妓是歷史上最古老的行業之一，古今中外大概從來也沒有一個國家能完全禁止娼妓賣淫。隨著交通的日益便捷、外國觀光客大量湧入，青樓裡的「國際交流」當然也就日益頻繁；而經濟愈落後、國民所得愈低的國家，嫖妓的費用也必然愈低廉，這是中國大陸吸引外國觀光客作「買春之旅」的客觀條件。

據了解，深圳最貴的高級娼妓，一次交易不過五百元人民幣（約相當於兩千元新台幣），廈門則在三百至四百元人民幣之間，廣州只有三百元人民幣，這樣的價格對月入數萬元的觀光客來說，真是便宜，而對大陸人來說，一次賣淫的收入，相當於當地高所得者兩、三個月的收

日人島高齋榮昌浮世繪版畫，描繪日本妓女的跨國性交易。

入，真是划算，買賣雙方都覺得「賺到了」，當然「一拍即合」，絕不是萬一倒楣被查獲只在回鄉證上蓋個「嫖客」、「淫蟲」的戳記，就可以嚇阻禁絕的。

日妓豔名　遠播千里

就拿經常有觀光客組團到東南亞作買春之旅而惡名在外的日本來說，在他們成為經濟大國之前，娼妓的夜度資也非常低廉，使歐洲的觀光客趨之若鶩，不惜遠渡重洋，到日本去嫖妓。這種情形自十六世紀末葉工業革命先進國荷蘭、葡萄牙、西班牙的貿易商大批湧入日本後，就日益普遍起來。清人郁永河《裨海紀遊》中，豔稱日本長崎女子之美麗，讓中國旅人流連忘返。文說：「長崎女，白皙而美，中國人多有流連喪身不歸者。」日本名畫家竹久夢二於一九二〇年所繪之「長崎十二景」，則多所描繪長崎妓女迷惑西洋富紳買春之事。

在十八世紀末期日本浮世繪大師島高齋榮昌的版畫作品裡，也有一幅畫描繪這種跨國間的性交易。畫中的嫖客頭戴織花黑扁帽、滿臉虬屈的絡腮鬍，大概是個荷蘭商

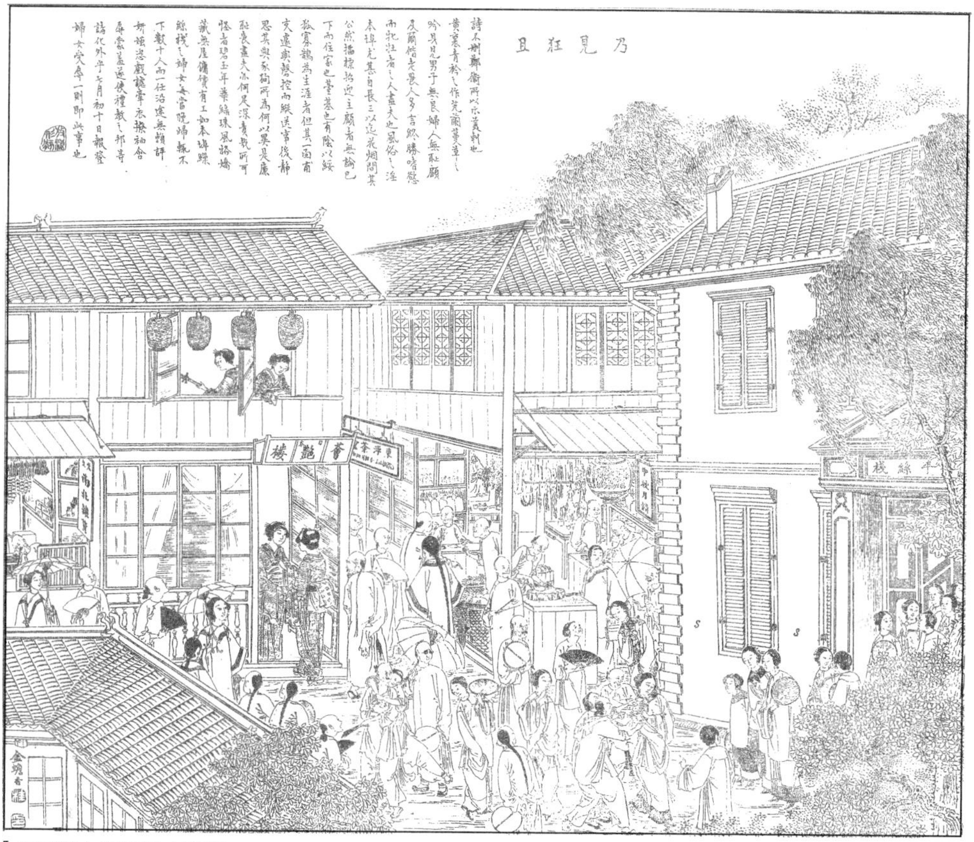

▍晚清時上海的日本妓院。

人，正壓在一個穿和服的日本妓女身上，盛妝的日本藝伎星眼微濛、神情恍惚、左腿高舉、腳趾內勒，在在顯示出她對「外國貨」極為滿意，整幅作品的性感焦點不在男女兩性的交合，而是在那位荷蘭嫖客從鬍子嘴伸出的紅舌頭上，予觀者一種獸性的淫治，像一隻好淫的野獸和日本美女交歡，或許這正是島高齋榮昌所欲傳達的訊息吧。

日本妓女的跨國性交易不僅在日本本島進行，也延伸到國外。清朝時，在中國大陸、在日據的台灣，都可見到日本妓的芳蹤。

晚清上海刊印的《點石齋畫報》，有一則〈以身報國〉說：「倭人婦女……前此曾結隊來中國，在滬地（上海）開東洋堂子以及設茶館，為女堂倌者幾於遍處皆是，儘人調戲，全不知羞……。」

《點石齋畫報》還有一則〈乃見狂且〉，是金蟾香畫的，從圖上可見上海的日本妓院「薈豔樓」，有穿和服的盛裝日妓在門口招

《點石齋畫報》的「和尚尋歡」圖。

徠客人，樓上另有日本妓女彈三弦或探身到窗外，引得路人好奇的抬頭觀望，「薈豔樓」的招牌旁還橫掛一「東洋茶室」的市招，可見日本茶館其實就是日本妓院，這幅寫實的新聞畫也讓我們對晚清上海日本妓院的規模形制有了具像的了解。

《點石齋畫報》上另外有一則〈和尚尋歡〉也說：「一、二年前，本埠之東洋茶館止有三、五家，……今則望街對宇，且百十家矣。日前有一遊方僧，往寶善街日昇日妓館，出佛餅三圓，欲結皆大歡喜緣；日妓不吝玉體，遽爾首肯。其傭華人也，以干冒禁令（指出家人違法狎妓）之說進，時則和尚已作大解脫，事經中變，慾火未殺，憤火又從而熾之，其不肯干休，務遂所欲之情，令人不堪注目，後經巡捕再三勸導，不聽，挾之去……。」在上海的日本妓女，玩一次只要三元，比當時的長三、么二便宜多了，長三是上海的高等妓女，客人從打茶圍開始到最後留宿，所費至少也要

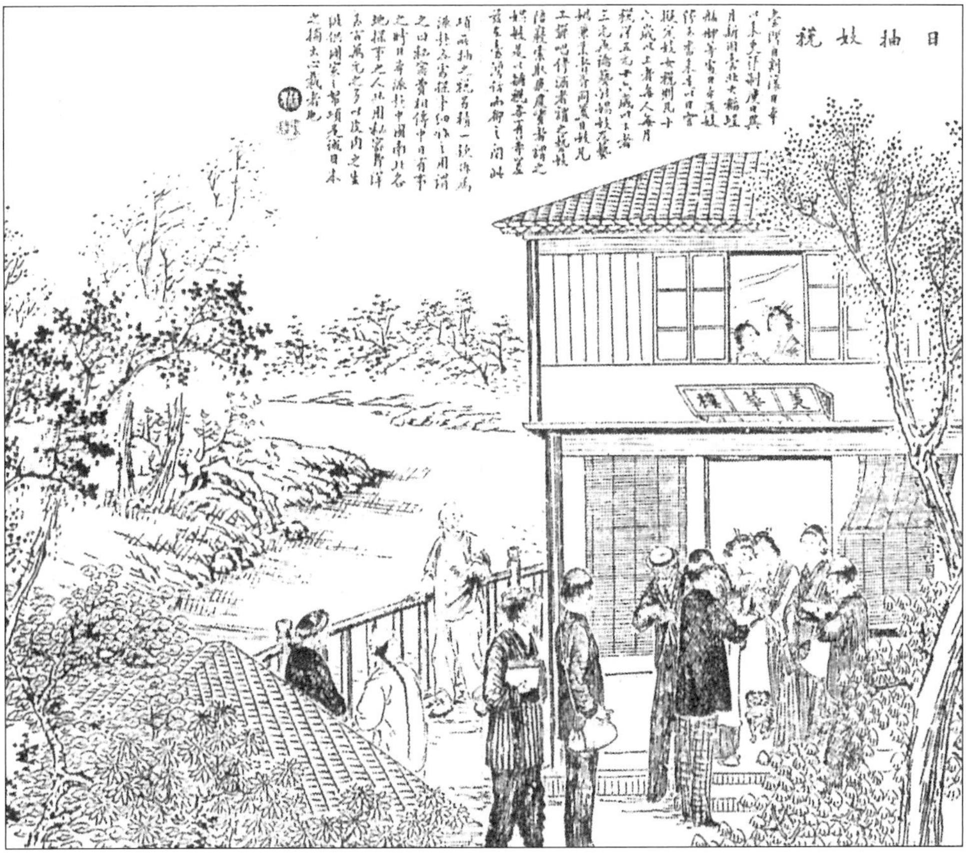

台灣自割讓日本以來，日妓亦飄洋來台。

幾十元甚或幾百元，次等的么二也需整付銀幣六元才能留宿，上海日妓之廉價可見一般。

晚清時台灣被日本佔領，在台灣也有日本妓女賣淫。《點石齋畫報》上有一則〈日抽妓稅〉說：「台灣自割讓日本以來，更張制度，日異月新，因台北大稻埕、艋舺等處，日本流妓紛至沓來……。」

一九四五年八月十五日，日本天皇接受波茨坦宣言，全面無條件投降，日本帝國沒落了，大批聯軍湧到日本本島。日本內閣為了保護大多數日本婦女不受外國佔領軍的強暴，便在各地廣設「慰安所」，募集了數以萬計、自願充當妓女的日本女人，專供駐守日本的外國士兵洩慾，這樣由政府策畫成立的、大規模的、專供外國人消遣的妓院，大概也只有在日本才能看得到。

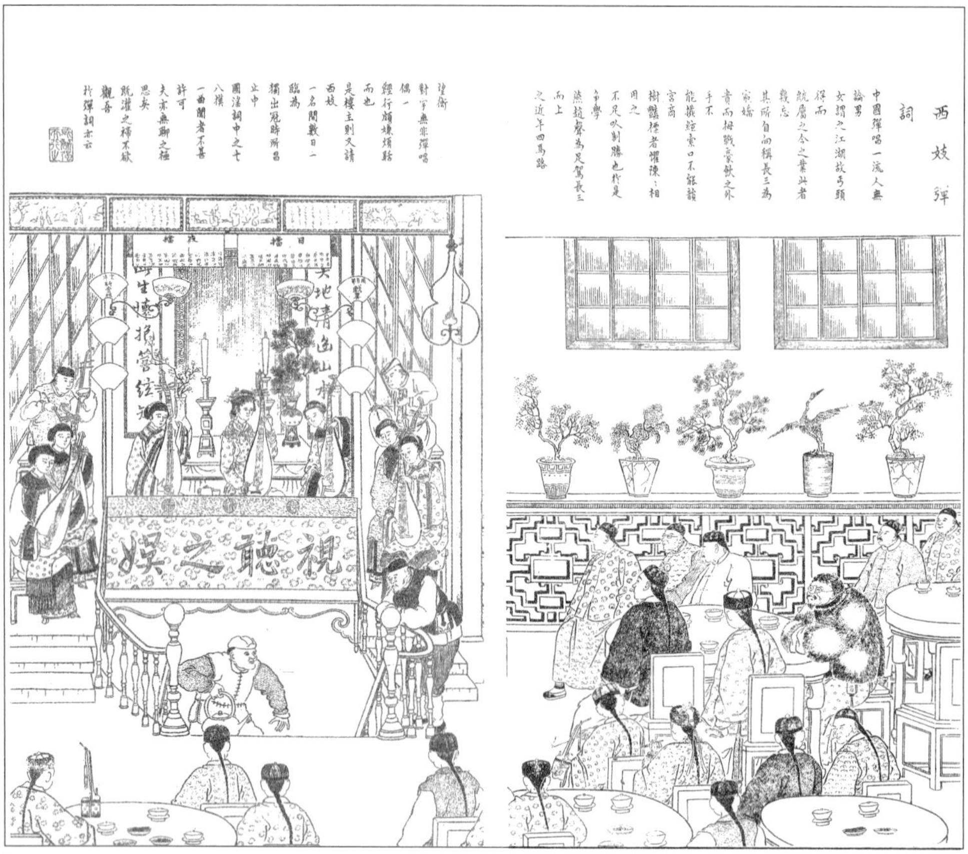

▍西洋妓女在上海登台獻唱。

清朝西妓　大張豔幟

清朝中葉時在上海賣淫的外國女人不限於日本婦女，也有西洋婦女。清人王韜《海陬冶遊錄》（序刊於咸豐十年，西元一八六〇年）卷上說：「黃浦中……其近虹口處，有西洋妓艘，歲一、二至，華人之能效彝言者，可易妝而往，纏頭費亦不過二十餘金。彼美人兮，西方之人兮，當不惜金錢，以領略此奇芬耳。」

晚清伊園主人《談異》卷七裡，曾引述上海太守嚴伯雅的話，對當時上海洋妓賣春的情景有更詳盡的描述：「滬上不特有土妓，兼有洋妓；土妓猶或以絃索侑尊，洋妓則以淫媟為事。有客嘗詣之，妓出延客，手一卮以進，視之色黝然，嗅之有異味（咖啡？），客不敢飲，妓亦不強也。乃導客入室，則已弛服橫陳矣。蓋妓上下衣相連屬，掀其衣以上覆其首，則自領至踵無寸縷矣！客見其膚理黧黑，腹及

「冥譴難逃」中人口販子遭到報應。

尻間（私處）毛茸茸然，殊可畏怖，乃不成歡而罷；然所費已不貲矣！」

在《點石齋畫報》裡，有一則〈西妓彈詞〉，說上海四馬路的書寓有西洋妓女登台獻藝，彈唱〈十八摸〉，彼時上海的書寓即青樓，想這位演唱〈十八摸〉的洋妓，也不可能只賣唱、不賣身吧！

西妓華妓　各領風騷

清朝時有外國女人到中國來賣春，也有中國婦女到國外去賣淫的。

中國婦女出洋賣春，當然有人口販子居間策畫，《點石齋畫報》上就有一則〈冥譴難逃〉的新聞，說一個專門販賣婦女到外國賣淫的黃姓婦人遭到報應：「客有自順邑（廣東省順德縣）來者，言容奇鄉黃氏婦有蟻媒鴇婦之行，當咸（豐）同（治）年間，常販賣婦女至外洋，弋獲厚利，晚年來稍知愧悔，日以誦經

賺洋錢的鹹水妹易與嫖客產生衝突。

佞佛為事。客臘二十四日，俗傳為祀灶之辰，婦因虔誠供奉，向灶跪拜；忽其九齡婢手持木棒將婦亂毆，聲言曰：『吾輩十餘人，或則羅敷有夫、恥覆水而年蘂藿，或則文君新寡，盟皦日而矢柏舟，乃汝鬼蜮為心、豺狼成性、懸河舌掉，謂受傭亦可佐家需，異域踪羈，竟被逼而隸名娼籍。玉門難入，雖憐出塞之聲；黃土一坏，空隕首邱之涕。今幸遊魂滯魄得返家園，已請於灶君撲殺此獠，以伸眾怒矣。』言畢，奮力復擊。家人急為護救，無如婢力甚大，致婦徧體鱗傷而斃……。」

除了到國外賣淫，清朝時上海也有專門侍候外國嫖客的華妓。前引《海陬冶遊錄》卷上說：「黃浦中有船妓，略如蜑戶，然絕無佳者；今率與番船黑人交。輿隸見之，皆掩鼻過矣。」說停泊於黃浦江的中國船妓專門作黑人的生意。

《海陬冶遊續錄》卷上也說上海有廣東籍的妓女，專作外國人的生意，稱為「鹹水妹」：「粵東妓女寄居滬地者如雲集，皆不纏足，間有佳者，潔白無比；招接洋人為『鹹水妹』、應酬華人為『老舉』，簪珥衣飾，迥爾不同。」

由於國情不同，賺洋錢的妓女很容易與嫖客發生衝突。《點石齋畫報》上有一則〈血濺羅襦〉的新聞，就是敘述鹹水妹為外國嫖客所傷的事：「西人冶遊多粵妓，取其通西語而又肯移樽以就教。粵妓亦以司空見慣，樂於承迎。前夜，有某輪船之二副招粵妓雙桂者，至彼船作夜度娘。雙桂奉鴇命，不敢不去，去則西人早入醉鄉，不知西人因何意見，拔刀刺雙桂股，股裂血溢，大呼始遇救。時已夜深，不能登岸，忍痛拳伏於船隅，西人則仍為元龍之高臥，天明酒醒，始悔非是，自投捕房，願給醫傷費，而鴇與妓亦以勢力不敵，忍痛了事……。」

清樓胡姬　歷史悠久

以上所舉的例子都是清朝以後的事情，但是青樓裡的「國際交流」並不始於清朝，中國自漢朝開始，就有西域來的外國女子（中亞婦女），在長安執壺陪酒了，當時中國人稱這些外國酒女為「胡姬」。

唐朝時，長安仍多外國女子賣酒。唐人李白〈前有樽酒行〉說：「胡姬貌如花，當罏笑春風，笑春風，舞羅衣，君今不醉將安歸？」又〈送裴十八圖歸嵩山〉說：「何處可為別？長安青綺門；胡姬招素手，延客醉金樽。」

漢、唐之世在中國的胡姬是只賣酒、還是賣酒兼賣身？待考。但從「酒色不分家」這句老話來看，胡姬賣春恐怕在所難免。

唐朝時，也有華妓與西洋嫖客交易之事。唐人崔涯有一首詩說：「雖得蘇方木，猶貪玳瑁皮；懷胎十個月，生下崑崙兒。」據近人陳裕菁解釋說：「崔涯久游維揚，每題詩娼肆，立時傳誦。此詩蓋嘲揚妓之款接番客者。當時揚州為番客群聚之所，娼女貪其豪富，因而納款者，勢必有之。蘇方、玳瑁，均番貨，崑崙兒言所生胡種也。今妓女多接西人為諱，當時妓女，計亦有此心理，故涯以此嘲之。」這是很可靠的分析，亦可見青樓妓院裡的「國際交流」歷史悠久。

中共下令外國觀光客嫖妓者一律送勞改，這是值得喝采的作法，但是還不是從尊重妓女人權為出發點，如果改為「所有嫖客一律送勞改」，就更值得我們喝采了。

古代的綠燈戶

清中末葉上海書寓以三弦談唱賣藝兼賣身的妓女。

娼妓是人類歷史上最古老的行業之一。儘管這一行裡充滿罪惡（包括散播性病和不人道），但是為了滿足人類性慾和與生俱來的喜新厭舊的傾向，娼妓在實際需要的客觀環境裡也從來未曾絕跡過。

城市是百業匯集之所，當然少不了娼妓這個行業；而城市裡人多錢多，也是娼妓業最理想的生存之處，為了招徠顧客，娼妓業者自然會聚在一起，形成特殊之風化區，並張掛明顯的標職，以便顧客問柳尋花。當政府基於某些因素之考慮（如政府形象、治安、人道主義等）而下令禁娼時，娼妓業者一方面要化明為暗、遷地為良，以規避政府之取締；一方面又要設置明顯的暗示標幟，好讓尋芳客辨認，以繼續維持生意。因此，將來城市裡的風化

區，就出現了許多耐人尋味的變化。

台北市政府曾經決心儘量把色情業者趕出住宅區，以維持市民居住的安寧，並且已持續採取了若干行動，但是效果似乎不彰；因此，古往今來有關城市裡的風化區的種種問題，就更值得我們加以關注了。

從女閭到金谷園

兩千多年前的先秦時代，中國已經出現風化區了。《戰國策》記載；春秋齊桓公時的宰相管仲，為了充實國庫，在齊國各大小城市中一共設置了七百個風月場所，稱為「女閭」，以便徵收其特種營業稅。《吳越春秋》記載：越王勾踐曾在獨婦山上設立風化區，把犯過的寡婦集中在裡頭，供軍士調劑身心，也藉此增加人口、充實國力。這兩個例子說明了當政者很早就體認到公然設立風化區的許多好處；後來漢朝時軍市中的營妓，就是仿傚古法。

魏晉南北朝時代，人權低落、家妓盛行，一般有錢嫖妓的人，家中都有成百上千的家妓養著，供其隨時洩慾，無需再花錢去風月場所玩；而一般貧窮的百姓，則根本沒錢嫖妓，因此色情業在當時繁榮不起來，雖然也有妓院，卻無法形成特定的風化區。

魏晉南北朝時，家妓眾多的名人不勝枚舉，如晉人石崇在河南洛陽西北邊的金谷園別墅中畜養了上千名家妓，客人到金谷園來時，石崇常令家妓行酒，如果客人不肯喝酒，石崇就怪家妓失職，立刻下令把那名家妓拖下去斬了。丞相王導一向不能喝酒，每回去金谷園，都因不忍行酒之美人被斬，勉強喝至酩酊大醉；大將軍王敦卻是鐵石心腸，說不喝就不喝，一連看石崇斬了三名家妓還是不喝。王丞相勸他喝，說：「你再不喝，他再殺下去，怎麼了得？」王敦說：「他殺他自己家人，關你什麼事？」的確，上千名家妓，殺個三、五人，的確無關痛癢。石崇金谷園中，連廁所都極為奢華考究，裡頭光是伺候如廁的婢妾就有十幾名，個個穿著華麗的衣服，化妝有如天仙；她們有的負責替客人脫衣、有的手捧香湯（供洗水）、有的手捧錦香囊（盛手紙）、有的準備新衣，等客人登廁後換穿……，一點也錯亂不得。太尉劉寔頭一回在金谷園上廁所，嚇得掉頭就走，對石崇說：「剛剛真失禮，要上廁所卻闖進你們家的臥室裡了。」

嫖客上妓院吃花酒所費不貲。

石崇家妓千人，光是身材、容貌相近的就可挑出好幾十人來，他讓她們穿一樣的衣服、作一樣的打扮，在自己面前結紳（衣帶）繞楹而舞，再一一擁抱入懷取樂。這樣日夕沈醉在溫柔鄉裡，又有綠珠、翾風（為胡姬）等絕色相伴，石崇自家之妓都享受不完了，哪裡還需要到外頭妓院去問柳尋芳？

當時像石崇這樣的闊人很多，如《宋書・杜驥傳》載「（杜驥）家累千金，女妓數十人，絲竹晝夜不絕。」《宋書・沈演之傳》載：「（沈演之子沈勃）奢淫過度，妓女數十，聲色放縱。」《梁書・魚弘傳》載：「（魚弘）侍妾百餘人，不勝金翠，服玩車馬，皆窮一時之絕。」這類記載，在當時的史書上隨便翻揀就有上百條之多。

奢華富裕的另一面就是貧困潦倒，當時的富豪廣羅妻妾以縱淫慾，眾多的貧民卻生活艱困，被迫賣身到豪門貴族的門下充當部曲（家兵）或奴隸。男者賣身為奴、女者賣身為婢，略有姿色者則升格為家妓侍妾，這也是富豪家妓眾多的主要原因。

在魏晉南北朝那種貧富懸殊的社會裡，工商業無法普遍繁榮，城市裡沒有大量富裕的平民，娼妓業當然也就難

成氣候。如果硬要說當時有娼妓院、風化區，那麼這些妓院大概就在類似金谷園這樣的私人別墅裡吧！

長安城的風流藪澤

唐朝時的長安城在當時是國際性的大城市，規畫完善，娼妓業者全都集中在長安城東北邊最繁華熱鬧的平康坊。五代人王仁裕在《開元天寶遺事》一書卷上說：「長安有平康坊，妓女所居之地：京都俠少萃集於此，兼每年新進士以紅牋名紙遊謁其中，時人謂此坊為『風流藪澤』。」風流藪澤也就是今人所說的風化區。

平康坊位於長安皇城東第一街以北之第五坊，東南邊是包括酒樓、旗亭、戲場等娛樂場所繁華街道的東市，北邊是晝夜喧呼、燈火不絕樂器商聚居之崇仁坊，毗鄰皇城官廳街與交通要道的春明門，是政治、經濟、娛樂的重心，將平康坊規畫為風化區，真是最理想不過的了。

平康坊東西寬約一千公尺、南北長約五百公尺，坊中的風化區以北里最為著名：至今人們仍以「北里」為「風化區」之代名詞。北里位於平康坊中心十字大街的東北部，佔北曲（前曲）、中曲和南曲（南街）等三曲之地。北曲接近北門，曲中妓院以小家較多，也就是只有一鴇一妓、規模最小之妓院（此類妓院中還兼售糖果）；南曲位於東西巷之南，擁有名妓最多，為三曲中最著名者，中曲和南曲一樣，均為大型妓院，每間妓院裡有十餘名妓女。三曲的妓館合計共有百餘家。每家妓館都設有若干客廳和小房間，小房間內設置門簾、地毯、床榻、帷幌，客廳以五彩鬆飾，並記有皇帝、皇后忌日，房舍前後有庭園，種植花木奇石、魚池假山等，充滿幽靜之趣；房中牆壁還塗成紅色，以備華客之題詩。

上述平康坊中的妓院屬於民營性質，唐朝時長安城裡還有官營的妓院，稱名為「教坊」。官設教坊有二：右教坊在光宅坊中，坊中妓女善歌，左教坊在延政坊中，坊中

嫖客與藝妓性交易，門外丫環偷窺（晚清絹本春畫）。

妓女善舞。教坊中的妓女除了在歲時佳節應召入宮於皇帝面前歌舞或提供其他娛樂之外，平常也「出局」赴朝官士子在酒樓或家中所設的筵席。

當時妓院的娛樂費，一般行情是每席花酒需四鐶（一鐶為六兩銀子，每兩銀子約等於四百文錢，四鐶即九千六百文錢，當時一兩黃金值五千文錢，以台幣一萬六千元買下一兩黃金計算，四鐶約等於三萬二千元新台幣）。席間陪酒妓女往往不止一名。如果是夜宴，費用需加倍為八鐶（六萬四千元新台幣）；如果是新科進士招妓設宴，費用又較一般人加倍計算；當然如果招請名妓歌舞侑酒，費用比上述更高。由於唐朝法令允許官吏狎妓，所以無論平康坊的民營妓院或延政坊、光宅坊的官營教坊，生意都十分興隆。

如果長安城中的妓院生意太好，嫖客們晝夜買歡之際，是否會影響其他居民的安寧生活呢？事實上是不會的。

唐朝長安城採嚴格的坊里制，全城共一百零八個長方形的坊，每個坊四周都用高牆圍起來；牆外就是坊間大道；牆裡各坊再以十字大街由中心點將坊劃分為四區。十字大街採正東西、南北走向，坊牆便開了東、南、西、北四個坊門。每天日出時開坊，日落時敲六十下街鼓後關坊門，除了三品以上的貴族官吏可直接開坊門出入，其他人等在日落以後就不得出坊行走了。因此，平康坊等風化區雖然入夜後仍燈火通明、春意盎然，卻不會影響到長安城其他各坊居民的起居作息，這就是設立風化區、集中管理的最大好處。

兩宋妓院的規制

北宋政府不禁娼；法律規定市民商賈可以狎妓宿娼，政府官吏可以召妓陪酒、卻不可以嫖妓宿娼，但在執行時也並不十分嚴厲。北宋仁宗時的錢塘縣令韓汝玉眷戀一妓，有次他情不自禁地留宿妓家。第二天一早，逮到長官小辮子的縣吏居然故意站在妓院門外聽差應喏，要給韓縣令難堪。韓汝玉知道了，立刻在妓院客廳中升堂受喏，援筆辦公。過了一天，韓汝玉回衙將這名縣吏打了一百大板，隨即援筆自判說：「韓某無狀不檢，為吏所侮，無以蒞民，請解印歸。」韓汝玉的上司是杭州知府范仲淹，他見判狀大奇說：「公傑士也，願自愛。」即令韓某還職。

從上面這個故事，也約略可知北宋政府對官吏犯禁宿娼的曲容態度。

另一方面，北宋政府為了促進工商業的繁榮，特地取消了漢唐以來行之已久的宵禁（也就是禁止市民入夜以後還在街上行走的法令），娼妓業主要是靠夜晚時作生意的，宵禁的取消更直接促進了娼妓這一行的蓬勃發展。

北宋的妓館也分公營和民營兩種；規模都遠超過唐朝的妓院；為了便於經營管理，北宋妓院也集中營業，形成明顯的風化區。

北宋首都汴京的官妓全集中在城南朱雀門外的東教坊和西教坊，由教坊使管理。坊中官妓是政府從民間妓院以每人五千錢的身價租來的，專供不攜家眷上任的州郡官吏洩慾之用，五年租期屆滿後，官妓可回到原來的妓院中。另外還有營妓供軍士洩慾；營妓最初是以宋太宗滅北漢後掠奪來的婦女充任，後來也調民間妓院中的妓女輪值為營妓，每人以一月為期，有時也以獄中犯婦來充任營妓。

北宋民間妓院的規模十分富麗堂皇，有的蓋起三層高樓，樓面盛結綵飾，入夜以後燈燭輝煌，光是站立在門前拉客的妓女就有數十人之多。妓院裡供嫖客尋歡的小房間數以百計。這種盛況在北宋人孟元老的《東京夢華錄》卷二〈酒樓〉裡曾有所描述：「凡京師酒店，門首皆縛綵樓歡門，……向晚燈燭熒煌，上下相照，濃妝妓女數百，聚於主廊簾面上，以待酒客呼喚，望之宛若神仙。」

汴京城有三套城牆，最中心為皇城，也稱作「大內」；皇城呈長方形，南北長而東西窄，四邊中央有門，東為東華門、西為西華門、南為宣德門、北為拱宸門。中間一套城牆圍成了內城，每邊城牆約長兩千五百公尺，各開了三門：東城牆的三門由北而南是舊曹門（又稱望春門或迎春門）、舊宋門（麗景門）和汴河南岸角門子，西城牆的三門由北而南是梁門（閶闔門）、汴河北岸角門子和舊鄭門（宜秋門），南城牆三門由東向西是保康門、朱雀門和新門（崇明門），北城牆三門由東向西是舊封丘門（安遠門）、景龍門（舊酸棗門）和天波門（金水門）。汴京城的風化區，主要集中在裡城東邊通往舊曹門的潘樓街、曹門大街和兩街交界的土市向北通往舊封丘門的馬行街一帶，此外，皇城南邊相國寺的南面，直通保康門的街道旁，也有許多妓院。

最外一重城牆圍成外城，周圍四十餘里，共二十個城門（其中有七個為水門）。風化區則集中在東邊的舊曹門外、新宋門裡和南邊的朱雀門外。

以上諸風化區，在《東京夢華錄》一書中都有記載；如「朱雀門街……向西去皆妓女館舍，都人謂之『院街』。」（卷二〈宣德樓前省府宮宇〉條）「出朱雀門東壁亦人家，東去大街麥稭巷狀元樓，餘皆妓館，至保康門街。其御街東朱雀門外，西通新門瓦子，以南殺豬巷亦妓館……。」（卷二〈朱雀門外街巷〉條）「潘樓東去十字街謂之土市子，……又東……出舊曹門，朱家橋瓦子。下橋南斜街、北斜街，……兩街有妓館。……以東牛行街、下馬劉家藥舖、看牛樓酒店亦有妓館，一直抵新城（按：指外城）。……土市北去，乃馬行街也，人煙浩鬧。先至十字街，曰『鷂兒市』（按：街名實在不雅），向東曰『東雞兒巷』，向西曰『西雞兒巷』，皆妓館所居。」（卷二〈潘樓東街巷〉）「（相國寺）寺南即錄事巷妓館。……北即小甜水巷，巷內南食店甚盛，妓館亦多。」（卷三〈寺東門街巷〉）「上清宮在新宋門裡街北，……景德寺在上清宮背，寺前有桃花洞，皆妓館……。」（卷三〈上清宮〉）。

從上面引文可見北宋汴京城的妓院有兩個特色：一、妓院雖集中營業，形成幾個風化區，卻與食店、茶坊、藥舖、寺廟乃至民家相互混雜在一起。恐怕也難免給城市中的居民帶來若干不便。第二、妓館與酒樓、酒店往往毗鄰在一起，有些酒樓中更備有妓女和小房間，妓館和酒樓甚難區別。這種妓女依附酒樓而營業的情形，和今日妓女依附理髮廳、賓館、酒廊、地下舞廳、咖啡廳、茶室而生存的情形如出一轍，全是為招徠又愛面子又愛嫖的顧客而設想出來的花樣。

南宋時的首都杭城也和汴京一樣繁華熱鬧，城裡也有許多妓院，稱為「瓦子勾欄」，據南宋人周密《武林舊事》卷六記載，杭城的「瓦子勾欄」有：南瓦、中瓦、羊坊橋瓦、大瓦、北瓦、龍山瓦、蒲橋瓦、便門瓦、王家橋瓦、候潮門瓦、小堰門瓦等處，而以北瓦內的十三戶勾欄最負盛名，豔妓最多、規模最盛。

和北宋汴京不同的是：南宋政府規定酒樓中的妓女只准陪酒、不准賣身，讓酒店顧客可以享受「純吃酒」的樂趣。

但是當時杭城裡仍有些酒店裡暗藏春色，在閣樓上藏有臥床，可供醉翁之意不在酒的顧客與妓女行淫；這種色情酒店在當時特稱為「菴酒店」，菴酒店與一般酒店也不難區分，因為菴酒店在一年四季裡，不分晴雨都在門首的紅梔子燈罩了一頂綠色的斗笠作為暗記，一般酒店則無；老於花叢的嫖客還沒進門，就可看出酒店裡有沒有色情服務了。這與今日色情理髮業者在招牌上加一「觀光」字樣以為暗記，有異曲同工之妙。

北京城的春色

元朝時法律沿襲宋律而更嚴，政府雖承認娼妓制度合法，卻嚴禁官吏狎妓；如果官吏狎妓，甚至可以將他免職。

元朝時對娼妓的管理十分嚴格，以首都北京城為例，雖然允許娼妓業在北京營業，卻不准她們進入城裡，只准在城外附郭開設娼館。由於附郭街市熱鬧、商賈眾多，所以娼妓業者也樂得在城外開業；這情形有點像小販寧可在市場外的街道邊擺設臨時攤販，也不願在市場裡的固定攤位做生意一樣。舊時在北京城外賣笑的妓女，多達兩萬人以上，約略算來，北京城外的妓女戶，至少也有上千家吧。

元朝世祖忽必烈汗在位時，來華旅居十七年之久的義大利人馬可孛羅，在其《馬可孛羅行紀》第九十四章〈汗八里城之貿易發達戶口繁盛〉一節中，曾記述北京城外的娼妓業說：「汗八里（北京）城內外人戶繁多，有若干城門即有若干附郭，其街道與兩鄰近城門之附郭相接，延長三、四哩，在四周十二大附郭（按：今人考證元朝北京只十一個城門，北面二門餘各三門）之中，每一附郭或街道都有許多旅館，住著各地往來的商人、外國人、或來入貢方物、或來售貨宮中。……凡賣笑婦女，不居城內，皆居附郭；因附郭之中外國人甚多，所以此輩娼妓為數亦夥，計有二萬有餘，皆能以纏頭自給，可以想見居民之眾。」

同書還說：「城郭外的娼妓由政府設一大官總管其事，大官下設有若干階級較低的助理官吏，管理娼妓百人或千人；娼妓業者無需向政府繳納稅金，卻需免費輪番當差，由總管調度免費陪宿來華之各國使節與其隨從人員。」

元朝政府把風化區設置在城外的商業區裡，除了便利娼妓做生意，同時也便於城裡施行宵禁。前引《馬可孛羅行紀》第八十四章〈大汗太子之宮〉說：「（北京）城之中央有一極大之宮殿，中懸大鐘一口，夜間若鳴鐘三下，

清中葉南京江寧府某官狎妓犯禁受土棍詐財情景。

則禁止人行。鳴鐘以後，除為育兒之婦女或病人之需要外，無人敢通行道中。」在此嚴厲的宵禁制度下，城裡也不適合設置風化區。而且，元朝社會施行嚴格的階級制度，一般商賈百姓也沒有資格住進北京城裡，只好在城外與娼妓業者毗鄰而居了。

把風化區和商家住宅混雜在一起，當然會造成一般居民生活上的若干不便；元朝政府是靠對娼妓業者的嚴格管理、用服色區別良家與娼家，來補救這個缺失，減少一般居民所受的干擾。《元典章》說：「（元世祖）至元五年（西元一二六八年），中書省劄：娼妓穿皂（黑）衫、戴角巾兒，娼妓家長並親屬男子裹青頭巾。」《新元史・輿服志》上也說：「仁宗延祐元年（西元一三一四年）定服色等第詔：娼家出入，只服皂褙子，不得乘坐車馬。」於是北京城外一般尋芳客，要吃女人豆腐時，只要挑穿黑衫、戴角巾的女人下手；要逛妓院時，先看看那家人家頭上有沒有戴綠頭巾，再往裡頭闖，就不會鬧笑話、惹糾紛了。

娼妓業者往往必須寄身於商業區甚或住宅區，生意才能鼎盛，這是客觀的事實，元朝政府所採取的嚴格制定妓家服色的辦法，可謂是遷就事實的理想對策。可惜後世的政府計不及此，或缺乏專制的威令以貫徹實行此一制度，遂使不幸住在風化區裡的一般居民生活備受干擾。過去曾有位住在風化區的居民在門扉上貼春聯「家居花街柳巷」「卻是清白人家」，以圖劃清彼此界線，不料第二天卻被人在門楣上貼了一張橫批道：「少錢不賣」，碰到這種事情，除了自嘆倒楣外，也只好遷地為良了。

明初奠都南京，靖難奪位的明成祖又把國都遷回北京；將元朝時正方形的北京修築為內城，內城南邊另修築了長方形的外城。而明朝自成祖以後，幾乎沒幾個像樣的皇帝，朝政不修、百官日夜狎邪，造成了娼妓業蓬勃發展的「盛況」。明人沈德符在《萬曆野獲編》補遺卷三〈禁歌妓〉一則裡說：「宣德（明宣宗年號，西元一四二六至一五三四年）中，以百僚日醉狎邪，不修職業，為左都御史顧佐奏禁，廷臣有犯者至褫職，迄今不改。」雖然官吏不准狎妓，但是商賈百姓並未受限，政府還靠抽妓女的脂粉捐來充實國庫哩！如明中葉人謝肇淛《五雜俎》一書卷八說：「今時娼妓布滿天下，其大都會之地動以千百計，其他窮州僻邑，在在有之，終日倚門獻笑，賣淫為活，生計至此，亦可憐矣。兩京教坊，官收其稅，謂之『脂粉錢』。……唐、宋皆以官伎佐酒，國初猶然，至宣德初始有禁，而縉紳家居者不論也。故雖絕迹公庭，而常充牣里閈。又有不隸於官、家居而賣姦者，謂之『土妓』，俗謂之『私窠子』，蓋不勝數矣。」

北京的娼妓業者，在元朝時還只能在城郭營業，到明中葉以後，不但城郭的營業依舊，連城裡也娼肆林立了，這是「君不君、臣不臣」的必然結果。明人筆記小說《梅圃餘談》上說：「近世風俗淫靡，男女無恥。皇城外娼肆林立、笙歌雜遝；外城小民度日難者，往往勾引丐女數人，私設娼窩，謂之『窰子』。室中天窗洞開，擇向路邊屋壁作小洞二三，丐女修容貌，裸體居其中，口吟小詞，並作種種淫穢之態。屋外浮梁子弟過其處，就小洞窺，情不自禁，則叩門入，丐女隊裸而前，（客）擇其可者投錢七文，便攜手登床，歷一時而出。」明中葉以後，北京城裡的色情氾濫，居然嚴重到了這種地步，明朝政治的腐敗也就不問可知了。

清朝初年時，政府曾下令廢止公娼，取消了歷代相傳的官妓制度，但是私娼仍十分活躍。清初北京私娼集中在南邊外城裡皇華坊東院的本司衚衕、勾欄衚衕、馬姑娘衚衕、宋姑娘衚衕、粉子衚衕和外城外的南院。衚衕指小巷，北京妓家私娼多半匿居在衚衕裡，「逛衚衕」遂成了狎妓的代名詞。乾隆、嘉慶年間，北京私娼以內城東邊東市口以東一帶最多；咸豐、同治年間，妓女被逐出城外營業；到了光緒初年，娼妓又移到北京內城西邊、西安門外的磚塔衚衕營生；光緒中葉時，因御史參劾，妓院又被逐出北京城，以迄於清亡。

綜上所述，元明清三朝時，北京的娼妓時而城外，時而城內，始終糾纏著北京城的居民，真可謂如影隨形，揮之不去、攆之不絕。

秦淮河畔佳麗多

明朝初年，明太祖定都南京，南京城由內而外，也有皇城、應天府城、外城三重城牆。皇城位於應天府城的東邊，呈正方形，每邊城牆長約兩公里。應天府城即現在的南京城，周圍約三十三公里，按河流、湖泊、山丘等地形依防禦要求而建造，所以呈不規則形，共有朝陽、正陽、通濟、聚寶三山石城、清涼、定淮、儀鳳、鍾阜、金川、神策、太平等十三座門。外城主要仍是從防禦需要出發，在應天府城外圍，利用部份天然土坡築成四周達九十公里的城牆，北抵長江，東包鍾山，南過聚寶山（今雨花臺），共有十六座城門。

南京城的商業區集中於應天府城南邊秦淮河兩岸及其附近，即通濟門、三山門、聚寶門內外，附近有大量商店、旅館和倉庫，十分繁華熱鬧；明太祖便在聚寶門外設立風化區，建造了輕煙、淡粉、梅妍、柳翠等十六座青樓（一說十五樓、又一說十四樓），樓中官妓雲集，以待四方商賈，但是嚴禁官吏出入其中。諸樓妓院由官設之富樂院統籌管理（富樂院取「富而樂之」之意，頗見幽默，也可見諸樓官妓主要是為富商而設）。

有關南京城南邊這十幾座青樓的位置、名稱、管理辦法，當時的筆記小說頗有記述；明萬曆間人沈德符《萬曆野獲編》（序刊於萬曆三十四年）補遺卷三〈建酒樓〉一

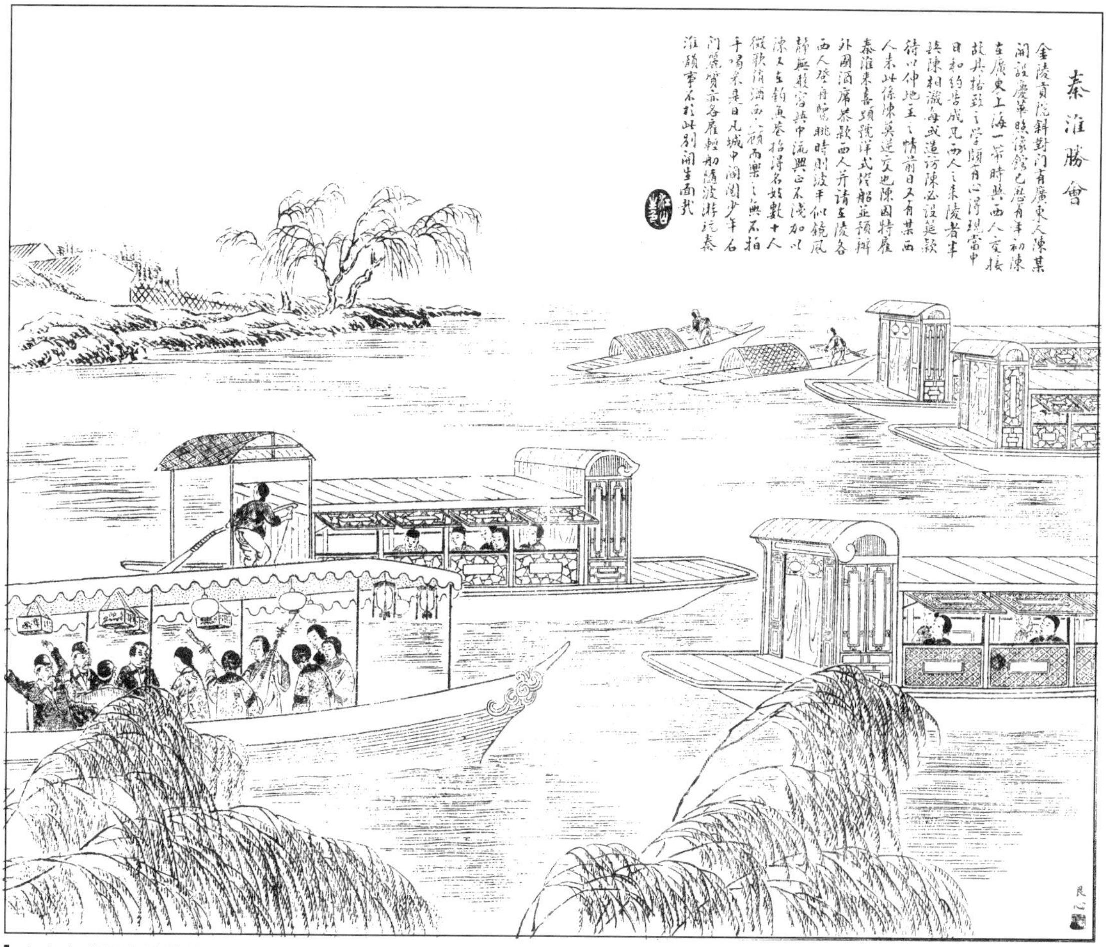

南京秦淮河上的花舫。

則說：「（明太祖）洪武二十七年（西元一三九四年），上以海內太平，思與民偕樂，命工部建十酒樓於江東門外，有鶴鳴、醉仙、謳歌、鼓腹、來賓、重譯等名，既而又增作五樓……，而五樓則專以處侑酒歌妓者。」同書〈禁歌妓〉一則也說：「太祖所建十樓，尚有清江、石城、樂民、集賢四名（按：合前面六名，十樓名全矣）。而五樓則云輕煙、淡粉、梅妍、柳翠，而遺其一，此史所未載者，皆歌妓之藪也。」據此可知沈德符認為明太祖共建了十五座青樓，有一樓之名已經失傳了。這或許是後人以為只有十四樓的原因。

所以晚明人姜南（字明叔）《蓉塘詩話》就說：「國初於金陵聚寶門外建輕煙、淡粉、梅妍、柳翠等十四樓，以聚四方賓客。……永樂（明成祖年號）中，晏鐸〈金陵元夕詩〉：『花月春風十四樓。』今諸樓皆廢，南市樓尚存。」

南市樓之名不見載於沈德符所知十四樓樓名之內，明萬曆間人周暉（字吉甫）《金陵瑣事》（序刊於萬曆三十八年）一書中，則說明太祖建十六樓，除《萬曆野獲編》一書上的十四樓外，還多了南市樓、北市樓，此二樓建於南京城內：「有十六樓，在城內者曰南市、北市，在聚寶門外之西者曰來賓，門外東者曰重譯，在瓦屑壩者曰集賢、曰樂民，在西門中街北者曰鶴鳴，在西街中南者曰醉仙，在西關南街者曰輕煙、曰淡粉，在西關北街者曰柳翠、曰梅妍，在石城門外者曰石城、曰謳歌，在清涼門外者曰清江、曰鼓腹。」

明初舉子揭軌（字孟同）曾在南市樓宴客，有詩傳世，詩載於前引《萬曆野獲編》一書中，可見當時青樓官妓歌舞侑酒的情景：

詔出金錢送酒壚，綺樓勝會集文儒；
江頭魚藻新開宴，苑外鶯花又賜酺；
趙女酒翻歌扇濕，燕姬香襲舞裙紆；
繡筵莫道知音少，司馬能琴絕代無。

關於青樓的管制，明人劉辰《國初事蹟》有載：「太祖立富樂院，令禮房王迪管領，此人熟知音律，又能作樂府。禁文武官吏及舍人不許入院，只容商賈出入院內。」由此可知明初法律規定公務員是不能涉足風月場所的。

南京城南邊的風化區，到了明中末葉以後，原先太祖時所建的青樓只剩下南市樓而已，其餘的全都塌廢不存了，代之而起的是秦淮河畔的船妓。

秦淮河畔的船妓頗富盛名，晚明富家公子張岱在其《陶庵夢憶》一書卷四中，有一則〈秦淮河房〉形容這兒的風月情景說：「秦淮河河房，便寓、便交際、便淫冶，房值甚貴而寓之者無虛日。畫船簫鼓，去去來來，周折其間。河房之外，家有露臺，朱欄綺疏，竹簾紗幔。夏月浴罷，露臺雜坐，兩岸水樓中，茉莉風起動兒女香甚。女客團扇輕紈、緩鬢傾髻，軟媚著人……。」女客云云，即是賣笑之妓女。

除了秦淮河畔的船妓外，秦淮河武定橋、鈔庫街一帶也是妓家鱗次的風化區。晚明人余懷（字澹心）在《板橋雜記》一書上卷「雅游」說：「舊院人稱『曲中』，前門對武定橋，後門在鈔庫街。妓家鱗次，比屋而居。屋宇精潔、花木蕭疎，迥非塵境。到門則銅環半啟、珠箔低垂；升階則猧兒吠客、鸚歌喚茶；登堂則假母肅迎、分賓抗禮；進軒則丫鬟畢妝、捧娘而出。坐久則水陸備至、絲肉競陳；定情則目挑心招，綢繆宛轉；紈袴少年、繡腸才子，無不魂迷色陣、氣盡雄風矣……。」

明末清初，南京秦淮河畔的歡場因戰火而化為瓦礫，但是到乾隆年間，秦淮河畔的風月場所，又因經濟繁榮而恢復了往昔的盛況，這塊風化區成了南京妓女、揚州妓女和蘇州妓女匯集謀生、大展妖媚的舞台。

清初人珠泉居士在《續板橋雜記》（序刊于乾隆四十九年）一書上說：「前明河房為文人讌遊之所，妓家則鱗次，舊院在鈔庫街南，與貢院隔河遙對。今自利涉橋至武定橋，兩岸河房麗姝櫛比，俗稱本地者曰『本幫』、來自姑蘇者曰『蘇幫』、來自維揚者曰『揚幫』，雖其中妍媸各別，而芬芳羅綺，嘹喨笙歌，皆足使裙屐少年迷魂蕩志也。自利涉橋以東，為釣魚巷，迤邐至水關，臨河一帶亦麗者所居。地稍靜僻，每有名姬。……由文德橋而西為武定橋，迤西至新橋，亦有河樓……。」

南京城的風化區集中在秦淮河畔，歷明、清兩朝直到民國以後，仍為名妓爭豔之所；記述秦淮名妓的書有清中葉雪樵居士《秦淮聞見錄》、捧花生《秦淮畫舫錄》、《畫舫餘譚》、晚清許豫《白門新柳記》等等，香豔旖旎，兼而有之，至今猶傳為佳話。

晚清妓院春色無邊

自來商業繁盛之都，都有妓院之存在，以供腰囊多金之輩享樂。清朝時，從北平到揚州、南京、蘇州、上海和廣州，都是妓院林立的大都城，也流傳了許多關於宿娼的掌故，茲以北平和上海為例，將晚清時的青樓逸事加以簡介。

北平八大胡同沿革

晚清時北平的妓院均處南城，在正陽門外西邊、香廠之北，燈火通明、笙歌競喧，一共佔了八條胡同（弄巷），稱為「八大胡同」。根據晚清陳蓮痕「京華春夢錄」一書的考證，八大胡同的名稱是這樣的：陝西巷、石頭胡同、寒葭潭（原名韓家潭）、百順胡同、皮條營、王廣福斜街（原名王寡婦斜街）、胭脂胡同和小李紗帽胡同。

八大胡同之盛名幾乎無人不知，但在清朝初年，八大胡同原是男伶（相公）群聚之處，直到晚清庚子之亂後，男伶失勢，八大胡同才因南妓麕集而成為妓女營生之所，並且八大胡同也略有變遷，像胭脂胡同並非全是妓院，亦有小飯館、診療所夾雜其中，皮條營已廢，由毗鄰之大外郎營取而代之，此外，八大胡同四周之李鐵拐斜街、櫻桃斜街、五道廟等處，亦多有外觀頗似民家之私娼館，但一般人總習慣以「八大胡同」來概稱北平之風化區，還把八大胡同之名嵌入，編了一首歌來描述此間的風月情景說：

陝西巷裡覓溫柔，
店過穿心向石頭；
紗帽至今猶姓李，
胭脂終古不知愁；
皮條營有東西別，
百順名曾大小留；
逛罷斜街王廣福，
韓家潭畔聽歌喉。

京師妓院　可分四等

北平的妓院分四等，頭等為清吟小班（或稱「小班」），從名稱上看，好像以清吟賣藝，並非專靠出賣皮肉維生者，但是小班中之名妹手不能彈、口不能唱，還是靠原始本錢謀生，只不過班中妓女姿色最佳、身價極高，規矩繁雜，嫖客不易成為入幕之賓，換言之，清吟小班最會吊嫖客的胃口了，而嫖客們偏以難能為可貴，而甘願被吊，一個願打、一個願挨，旁人也就沒啥好打抱不平的了。清吟小班多半聚集在八大胡同裡。

次等的稱「茶室」，裡面的妓女容貌有好有壞，不見得一定都比小班差，只因茶室裡的妓女慣以色相示人，索價又廉，登門之嫖客流品既雜，遂把茶室的格調降低了。北平的茶室有些也在八大胡同裡，但多半以八大胡同四周的大森里、朱茅胡同、朱家胡同、青風巷、慶雲巷、留守衛、博興胡同、火神廟夾道、王皮胡同和蔡家胡同為據

▍乾隆年間，北京東城燈口市一帶的青樓。

點，營業維生。

下處又比茶室低一級，索價也比茶室更低，所以成為輿隸走卒經常光顧之所，下處多半在四聖廟、雙五道廟、蓮花河、趙錐子胡同、前營、後營、趙陰陽胡同等地。

比下處更低級的稱「小下處」或「老媽堂」，則妓女容貌既差、年紀又大，因此只有苦力光顧，圖其價廉而已。在北平東南邊崇文門外之黃河樓、西南角廣寧門外之樂培園和四鋪坑、正東邊朝陽門外之東森里、西北邊西直門外之黃土坑、西北邊德勝門外之教場邊，都有這種妓館存在。

北妓南妓　各領風騷

從妓女的籍貫分，北平有來自江南的「南幫」和河北當地的「北幫」。南幫又分來自蘇州的「蘇幫」、揚州的「揚幫」和其他各省的「外江幫」，但所有南幫妓女均假託隸籍姑蘇，以「蘇幫」自居；北幫又可細分漢族女子之「本幫」和旗族女子之「旗幫」。

南、北幫妓女之差異在於南幫重吹彈歌舞、重風頭交際，個性活潑流於浮滑，經常敲嫖客的竹槓；北幫則重床笫功夫、誠實交易而略顯呆板。

北平的風化區在晚清以前為男伶獨佔風騷，庚子亂後，男伶勢衰，風化區遂為妓女所佔，後來賽金花在北平風化區闖天下，起初只僻處於李鐵拐斜街、胭脂胡同等處，像寒葭潭、百順胡同以東均為北妓之根據地，楚河漢界、互不侵犯。

後來到北平謀生的南妓愈來愈多，靠著吳儂軟語的嗲勁媚功而大受嫖客之喜好，漸漸侵奪了北妓的地盤，到晚清末年時，八大胡同只剩了王廣福斜街有幾間北妓妓院，剩下的全是南妓的天下了。

清吟小班　吊足胃口

清光緒二十二、三年（民國前十四、五年）之際，北平南北幫妓院合計也只不過三十七家，一家不過十人，少的才三、五人。生客第一次逛妓院，排果席為相見禮，需給現金，第二次以後再上妓院，一律記帳，到一年三節時才收帳，因此常有無恥嫖客逃債而去，使掌班者不堪累賠

▍裝羞賣怯是青樓女子慣用的伎倆。

而宣告倒閉，到了光緒二十六年庚子之亂後，南幫漸興，妓院規制也略有改變。

以頭等妓院的清吟小班為例，嫖客入妓院品茗，稱「逛胡同」或「打茶圍」，陪嫖客逛妓院的友人則稱「鑲邊」或「邊臣」。嫖客才進門，龜奴（稱「茶壺」）就揚聲曰「候」，要院中諸姬預備相迎。如果客人沒有熟識之妓女，龜奴便引他進入空屋，並高呼「到前面」、「到後面」或「到樓上」、「到樓下」不等，一龜高呼，眾龜齊鳴，稱為「王八叫」，眾姬一聽，就知道客人在那裡，可以趕去備選。如果嫖客是常來白看、不花錢的窮措大（專名為「窯痞」）——因為嫖客如果挑不中意，可以飄然逕出，不費一錢，所以常有窮措大假挑看之名，只看不挑，看完就走，遇到這種情形時，龜奴喊「到前面」或「到樓上」時，必加一「的」字，眾姬聞聲，就裹足不前，讓窯痞掃興而歸了。

龜奴等眾姬到齊後，一一點名而呼，受點姑娘應後即去，好像蜻蜓點水，嫖客得把握時間挑選；如果嫖客中意某姬，其他妓女則一鬨而散，當下在空屋擺香煙瓜子和茶水，由妓女陪坐聊天，稱「開盤子」，需費銀元一元。等第二次開盤子時，才可以到妓女本屋裡去，經過十次八次的打茶圍開盤子之後，男女由生而熟，就可進入吃飯打牌階段，一次得花二、三十元；等幾次牌飯之後，還有「宣卷」（請和尚尼姑念經祈福）、「開市」（逢佳節招唱大鼓書或雜耍）、「作壽」（妓女或老闆生日）等花頭，每次均需擺花酒，一席之費，約需百元。等花頭做足了，妓女才會留客夜宿。

妓女留客時，嫖客不能一留就真的不走，那樣會給人笑話；妓女留客也不是用嘴說，頭一次留，把客人帽子藏了，客人臨走，找不到帽子，心裡便知道妓女留他了；但得忍住，光著頭告辭，以示高尚；第二次妓女藏過嫖客的馬褂，嫖客也得不顧而出，直到第三次妓女扣留了長衫，這回嫖客不好穿著短褲褂離去，便「勉強」留下來了。這時娘姨們舖床疊被，打洗淨水等領小費，龜奴們討喜錢，一切都要大把的開銷，這清吟小班的妓女玩一次，得花多少功夫、多少錢，就可想而知了。這哪是「逛窰子」？這簡直是「談戀愛」嘛！

嫖過一晚後，客人第二次再上床就方便了，這時嫖客多半把妓女約出來，稱「叫局」，出局一次只需銀元八元，也省了其他各種小費。

正因為清吟小班的妓女費錢又不容易上手，所以二等、三等、四等的妓院才有生意可做，二等妓院比頭等便宜十分之四，至於三等、四等就更便宜了，而且省了打茶圍、做花頭之費，但是玩的人多，也容易染上性病。

上海書寓　賣藝賣身

上海的妓院原在城中，到了光緒初年，法租界、公共租界、英租界等地工商業日益發展，繁華景象日盛一日，各種娼妓便群赴租界淘金了。

在同治初年，上海娼妓由貴而賤依序有書寓、長三、么二之分，說書原盛行於蘇州，以常熟人為多，男女皆

晚清上海說書女子賣藝兼賣身。

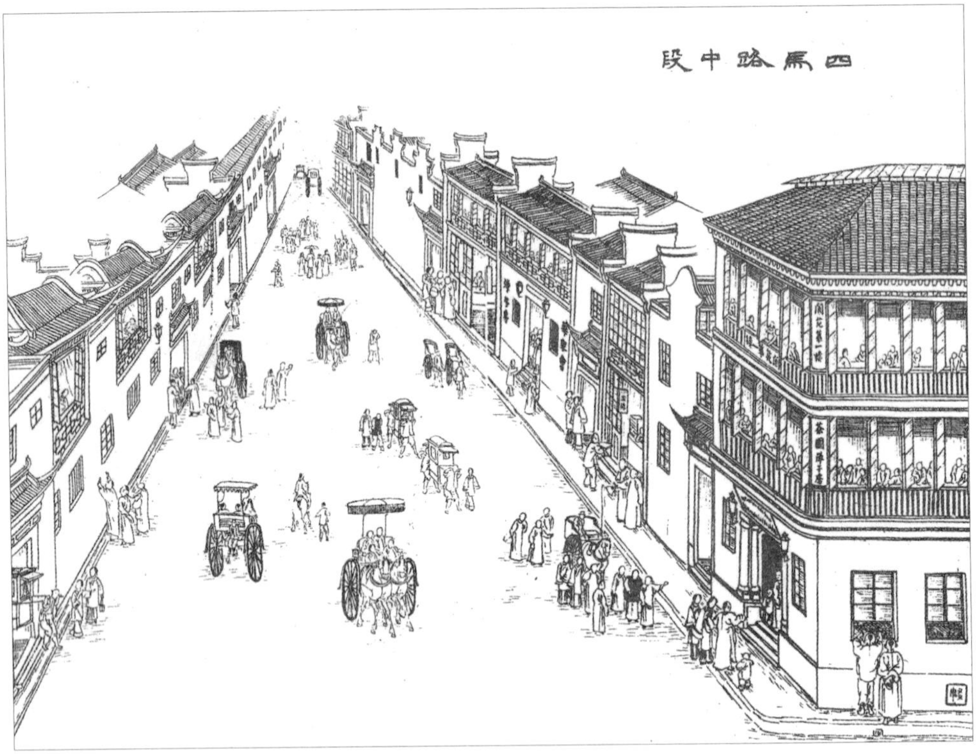

▍上：妓院林立的上海公共租界四馬路中段鳥瞰圖（晚清吳友如繪）。
▍下：晚清吳友如畫上海妓院歡度重陽節時，嫖客與妓女狎玩的旖旎春光。

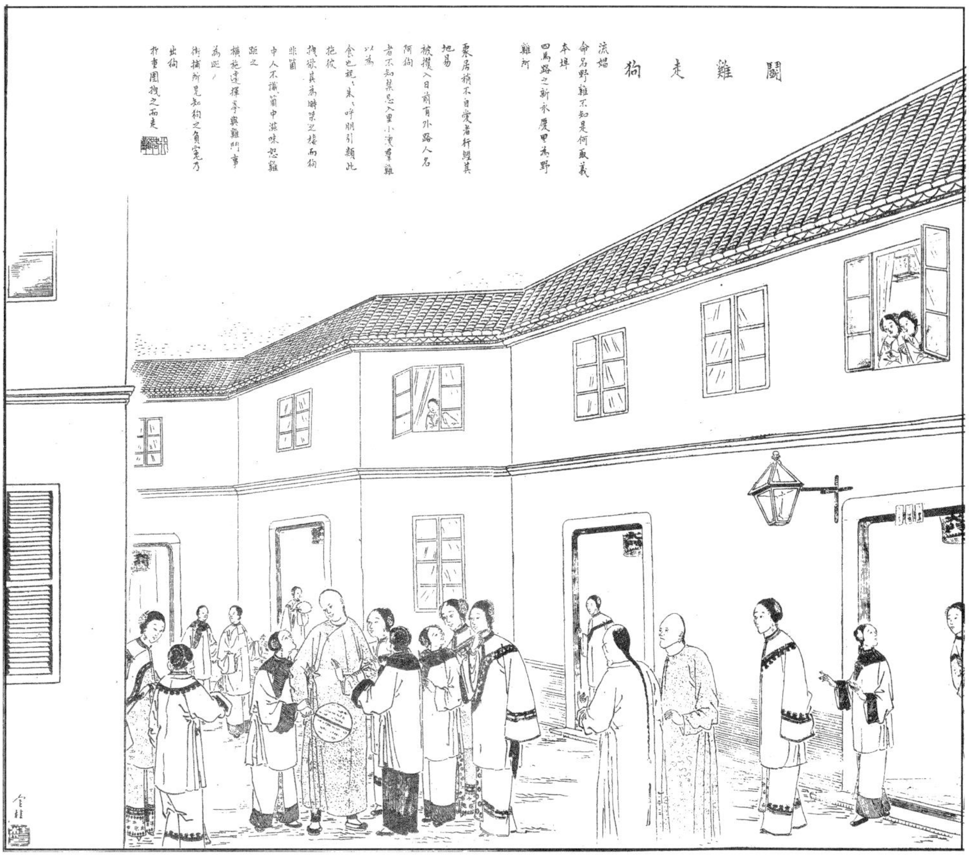

▎上：晚清上海公共租界四馬路新永慶里為野雞群聚之所。
▎下：晚清上海會香里台基（私娼館）林立。

有，稱「先生」（吳音如「西桑」）或「倌人」（吳音如「姑寧」），此輩賣藝不賣身，但是太平天國之亂後，上海流行女子說書，此輩賣藝也賣身，遂淪為娼妓，而其寓所則稱「書寓」。

長三原是一等妓女，因為在她們那裡打茶圍（訪客飲茶聊天）要銀元三元，應召出局侑酒也要花三元，像骨牌中的長三，兩個三點並列，其名稱由此而來。長三見書寓下海賣身，搶去她們的風頭，便自抬身價，也自稱「先生」，於是二者混而為一，長三都稱「書寓」了。福州路會樂里、雲南路福祥里、廣西路傑餘里、汕頭路群玉坊一帶，都是長三書寓的集中地。

倌人開苞　花頭經多

按照規定，客人到長三堂子只許打茶圍或擺酒，不許留宿，但是客人酒醉夜深，回不得家，則老鴇也會網開一面，准許客人暫借房中睡一宿，天亮再回去，稱「借乾鋪」。熟客人可由借乾鋪而暗中與相好的倌人成就好事，或買通娘姨穿針引線暗渡陳倉，這裡面的花樣很多，趣味也就從中而生了。

書寓或長三堂子裡的先生有大、尖、小之分，大先生就是已經點過蠟燭，有了恩客的，尖先生是開了苞、卻還瞞著一般客人冒充黃花閨女的（尖字取義上口小、下口大），小先生則是真正的黃花閨女，又稱「清倌人」。

女兒家一生最寶貴的、最值得紀念的是「新婚之夜」，堂子小先生最痛苦、最忘不了的是「點大蠟燭」，也就是俗稱的「開苞」。大先生落相好，雖然目的是為了金錢，大多數出於自願，小先生開苞，則百分之百出於老鴇相逼，因為開苞所費不貲，能花得起這種錢的，多半是大腹商賈或軍閥老粗，小先生寶貴的初夜，就這樣給糟蹋犧牲了。

小先生開苞的價格，當然也看她的身份，紅不紅、美不美，但一般的價格總要一隻鑽戒、一付金釧、四季衣衫、多少下腳、若干花頭，討價還價，成交之後，選個黃道吉日，樓下一班清音，吹起將軍令，房間裡，銀臺上紅燭高燒，小先生就從今夜起變成了大先生。也有的小先生是尖先生冒充的，瞞得過，客人就被讖為瘟生；瞞不過，客人可以逼老鴇退錢。

清朝絹本春畫，描繪青樓書寓說書先生賣淫情景。（前坐者為老鴇）

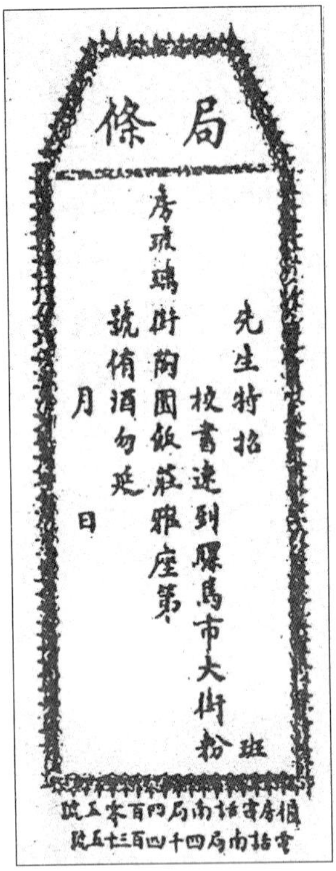

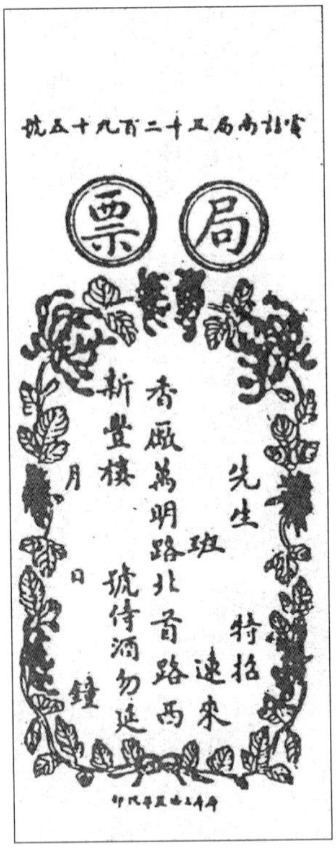

清中末葉上海歡場嫖客召妓的「出局票」。

小先生點過大蠟燭，通常在一個月裡都是替她開苞者的禁臠，不得再接別的客人；但小先生如果自有情郎，往往伺機與情郎梅開二度，稱「挨城門」，也有的老鴇愛錢，趁機為剛開苞的倌人另攬客人，問客人：「俚阿媛剛剛開過苞，大少，倷阿要挨城門？」

挨城門雖比打茶圍貴，但比起點大蠟燭卻便宜多了，因此也有很多人躍躍欲試。

小先生坐肩車出局

長三倌人還有出堂差的，相當於北方人的「叫條子」，一次三塊銀元。客人在旅館、飯店裡寫出局票（亦稱「花符」，即北方人稱的「條子」），把他相好的倌人名字寫在上面，傳到堂子裡，叫某倌人，某倌人就得出堂應差。

在晚清時，大先生出堂差是坐轎子的，小先生則不坐轎子，而坐「肩車」，由相幫（龜奴）把她掮在肩膀上，小先生的膀了襯一塊雪白的大毛巾，龜奴手裡還要提一個

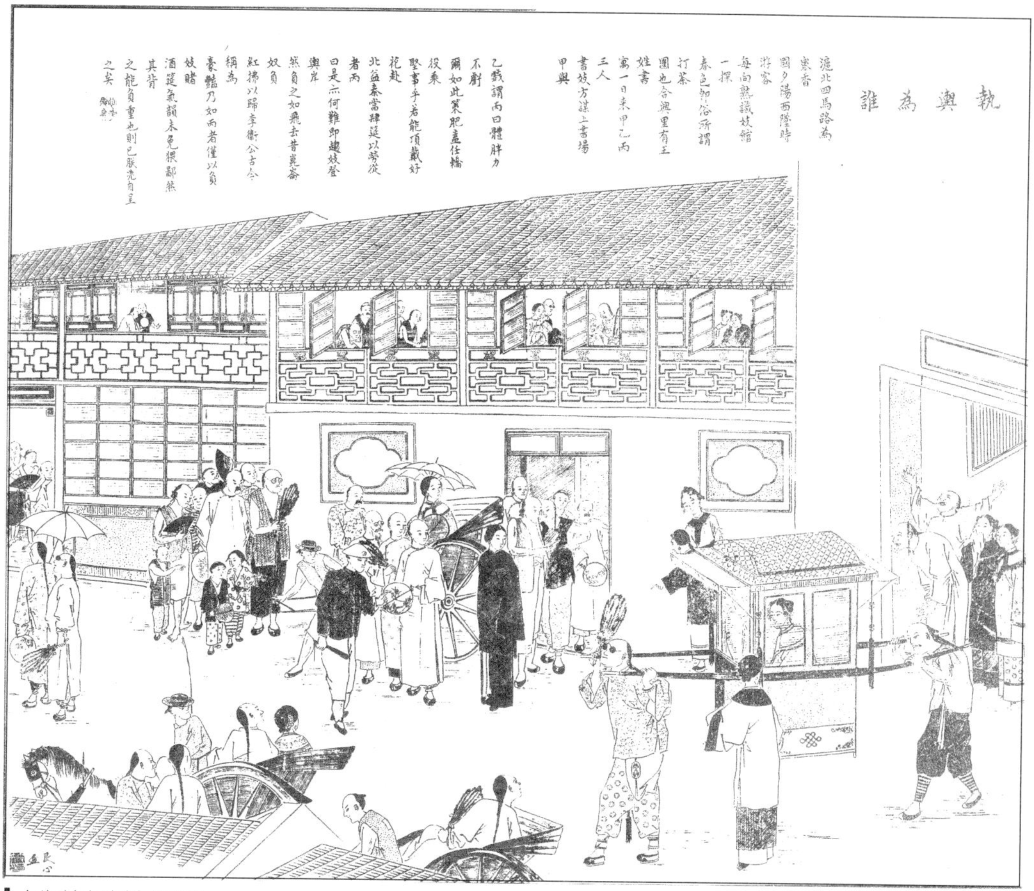

上海妓女坐轎出堂差。

琵琶，走在街上，任人觀看，恬不為恥；而小先生一雙紅菱小腳，在龜奴頷下翹翹的盪來盪去，也的確引人矚目。到民國初年時，轎子已看不見了，小先生騎在龜奴肩頭的奇景還可看到；到民國五、六年，長三倌人出堂差就全坐黃包車（人力車）了。

韓莊野雞　等而下之

幺二是比長三次一等的妓女，因為打茶圍一元、出局二元，像骨牌幺、二並列的「小猴兒」，所以取名「幺二」。幺二的地盤多半在法租界內，如愛多亞路南京大戲院傍紅運坊內的鴻香院、東新橋街的蕊香院等。幺二的房間窄小，往往只有一床一桌之地，幺二對生客熟客一視同仁，打茶圍一元、出局二元、上床六元，稱為「六跌倒」——「跌」為「放」之意。

除了長三、幺二之外，上海還有「鹹肉莊」，又名「韓莊」，大多在八仙橋、褚家橋一帶，也是二等妓院，但在馬立斯路祥康里、寧波路鏞壽里、廣西路精勤坊的鹹肉莊比較高級，往往還有大富翁的姨太太，趁老公熬夜抽

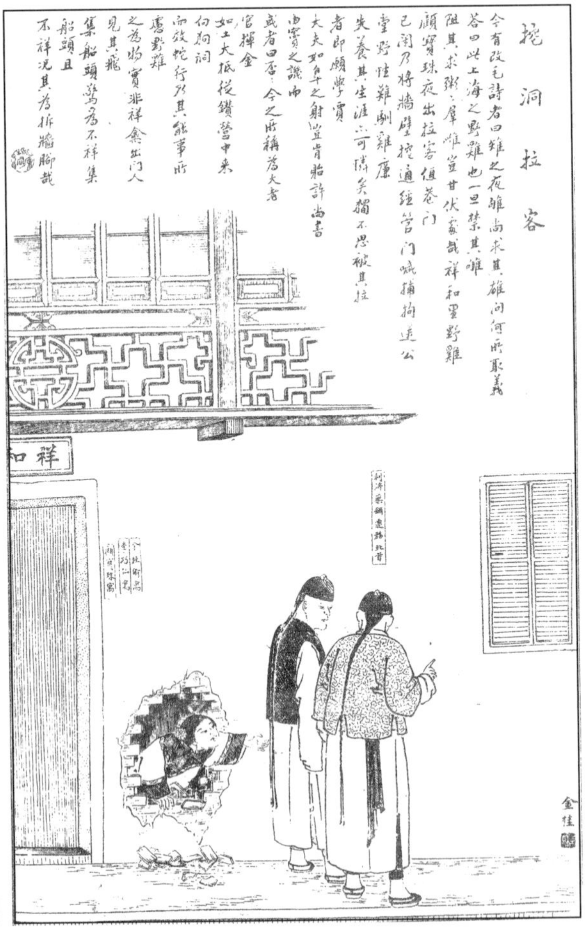

左：晚清上海英租界平和里流鶯當街拉客情景。
右：上海英租界祥和里野雞從牆洞拉客情景。

鴉片、打牌、白天睡覺之際，溜出來到鹹肉莊裡打野食的。

在上海最下等的妓女就是稱為「野雞」的流鶯了，她們往往是被歹徒誘拐，被賣到青樓的可憐女子，入妓院後毫無自由，每天傍晚就有老媽子跟著監視著到馬路邊拉客，對象是些做苦力的下層階級，夜度資當然也極為低廉。

最後，我們再把晚清時，有關中國的物價略述一下，以反映當時嫖妓的代價，那時候一塊銀元可買一百六、七十個雞蛋，或一隻雞，或六十個大饅頭，冬天一百斤的大白菜不過兩塊銀元，一套上等西裝連工帶料，冬裝二十八元、夏裝十二元，男傭月薪四元，女傭二元，一個公務員月入不過百元，八口之家生活倒是綽綽有餘，僱一個

上海四馬路流鶯在茶館中營業情景。

車伕兼打雜的，工資伙食在內只需八元，車還是車伕的，當時人工便宜、物價便宜，相對地夜度資就顯得十分昂貴了。

新銳藝術14　PH0160

新銳文創
INDEPENDENT & UNIQUE

春

──中國古代情色文學和春宮祕戲圖

作　　者	殷登國
責任編輯	蔡曉雯
校　　對	殷登國、蔡曉雯
圖文排版	楊家齊
封面設計	王嵩賀

出版策劃	新銳文創
發 行 人	宋政坤
法律顧問	毛國樑　律師
製作發行	秀威資訊科技股份有限公司 114 台北市內湖區瑞光路76巷65號1樓 電話：+886-2-2796-3638　傳真：+886-2-2796-1377 服務信箱：service@showwe.com.tw http://www.showwe.com.tw
郵政劃撥	19563868　戶名：秀威資訊科技股份有限公司
展售門市	國家書店【松江門市】 104 台北市中山區松江路209號1樓 電話：+886-2-2518-0207　傳真：+886-2-2518-0778
網路訂購	秀威網路書店：https://store.showwe.tw 國家網路書店：https://www.govbooks.com.tw

出版日期	2015年4月　BOD一版
定　　價	1000元

Printed in Taiwan

國家圖書館出版品預行編目

春：中國古代情色文學和春宮祕戲圖 / 殷登國著. -- 一版.
-- 臺北市：新銳文創, 2015.04
面； 公分. -- (新銳藝術；PH0160)
BOD版
ISBN 978-986-5716-49-3 (精裝)

1. 情色文學 2. 情色藝術

544.79 104000478

讀者回函卡

感謝您購買本書，為提升服務品質，請填妥以下資料，將讀者回函卡直接寄回或傳真本公司，收到您的寶貴意見後，我們會收藏記錄及檢討，謝謝！
如您需要了解本公司最新出版書目、購書優惠或企劃活動，歡迎您上網查詢或下載相關資料：http:// www.showwe.com.tw

您購買的書名：________________________________

出生日期：_______年_______月_______日

學歷：□高中（含）以下　□大專　□研究所（含）以上

職業：□製造業　□金融業　□資訊業　□軍警　□傳播業　□自由業
□服務業　□公務員　□教職　□學生　□家管　□其它____

購書地點：□網路書店　□實體書店　□書展　□郵購　□贈閱　□其他

您從何得知本書的消息？

□網路書店　□實體書店　□網路搜尋　□電子報　□書訊　□雜誌
□傳播媒體　□親友推薦　□網站推薦　□部落格　□其他________

您對本書的評價：（請填代號　1.非常滿意　2.滿意　3.尚可　4.再改進）

封面設計____　版面編排____　內容____　文／譯筆____　價格____

讀完書後您覺得：

□很有收穫　□有收穫　□收穫不多　□沒收穫

對我們的建議：________________________________

____

____

____

請貼
郵票

11466
台北市內湖區瑞光路 76 巷 65 號 1 樓
秀威資訊科技股份有限公司 收
BOD 數位出版事業部

....

（請沿線對折寄回，謝謝！）

姓　　名：＿＿＿＿＿＿＿＿　年齡：＿＿＿＿　性別：□女　□男

郵遞區號：□□□□□

地　　址：＿＿＿＿＿＿＿＿＿＿＿＿＿＿＿＿＿＿＿＿

聯絡電話：（日）＿＿＿＿＿＿＿＿（夜）＿＿＿＿＿＿＿＿

E-mail：＿＿＿＿＿＿＿＿＿＿＿＿＿＿＿＿＿＿＿＿